U0500006

"国家自然科学基金青年项目"
创新政策工具及其组合对企业持续创新的影响机理研究（项目编号：72004182）

"教育部人文社会科学研究青年基金项目"
"放管服"改革对中小微企业创新绩效的影响及提升策略研究
（项目编号：19YJCZH267）

"陕西省社会科学基金年度项目"
"放管服"改革促进陕西中小企业持续创新研究（项目编号：2022R031）

本专著系中央高校基本科研业务费专项资金资助项目
（30106230265/30106240139）阶段性成果

Zhongguo Qingjing Xia de

"FANG GUAN FU"

Gaige Yanjiu

Lilun yu Shizheng

中国情境下的"放管服"改革研究

理论与实证

郑　烨　刘晨光　◎著

中国财经出版传媒集团

经济科学出版社

Economic Science Press

·北京·

图书在版编目（CIP）数据

中国情境下的"放管服"改革研究：理论与实证／
郑烨，刘晨光著. -- 北京：经济科学出版社，2024.11.
ISBN 978 - 7 - 5218 - 6472 - 4

Ⅰ. D63

中国国家版本馆 CIP 数据核字第 2024D6Y662 号

责任编辑：刘　莎
责任校对：郑淑艳
责任印制：邱　天

中国情境下的"放管服"改革研究：理论与实证
ZHONGGUO QINGJING XIA DE "FANG GUAN FU" GAIGE YANJIU：
LILUN YU SHIZHENG
郑　烨　刘晨光　著
经济科学出版社出版、发行　新华书店经销
社址：北京市海淀区阜成路甲 28 号　邮编：100142
总编部电话：010 - 88191217　发行部电话：010 - 88191522
网址：www. esp. com. cn
电子邮箱：esp@ esp. com. cn
天猫网店：经济科学出版社旗舰店
网址：http：//jjkxcbs. tmall. com
固安华明印业有限公司印装
710 × 1000　16 开　21 印张　330000 字
2024 年 11 月第 1 版　2024 年 11 月第 1 次印刷
ISBN 978 - 7 - 5218 - 6472 - 4　定价：99. 00 元
（图书出现印装问题，本社负责调换。电话：010 - 88191545）
（版权所有　侵权必究　打击盗版　举报热线：010 - 88191661
QQ：2242791300　营销中心电话：010 - 88191537
电子邮箱：dbts@ esp. com. cn）

序　言

　　党的十八大以来，党中央、国务院把转变政府职能作为全面深化改革的关键，"放管服"改革作为转变政府职能的引领性举措，自 2015 年 5 月 12 日由国务院首次提出，核心目标是通过简政放权、放管结合、优化服务，实现政府职能的深刻转变，重塑政府、市场、企业间的动态关系，推动政府治理体系和治理能力的现代化，以此促进经济和社会的持续健康发展。此后国务院每年召开全国电视电话会议，对"放管服"改革作出部署，不断将"放管服"改革推向纵深。随着改革的不断深入，党的二十大报告重点提出"支持中小微企业发展，深化简政放权、放管结合、优化服务改革"，这表明了改革不仅是推动政府职能转变的抓手，也是激发市场活力、促进社会创造力的重要途径。国家一系列相关政策进一步凸显了"放管服"改革在党和国家机构改革中的重要地位。而"放管服"改革作为一项长期而复杂的社会系统工程，其深入实施需要科学的理论研究作为理论指导和支撑，以确保改革的有效性和持续性。因此，对"放管服"改革进行系统研究，不仅具有理论意义，也具有现实的指导意义。

　　从理论视角来看，现有相关研究表明，"放管服"改革是通过简政放权、放管结合、优化服务三个维度，旨在转变政府职能，激发市场活力和社会创造力的重要举措。当前学界对"放管服"改革内涵、理论基础、实践模式、实施效果与优化路径展开相关研究，取得了较为丰硕的研究成果，但对于"放管服"改革与中小企业创新绩效、企业持续创新、区域营商环境以及城市竞争力关系的研究仍有待进一步拓展。基于此，本书主要采用混合研究方法，综合运用质性研究及量化分析，全面系统地分析了"放管服"改革过程中的研究背景、理论现状及影响效果，并在此基础上提出了促进"放管服"改革发展的政策建议。

从实践意义上看，本书有助于相关政府部门进一步深化"放管服"改革，为企业创新营造良好的创新环境，提升企业创新绩效，帮助企业持续创新。此外，本研究还有助于相关政府部门有针对性地优化区域营商环境，提升城市竞争力，精准施策，提升"放管服"改革成效。总之，本书从理论、案例、影响效果等方面进一步揭示了"放管服"改革对企业创新绩效、企业持续创新、区域营商环境以及城市竞争力的影响及作用路径，为后续研究政府改革与企业创新、营商环境关系等拓宽了研究视角，也为"放管服"改革的更好实施提供了思路参鉴。

为顺利推进项目研究，课题组通过开展多次实地调研访谈、发放问卷搜集了大量数据，在此特别感谢相关政府工作人员及企业负责人给予的大力支持与配合。另外，在本书出版过程中，感谢姜蕴珊、段永彪、王艺伟、柴金来、鲍徐涵、鲁瑞雪、朱晓倩、徐晓雨等研究生在书稿内容编撰、校对过程中作出的贡献。最后，还要衷心感谢西北工业大学科学技术研究院等机构为本书出版提供的资金支持。本书从撰写到出版几经修改，能够顺利出版实属不易，衷心希望本书能够为读者从公共管理视角研究"放管服"改革提供思路借鉴，也希望本书能够为政府部门完善优化相关公共政策提供一定的理论参考。

目录
Contents

第二篇　案例研究篇

第三篇　实证研究篇

第一章 导 论

第一节 研究背景

　　"放管服"改革长期以来是政府推动全面深化改革的重要抓手。2015年5月12日，国务院召开全国推进简政放权放管结合职能转变工作电视电话会议上首次提出了"放管服"改革这一概念。随后，2018年6月28日全国深化"放管服"改革转变政府职能电视电话会议上指出"深化'放管服'改革，对于加快政府职能深刻转变，促进政府治理体系和治理能力现代化，推动经济社会持续健康发展，具有重要意义。"2020年9月11日召开的全国深化"放管服"改革优化营商环境电视电话会议上，国家领导人进一步强调"深化'放管服'改革、优化营商环境，是激发市场主体活力和发展动力的关键之举。"2022年11月，党的二十大报告重点提出"支持中小微企业发展，深化简政放权、放管结合、优化服务改革"。2023年7月，国家领导人发表的重要文章《党和国家机构改革，推进国家治理体系和治理能力现代化》中提到要"优化政府职能配置"，这也进一步强化了"放管服"改革的重要意义。这表明，以"简政放权、放管结合、优化服务"为核心要义的"放管服"改革，其实质是一场政府自身的革命，即旨在通过政府自身职能转变，重新理顺政府、市场、企业间的关系。

　　在全面深化改革的背景下，如何进一步推动"放管服"改革促进中小企业创新、改善区域营商环境以及提高城市竞争力是极其重要的议题。当前科技型中小企业是培育发展新动能、推动高质量发展的重要力量，我国政府部门陆续出台相关政策法规，推出支持企业建立研发机构、鼓励企业加强技术升级等多项措施助力科技型中小企业创新发展，但仍存在创新环境有待优化、行政审批烦琐等障碍，限制了企业的创新绩效提升和持续创新发展。另外，营商环境反映着该区域的经济软实力，也集中体现其综合竞争力。营商环境和城市竞争力对城市未来发展和目标转型等有着重要影响。长期以来各级政府及相关部门通过一系列举措不断优化区域营商"软环境"和提升城市竞争力，但过程中仍存在监管体系不完善问题有待进一步解决。因此需要政府深化"放管服"改革，通过简政放权、放管结合、优化服务改革等方式进一步促进中小企业创新、改善区域营商环境以及提升城市竞争力。

综上所述，当前国家在促进中小企业创新，提高企业创新绩效，改善区域营商环境，以及提高城市竞争力等方面取得了明显成效，但仍存在着部分问题亟待解决。且从理论层面来看，尽管学界围绕"放管服"改革的理论基础与内涵、实践模式、现存问题以及改进思路等方面展开讨论，但主要集中在经验总结层面，以概念梳理和典型案例分析为主。当前"放管服"改革研究现状如何？"放管服"改革是否提升了中小企业的创新绩效？"放管服"改革如何促进企业持续创新？"放管服"改革如何改善区域营商环境，如何提升城市竞争力？这些问题仍有待进一步深入探索。因此本书将聚焦于"放管服"改革的理论、案例以及影响效果等方面，着力探索当前"放管服"改革研究发展现状、"放管服"改革影响企业创新绩效、企业持续创新、区域营商环境和城市竞争力的传递机制等，为政府持续深化"放管服"改革，营造良好的区域营商环境，促进企业创新发展，提升城市竞争力提供一定的理论支持和现实指导作用。

第二节　研究意义

一、理论意义

　　本书有助于在理论上进一步厘清当前中外政府改革的基本研究概况、热点主题及发展趋势、"放管服"改革的研究现状及热点主题。以往研究大多集中在经验总结层面，以概念梳理和典型案例分析为主，缺乏对"放管服"改革的研究脉络等进行全面系统的梳理。本书通过文献计量和比较分析研究方法对"放管服"改革的研究历程、演进趋势轨迹、主要研究团队以及热点主题进行深入分析，为理解"放管服"改革提供了清晰的理论框架，也为未来研究提供了方向。同时，本书通过构建"放管服"改革实施行为逻辑框架、诱因以及"放管服"改革绩效影响因素的"三棱锥"模型，揭示了"放管服"改革的内在逻辑和影响因素，为地方政府更有效地推进"放管服"改革提供了科学的理论依据。

二、实践意义

　　第一，本书有助于相关政府部门进一步深化"放管服"改革，推进企业创新。本书进一步明晰了"放管服"改革能够优化企业创新环境，提升企业创新绩效，推动企业持续创新，打开了"放管服"改革影响企业创新的"黑箱"。研究结论有助于科技厅、行政审批局、工信局等政府部门及其工作人员适时考虑推动简政放权、创新监管、优化公共服务等"放管服"改革举措，为企业创新营造良好的创新环境，提升企业创新绩效，帮助企业持续创新。此外，企业作为当前推动国家技术创新、促进经济可持续发展的重要力量，面向企业的研究能够帮助政府部门更好深化"放管服"改革实践、推动企业创新发展。

第二，本书有助于相关政府部门有针对性地优化区域营商环境，提升城市竞争力。一方面"放管服"改革实施能够为企业创新营造更好创新环境，政府部门在推进"放管服"改革的过程中着力从制度环境、文化环境、金融环境、人力资源环境、基础性公共设施环境等方面为企业创新营造公平、公正的创新环境，提高企业创新的积极性，促进企业创新；另一方面，提高政府服务效能，营造法治化、国际化、便利化的营商环境，更多助力制度体系、科技创新、人力资本、金融服务、基础设施、产业体系等城市要素建设，促进城市高质量发展，并有效提升城市竞争力。

第三，本书结论有助于相关政府部门精准施策，提升"放管服"改革成效。本书发现了"放管服"改革的影响效果存在区域异质性和行业异质性，即"放管服"改革实施及创新环境营造对不同区域的营商环境、城市竞争力，以及不同行业类型的企业创新绩效的作用效果存在差异。本书结论有助于帮助相关政府部门在实施"放管服"改革的过程中考虑到不同地区、不同行业特点与需求，实施差异化改革举措，避免"一刀切"，使政策实施发挥出更好的效果。

第三节　研究方法

在研究方法方面，本书采用了文献计量方法、多案例研究方法、实证分析方法等多种研究方法，具体研究方法运用如下：

第一，文献计量方法与文本分析法。基于国内外核心数据库，运用VOS viewer软件，采用文献计量方法，对国内外"放管服"改革、企业创新、区域营商环境、城市竞争力的发文趋势、热点主题等内容进行挖掘与梳理。在此基础上，主要总结归纳了"放管服"改革的整体理论研究现状、热点主题，提炼了省级政府"放管服"改革实施行为及诱因分析。

第二，案例研究法与实证分析法。本书对跨省份的多个案例进行比较研究，主要采用目标—手段链分析和文本分析法，对抽取的九省"放管服"改革实施方案从实施目标、"放""管""服"建设举措、保障机制等维度进行深入比较，从中挖掘"放管服"改革实施行为中的共性要素和个性举措，在此基础上揭示"放管服"改革实施行为背后的逻辑诱因。在实证研究部分，通过二手数据分析、问卷调查、多元回归分析、结构方程模型等研究方法，实证检验了"放管服"改革绩效及影响因素，"放管服"改革对企业创新绩效、区域营商环境和城市竞争力的影响。

第三，定性分析与定量分析相结合。从本书研究的主要问题出发，基于现有理论研究成果和访谈资料等，进行多案例研究、文本分析，构建初步研究框架，同时基于研究框架中各变量间的关系构建理论模型，并提出相关的研究假设。全面收集检验研究假设所需的相关数据，拟通过实证调研、面板数据分析等方法对本书提出的模型、假设及研究结果等进行分析论证，使研究结论更具科学性和准确性。

第四节　总体框架与内容安排

本书从提出问题、理论研究现状、多案例研究、实证研究等几大方面展开，全书共分为十章，具体框架及内容安排如下：

第一章，导论。本章基于现实需要，追溯了"放管服"改革的缘起与实践，从理论背景、理论意义等方面概述了中国"放管服"改革的现状、做法与经验，综述了相关理论研究的进展、成果及趋势，以期为"放管服"改革发展与创新提供参考和借鉴。

第二章，中外政府改革研究概况、热点主题及发展趋势。本章基于SSCI 和 CSSCI 核心数据库在 1980～2022 年收录的政府改革文献，采用文献计量可视化的方法，对于中外政府改革的基本概况、热点主题和发展趋势展开系统化的梳理。并指出未来国内政府改革研究应该建立具有中国特色的政府改革理论体系，并且注重研究的系统性、整体性和协同性，从不同学科的视角进行研究，注重规范性和实证性的结合。

第三章，"放管服"改革理论研究：研究整体现状。本章通过系统梳理和深入分析近年来国内"放管服"改革的研究文献，从而对当前我国"放管服"改革研究的发展演进历程、趋势及主要研究团队进行了明确把握。

第四章，"放管服"改革理论研究：热点主题。本章在对"放管服"改革的内涵与理论基础、实践模式、实施效果与优化路径等热点主题进行系统梳理的基础上，从中发现目前我国"放管服"改革研究还存在四个方面的不足，并针对当前我国"放管服"改革研究存在的不足，结合十九届四中全会精神，提出了未来研究需要重点关注的方面。

第五章，省级政府"放管服"改革实施行为及诱因分析。本章以国内东中西部地区九省出台的"放管服"改革实施文本作为研究对象，采用目标—手段链分析和文本分析法对"放管服"改革的实施目标、实施举措、保障机制等维度进行了深入比较。

第六章，市级政府"放管服"改革绩效及影响因素研究。本章通过多案例研究形成了理论命题，这些理论命题表明领导力、愿景与战略、公务员队伍建设是"放管服"改革绩效的重要影响因素，通过对案例深入分析，发现领导力是影响"放管服"改革绩效的驱动因素。

第七章，"放管服"改革对企业创新绩效的影响研究。本章基于现有研究成果，构建了"放管服"改革、创新环境与企业创新绩效间的概念模型，并以我国481家科技型中小企业为样本，实证分析了"放管服"改革对创新环境、企业创新绩效的影响，以及创新环境在"放管服"改革与企业创新绩效间的中介作用。

第八章，"放管服"改革对企业持续创新的影响研究。本章以国内441家中小企业为研究对象，理论构建并实证检验了"放管服"改革对中小企业持续性创新的影响及内在机理。研究结果发现"放管服"改革及三个维度（简政放权、政府监管、公共服务）皆对企业资源拼凑及企业持续创新产生正向影响作用，且简政放权的影响作用更强。在此基础上，凝练了理论贡献和实践启示。

第九章，"放管服"改革对区域营商环境的影响研究。本章结合整体性政府理论，基于2015～2018年国内35个城市的面板数据揭示了"放管服"改革对区域营商环境的影响效果，同时验证了"放管服"改革影响区域营商环境存在地区效应和时间效应，在一定程度上弥补了当前"放管服"改革效果实证研究的空白。

第十章，"放管服"改革对城市竞争力的影响研究。本章主要基于2015～2018年国内35个城市的面板数据，重点探索了"放管服"改革、区域营商环境对城市竞争力的直接影响效果，与此同时，也揭示了区域营商环境发挥出的中介作用和调节作用（见图1-1）。

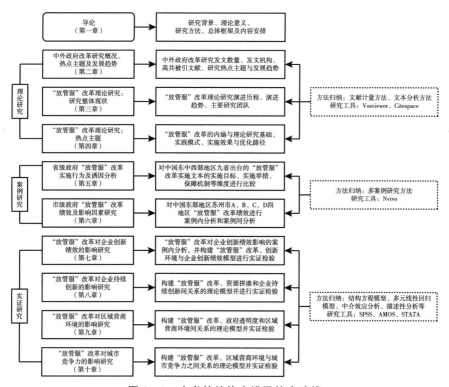

图1-1 本书的结构安排及技术路线

第一篇

理论研究篇

第二章　中外政府改革研究概况、热点主题及发展趋势

第一节　数据来源与研究方法

一、数据来源

本章的数据主要来源于国外 Web of Science 的 SSCI 数据库的 5 570 篇英文文献和中国知网 CSSCI 数据库的 4 632 篇中外文献，共计 10 202 篇代表性文献。其中：国外文献是以"government reform"或"administrative reform"为主题搜索，检索时间为 1980 年 1 月 1 日至 2022 年 7 月 1 日，共检索到 22 903 篇相关研究文献。接下来将文献类型设置为 Article，将文献类别设置为 Political Science 和 Public Administration，将语言设置为 English，进一步对文献进行筛选，重点核查文献题目、摘要及内容，保证文献中存在有关政府改革研究的表述，最终获得了 5 570 篇英文期刊文献。此外，中文文献是以"政府改革"或"行政改革"为检索主题，检索时间为 1980 年 1 月 1 日至 2022 年 7 月 1 日，用同样的方法对文献的题目、摘要及内容进行筛选和核查，确保所检索的文章符合研究的需求，最终共得到 4 632 篇中文期刊文献。

二、研究方法与过程

本章主要采用文献计量和比较研究的分析方法。一方面，文献计量

法是文献研究的核心方法之一，其利用了科学的统计方法，对所要研究领域的文献进行综合的、全方面的分析和预测。本章运用 Citespace V 软件，对中外政府研究的知识基础、主题聚类、演进趋势等进行可视化呈现，从而正确地探索所要研究领域的结构分布。另一方面，比较研究法是研究两个及以上相关主体间的异同特征，进而探究事物发展规律的主要研究方法。本章从文献的基本概况、热点主题、演进趋势三个维度出发，分析和总结中外政府改革研究文献，并对比中外研究现状得出我国未来研究发展的启示。具体而言，本章首先对中外政府改革研究的发文量和核心机构进行比较，其次对国外文献的高被引文献进行分析，再次利用热点词聚类法构建中外政府改革研究的核心，利用高频词时区图梳理出中外政府改革研究发展的趋势演进过程，最后对中外政府改革研究的相关信息作出系统性的研究和评述，并提出未来中国政府改革研究的发展方向（见图 2 - 1）。

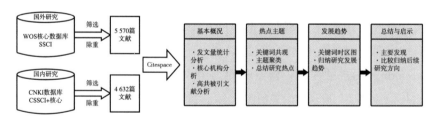

图 2 - 1　文献收集分析的研究流程

第二节　中外政府改革研究基本概况

一、发文数量与机构分析

（一）发文数量分析

图 2 - 2 描绘了 1980 年以来国内外政府改革研究的年度发文数量及

整体变化趋势。由此可以看出,在过去的40多年里,国外政府改革研究文献的变化呈现"L型"曲线状态。在1980~1991年,学者们的发文数量几乎没有变化。但是,从1992年开始,政府改革研究文献迎来了一个"井喷"时期,于2019年发文数量达到了最高峰为354篇,是1992年数量的近5倍,并且是1980年发文量的100多倍。这体现出随着各国经济的不断增长,政府改革成为热点研究问题,且热度20多年来只增不减。从图2-2中可以看出,自1980年以来,国外"政府改革"研究出现了两个关键节点,这与国外政府改革的实务息息相关。1992年正值全球政治和经济环境剧烈变化时期,一些国家和地区面临重要的政治和经济变革,如苏联解体、东欧剧变和中国经济改革开放的进一步推进。这些重大变化引起了人们对政府改革的关注,激发了更多的政府改革研究动力。2019年在不同国家和地区,政府面临着日益复杂和多元化的挑战,需要进行改革以适应新的社会、经济和政治环境。政府改革的迫切需求激发了研究者对该领域的兴趣和研究动力,从而推动了政府改革研究的增长。在政府加快改革进程的同时,信息技术的快速发展改变了以往政府运行和社会治理的方式,推动了政府改革研究的进程,催生了大量的研究结果,各国政府重点加强数字技术在治理中的运用,如新加坡政府在2019年致力于提升数字化和科技应用,加强电子政务、数据驱动决策和智慧城市建设等方面的改革,印度政府在2019年实施了一系列行政改革措施,其中包括推行数字印度计划,促进数字化服务和电子治理,推进简政放权和优化行政程序等方面的改革。

与国外相比,我国政府改革研究文献变化数量大致呈"倒U型"曲线态势。国内知网的文献最早记录于1998年,1998~2007年,学界发文数量不断上升,但每年之间增幅较小,于2000年达到了198篇的发文量。2008年学界相关发文量急速增长,达到了348篇,为40多年来发文量的顶峰年份。2009~2022年,发文量开始逐步下降,但依旧是学界的研究热点,最少年份2020年的发文量也达到了145篇。从图2-2可以看出,自1980年以来,中国"政府改革"研究出现了三个文献数量急速上升的节点，事实证明这三个年份中国都实现了政府改革的巨大突破，这表明中国政府改革研究具有很强的政治敏锐性。1998 年，中国的改革重点是消除政企不分的组织基础，建立机构精简、职责明确、运行高效的行政管理体系。2008 年正值中国改革开放 30 周年之际，我国第一次对行政体制改革进行顶层规划，通过加快政府职能转变、推进政府机构改革、加强依法行政和制度建设，来改善民生和加强社会管理。2014 年，我国开启全面深化改革，中国进入全面改革新时期，坚持四个全面战略布局，深入推进政府职能转变，进一步简政放权和深化行政审批制度改革。

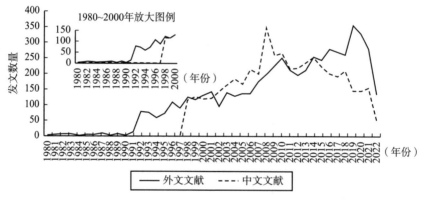

图 2 - 2　国内外政府改革研究文献的时间分布（1980 ~ 2022 年）

（二）发文机构分析

表 2 - 1 统计了中外政府改革领域发文量前 10 的机构。国外政府改革领域的研究成果主要来自英美的学校，因新公共管理运动始于英国，伦敦大学的发文量稳居第一，而后美国的加州大学系统（118 篇）、英国的伦敦政治与经济学院（97 篇）和美国的佛罗里达州立大学系统（77 篇）等一直是当前研究政府改革问题的核心力量，其重点关注政府改革中的法律、国际关系、商业经济、社会发展等热点问题。与国外相比，国内政府改革领域的研究主要集中在公共管理学科发展较好的学校，其

中：中国人民大学（184 篇）、北京大学（158 篇）、国家行政学院（137 篇）相关院系近些年来在政府改革领域发表了较多的学术研究成果，是研究政府改革的重要生力军，其研究主要聚焦在管理体制改革、政府机构改革、审批制度改革、服务型政府建设等方面。

表 2 - 1　　　　　　　　1980～2022 年发文量排前 10 位的机构

排名	发文机构	篇数	排名	发文机构	篇数
1	伦敦大学（英国）	225	1	中国人民大学	184
2	加州大学系统（美国）	118	2	北京大学	158
3	伦敦政治经济学院（英国）	97	3	国家行政学院	137
4	佛罗里达州立大学系统（美国）	77	4	武汉大学	98
5	哈佛大学（美国）	70	5	中国政法大学	88
6	牛津大学（英国）	66	6	中山大学	88
7	奥胡斯大学（丹麦）	64	7	南京大学	87
8	澳大利亚国立大学（澳大利亚）	63	8	浙江大学	84
9	威斯康星大学系统（美国）	63	9	南开大学	81
10	挪威奥斯陆大学（挪威）	61	10	复旦大学	80

二、中外政府改革研究的知识基础

政府改革研究最早源于国外的经典理论和研究文献，随后国内也开始重点关注政府改革，并结合当前中国国情对其进行了深化和拓展，因此有必要对政府改革研究的知识基础进行深入梳理。知识基础（knowledge base）是研究领域中文献的共同引文，能够展现出该领域的研究前沿和动态发展。本节运用 Citespac V 绘制政府改革研究知识基础的科学知识图谱，以此实现科学的计量分析，结果如图 2 - 3 所示。

在图 2 - 3 中，政府改革研究的网络图包含 1 630 个节点和 2 776 条连线，网络密度为 0.0021，每个节点的大小表明该文献的引用次数。通过梳理图 2 - 3 中的高被引文献，按照引用次数对其进行排序，归纳出前 15 名文献的相关信息（见表 2 - 2）。

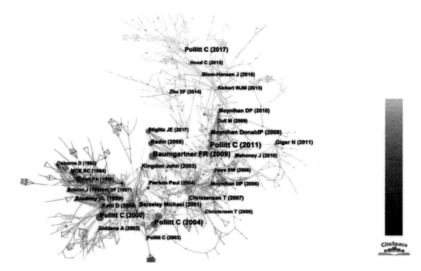

图2-3　国外研究的高共被引文献分析

表2-2　　　　　　　高共被引文献统计分析（前15篇）

序号	篇名	中心性	WOS被引频次	作者	年份
1	*Public Management Reform：A comparative analysis*	0.05	53	Pollitt	2011
2	*Public Management Reform：A comparative analysis*	0.09	43	Pollitt	2004
3	*Agendas and Instability in American Politics*	0.19	42	Baumgartner	2009
4	*Public Management Reform：A comparative analysis*	0.2	35	Pollitt	2000
5	*Public Management Reform：A comparative analysis*	0.05	26	Pollitt	2017
6	*The Dynamics of Performance Management：Constructing Information and Reform*	0.07	21	Moynihan	2008
7	*Reinventing government in the American states：Measuring and explaining administrative reform*	0.05	19	Brudney	1999
8	*Agendas，Alternatives，and Public Policies*	0.04	18	Kingdon	2003
9	*Transcending New Public Management：The Transformation of Public Sector Reforms*	0.1	17	Christensen	2007
10	*The electoral consequences of welfare state retrenchment：Blame avoidance or credit claiming in the era of permanent austerity?*	0.05	17	Giger	2011

续表

序号	篇名	中心性	WOS被引频次	作者	年份
11	*The New Public Management：Improving Research and Policy Dialogue*	0.05	17	Barzelay	2001
12	*Challenging the Performance Movement：Accountability, Complexity and Democratic Values*	0.34	16	Radin	2006
13	*The Big Question for Performance Management：Why Do Managers Use Performance Information?*	0.07	15	Moynihan	2010
14	*Politics of the Administrative Process*	0.03	14	Kettl	2000
15	*Rediscovering Principles of Public - Administration-the Neglected Foundation of Public - Law*	0.03	13	MOE	1994

经过分析与总结，以上高共被引文献主要分为以下四类：

（一）类别一：政府改革理论研究

在关于政府改革理论研究的热点文献中，以下三位学者的被引比较高。英国学者波利特（Pollitt）所著的书籍 *Public Management Reform：A comparative Analysis*，该书于 2000 年出版，并在 2004 年、2011 年和 2017 年进行再版，四个版本共被引 157 次。该书对公共管理改革的本质进行了探讨，提出了公共改革的具体模型，对把各国政权区分开来的关键环境特征进行了分类，分辨了不同的改革路线，检查了产生这种改革结果的证据，为后续讨论各国政府对于行政系统改革采取的保持、现代化、市场化与缩小化这四种战略，提供了基础理论支撑。如图 2-4 所示，书中提出的公共管理改革的模型分为三个部分，分别是上部、中部和下部。中部三个模块描述的是政府上层决策的一般过程，书中认为，所有政府变革中有很大一部分都是由政府行政部门的领导者或职级较高的公务员所感知和执行的，他们可能受到外界思想和压力的影响，从而使计划出现偏离。除了中央的精英决策外还有三大组因素。左上角是一组经济和社会——人口学因素（A，包括 B、C、D）。右上角是一组政治和知识因素（E，包括F、G、H），下方的部分是一组行政因素（L，包括M、N、O）。正是通过这些基本因素之间的互相作用，才会出现管理变革。而凯托（Kettl，2000）在其所著 *Politics of the Administrative Process* 一书中立足当代西方的政府管理，致力于为世界公共管理学的研究和发展提供西方视域下的研究成果，全书主要以美国政治背景下的政府管理实践为案例，通过历史资料和政府实践案例来阐述公共行政学的内涵，系统且全面地论述了西方公共行政学的理论成果。书中从政府应该做什么和如何做开始，进而探讨政府组织行政管理体制的方法，详细对比了古典组织理论、官僚制理论、系统理论和全面质量管理理论，并对组织中的文官制度进行了讲解，随后从理性、议价、参与、公共选择四个方面讨论了政府决策的过程，最后对民主视角的行政进行探讨，尤其强调了当代社会中三权分立、相互制约的重要性。摩伊（Moe，1994）则对公共行政这门研究和实践学科的特殊性进行研究，其重申了公共行政区别于通用管理原则，并提出了公共行政独特性的十项原则，这些原则植根于公法，为政府改革提供了一个基本的理论框架。

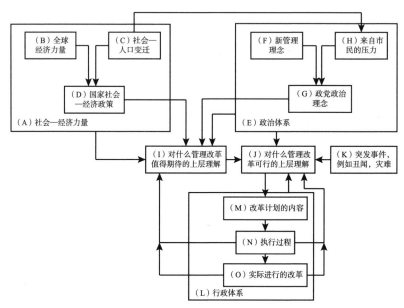

图 2-4　公共管理改革的具体模型

（二） 类别二：政府改革影响因素研究

国家在推行政府改革时会受到多方面的影响，以下几位学者从不同角度对其进行了论述。在理论层面，新公共管理理论为西方政府国家的改革提供了方向指引。巴泽雷（Barzelay）在 *The New Public Management Improving Research and Policy Dialogue* 中对新公共管理的实质进行了探索，认为存在三种形式的新公共管理，即作为知识形态的思想理论、作为政策形态的改革方案和作为经验形态的实践模式，但这三种模式都受市场竞争和现代企业管理方法影响。在具体实践层面，克里斯藤森（Christensen，2007）在 *Transcending New Public Management：The Transformation of Public Sector Reforms* 对新公共管理运动下的国家行政改革做进一步分析，结合理论视角论述环境压力、政治特征和历史制度背景如何影响公共政策的过程和结果，来解释国家行政改革的各种轨迹，并提出了"后国家预防机制改革"的一些重要内容。美国在此影响下实施了重塑政府计划，布鲁德尼（Brudne，1999）通过对代表 50 个州的 93 种机构的 1 200 多名机构负责人的邮寄调查，提出并测试了一个由五类解释变量组成的总模型，其包括国家改革努力、机构类型、机构特征、机构环境以及机构主管的背景和态度，以此来探究不同机构改革效果的差异。结果表明，各机构正在有选择地采用具体的重塑改革政策，特别是一些针对客户服务的改革，但各州政府之间似乎并没有进行协调一致的重塑运动。选举对西方民主国家政府改革有着深远的影响，大多数政党为了获得选民的支持，不仅不会对社会福利政策进行削减，还会采取一些规避职责的策略。但是，吉格（Giger，2011）认为紧缩时代的选举后果因政党而异，一些政党非但没有被选民指责，反而能够为削减社会政策而受到赞扬，特别是自由派和宗教党派。

（三） 分类三：政府政策议题研究

政策议题为政府改革指引着方向，其产生与实施都一直是学界的热点话题。金顿（Kingdon，2003）在 *Agendas，Alternatives，and Public Policies* 一书中对行政议题进行了深入探讨，重点关注政策问题的发现、备选方案的产生和政府议题的建立。在书中他创造性地提出了多源流模型，认为问题流（决策主体对问题的感知）、政治流（政治环境）、政策流（政治建议、可行方案）三源交汇推动了议程的设置，该理论为学者们解释政策制定过程中出现的复杂现象提供了很好的理论依据。鲍姆加特纳（Baumgartner）在 *Agendas and Instability in American Politics* 对政策议题形成后的发展与衰退进行了本质的探究，提出了美国政治中政策变迁的间断均衡模型，且开拓性地对涉及长期跨度的多个议题进行了量化的、经验实证的研究，展示了政策稳定性随着爆发式的、快速的、不可预期的变动而改变的宏大画卷，说明美国公共政策认知表现出长期稳定性和短期发生巨变的行为间断。

（四）分类四：政府绩效改革研究

绩效管理一直是政府改革中的重要部分，学界针对如何提升政府绩效管理展开了广泛的讨论与研究。莫尼汉（Moynihan，2008）在 *The Dynamics of Performance Management：Constructing Information and Reform* 一书中深入分析了美国政府绩效管理改革实践，探讨了如何使政府绩效管理具有可操作性。莫尼汉认为，美国政府必须从绩效信息使用、绩效文化建设、绩效目标导向、绩效结果使用等方面入手，提高自身的绩效管理能力。聚焦于绩效信息识别模糊和使用困难的问题，莫尼汉创新性地提出了"交互式对话模型"（interactive dialogue model），促使不同利益主体进行信息交流，从而行政运作良好的绩效管理。进一步地，莫尼汉（2010）探究了影响地方政府工作人员绩效的因素，研究发现，公共服务动机、领导风格、信息可用性、组织氛围、行政灵活性、组织文化均会对工作绩效产生影响。虽然绩效管理运动取得了巨大的成就，但仍有些学者对其提出了疑问。拉丁（Radin，2006）利用美国、澳大利亚和新西兰的管理活动、教育测试工作以及其他组织的绩效经验，研究其对绩效信息需求的各种反应，得出目前这些组织主要是将绩效衡量作为一种问责手段，几乎完全关注效率，而忽略了其他必要因素。

总之，上述高共被引文献针对政府改革相关的细分领域进行了研究，为政府改革研究领域提供了重要的研究成果，为后续学者继续深入探索奠定了重要的知识基础。

第三节　中外政府改革研究的热点主题与发展趋势

一、国外政府改革研究热点分析

文献中出现的高频关键词可以对文章主题进行精准表达和高度概括。在政府改革研究中，出现次数较多的关键词可以用来明确该研究领域的热点主题。在此将检索到的 5 570 篇国外期刊文献导入 CiteSpace V 中，并将 Node Type 设为 Keywords，绘制政府改革研究的国外高频关键词知识图谱，以便找到当前的研究热点主题。图 2 - 5 展示了该知识图谱的具体内容，其中政府改革研究的关键词节点数为 680，连线数量为 3 587，网络密度为 0.0155。通过分析该图谱可以发现当前政府改革研究的热点领域和重要主题。图 2 - 5 的分析结果表明，近 40 年来国外政府改革研究的热点关键词包括：reform（改革，824 次）、government（政府，528次）、politics（政治，498 次）、policy（政策，429 次）、state（州，343次）、management（管理，297 次）、governance（统治，284 次）、democracy（民主政体，222 次）、performance（绩效，185 次）、institution（机构，146 次）等。这些高频关键词也反映了当前国外政府改革研究的热点所在。

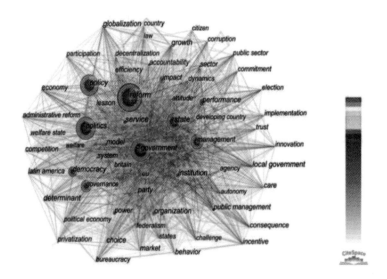

图 2 – 5　国外政府改革研究的关键词共现图谱

为了更好地聚焦国外政府改革的研究热点，利用 CiteSpace V 软件对国外关于政府改革的 5 570 篇文献的标题进行计算，以此形成国外政府改革研究的热点主题聚类图谱，如图 2 – 6 所示。通过梳理分析每个聚类所包含的关键词，可以将图谱中的聚类反映的国外政府改革热点主题研究归纳为以下四大类内容：

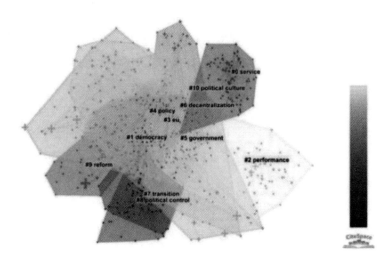

图 2 – 6　国外政府改革研究的主题聚类图谱

（一）热点主题1：政府改革中的效率提升研究

该热点包括聚类#2"绩效（performance）"和#6"权力下放（decentralization）"，主要研究了政府在改革中通过提升绩效表现和权力下放来提高行政效率。西方政府改革学术研究，离不开公共管理实践的演变。比如，新公共管理的兴起，和撒切尔、里根时期限制大政府的思潮有关。以美国为例，公共管理这个专业起源于1906年纽约市政研究局（Bureau of Municipal Research，BMR）的建立。该组织的创建者之一威廉·阿伦（William Allen），1911年创立公共服务培训学院，这两个组织的宗旨是培养专业政府管理人员，帮助地方政府提高效率。1921年BMR改组为美国公共行政科学院（National Institute of Public Administration）。1924年雪城大学接手公共服务培训学院，成为现在的麦克斯威尔市民与公共事务学院。早期的启动资金，来自几个私人企业家的捐助，如铁路大亨哈里曼家族。所以管理主义是行政改革的主线，追求效率是公共管理这个学科的基因。传统官僚制，市场化等改革，只是追求效率的不同手段。因此，如何提高政府工作效率，获得更高的绩效表现一直是西方政府改革学术研究的热点。当前公共部门改革的特点是引入了类似企业的激励结构，特别是在公共机构中引入了"按业绩计薪"计划。韦伯（Weibel）等研究了绩效工资对绩效影响的约束条件，证明了动机可能是绩效相关薪酬影响绩效的关键因素，因此公共部门要采取适度的绩效工资。莫尼汉（Moynihan）等研究了领导力对组织绩效的影响，其建立了一个模型，提出变革型领导者通过对两个中介因素，即目标明确性和组织文化对绩效产生积极但间接的影响。进一步地，莫尼汉提出了综合领导力（integrative leadership）模型，关注领导者如何选择和使用公共管理系统，并及时进行改革。很多公共部门改革主要通过实施管理工具的方法来提高组织绩效，这种片面的以产出为导向的改革遭到了批评。里茨（Ritz）学者关注员工态度、管理措施、制度因素和组织绩效之间的联系，其发现了政府工作人员绩效取决于公共服务动机、工作满意度和组织承诺。

而权力下放作为全球最普遍的公共部门改革之一，许多国家都出台了相关政策来赋予地方政府权力，将既定的发展和治理目标结合起来，提升公共部门的工作绩效，促使政府进行更高效的工作。斯莫克（Smoke）从总体上概述了权力下放的预期目标，并明确了支持和阻碍改革的各种因素，重点讨论了如何构想、分析、设计和实施权力下放。蒙蒂诺拉（Montinola）证实了权力下放对地方政府工作效率的提升，能够有效地使其免受中央政府的干预。

（二）热点主题2：不同国家的政府改革范式研究

该热点包括聚类#3"欧盟（eu）"、#5"政府（government）"、#7"转型（transition）"和#10"政治文化（political culture）"，主要讨论了不同国家改革的影响因素和具体进程。学者们认为不同国家在进行政府转型时，都会受到文化传统、政治制度、经济条件、社会发展等因素的综合影响。邓利维（Dunleavy）等更加强调了数字时代治理对新公共管理模式的影响，分析了技术创新、数据驱动和数字化转型等因素对西方国家政府改革的影响。因此研究和理解这些因素如何相互作用以及对政府改革产生的影响，对于制定和实施有效的政府改革策略具有重要意义。欧盟作为一个政治联合体，其内部国家的政府改革呈现出不同的特色。拉普普洛（Lampropoulou）研究了危机期间在希腊、意大利、葡萄牙和西班牙实施的政府改革方案的目标和成果。这一集群形成了一个独特的行政范式，源于拿破仑国家传统，从历史制度主义的角度探讨了行政传统与行政变革持久性之间的关系。费瑟斯通（Featherstone）通过希腊来研究欧元危机的出现，其把改革的失败归咎于条件性战略的制定、利益冲突、行政传统和文化规范。该案例凸显了欧盟在处理整个欧元区行政体系多样性方面面临的挑战很大一部分来源于各个国家不同行政文化。阿萨特里扬（Asatryan）等构建并提供了一个新的改革指标，以探索欧盟国家公共行政改革的决定因素。调查结果支持了政治经济推理：经济和财政危机是改革的有力催化剂，但强大的官僚机构限制了危机促进改革的机会。2010年的希腊主权债务危机暴露了"欧元区"和希腊治理的弱点。

（三）热点主题 3：政府改革中的价值理念研究

该热点包括聚类#0"服务（service）"和#1"民主（democracy）"，主要探讨了政府在改革中对以人为本和为民服务的价值追求。随着新公共服务理论的盛行，建立服务型政府成为西方政府改革中的重点部分。服务型政府强调政府在公共管理中要重视公民的权益，以民主决策为主导，服务于人民，追求共同利益。因此如何实现有效实现公共服务，一直是学界探讨的热点。从政府部门层面来看，选择适当的公共服务供给模式对于提供高质量和高效率的公共服务至关重要，需要考虑到特定的环境和条件，特别是对民主的重视。传统的政府直接供给模式应用十分广泛，但是存在效率问题、创新限制和动力不足等弊端，邓利维等认为数字技术的赋能可以有效改善这些问题。考虑到政府直接供给模式的不足，学界提出了更多的供给模式。委托管理模式是政府以外包的形式，与政府外部私营部门或非营利组织签订合同，由合作方提供公共服务，海费茨和瓦尔内（Hefetz & Warner）研究了政府外包公共服务规模变化的动态过程，分析了外包决策的驱动因素和影响因素，强调监管的重要性和民众参与服务提供过程的必要性。公私合作模式是政府与私营部门合作，共同提供公共服务，霍奇和格里夫（Hodge & Greve）着眼于对不同国家的公私合作项目进行了综合性的绩效评估，分析了公私合作模式在公共服务领域的效果和挑战，范（Van）针对政府与非营利组织之间的合同提出了一种理论框架，探讨了公共服务供给模式中的政府 – 非营利组织合作机制，认为政府应该在联合解决问题和决策、信息交流以及减少监测方面采取协调办法，从而降低成本和提供更高质量的服务。从政府工作人员层面来看，莫尼汉和潘迪（Moynihan & Pandey）认为公共服务动机与成员的教育水平和数量呈密切正相关，其还强调了组织机构对公共服务动机的显著影响，阐述了组织机构的繁文缛节和层级数量与公共服务动机呈负相关，而等级权威和改革努力呈正相关。因此，公共组织既有机会也有责任创造一种环境，让员工感到自己在为公共利益作出贡献。在改革公共服务时，世界各国政府都试图通过转变结构内领导方式来实现变革。马丁（Martin）等发现，分散式领导在提升公共服务环境变革中非常重要，有效的领导者确实可以通过组织网络的结构和政策实施过程实现变革。而民主的有效推行也推动了政府有效提供公共服务。阿萨特里扬和怀特（Asatryan & Witte）肯定直接民主在确保公共部门高效运行、经济性提供商品和服务质量方面的作用，通过直接决策机制进行更具包容性的治理可能会形成更负责任的政府。谢德勒（Schedler）认为，在民主政体提高公共服务的过程中可能出现操控，需要民众进行监督。布莱森和布鲁姆伯格（Bryson & Bloomberg）提出了公共价值治理的理念，强调民主政治的重要性，以公共价值为中心来推动公共服务供给模式的发展。

（四）热点主题4：政府改革中的政策工具研究

该热点包括聚类#9"改革（reform）"、#4"政策（policy）"和#8"行政控制（political control）"，主要研究了政策的形成因素和行政控制这一政策工具在政府治理中的作用。政策是一项治理工具，其形成深受政治的影响。梅（May）等考虑从制度视角来构建一个概念图，其中考虑了解决政策问题所涉及的各种想法、制度安排和各方利益。作为一个分析视角，制度视角可以用来理解制度如何对形成合法性、一致性和持久性的政策反馈过程的影响。卡帕诺（Capano）结合公共政策领域的概念和文化路径以及历史新制度主义提供的概念视角，试图解释意大利改革的轨迹，并强调规范和认知如何对政策变化的"设计"和"战略"产生重要影响。政治控制作为一种政策工具，会对行政程序和行政安排起到很大的影响作用。从积极影响方面来看，巴拉（Balla）等认为行政程序增强了对官僚机构的政治控制，部分原因是促使机构倾向于立法者青睐的选民所偏好的政策选择。从消极影响方面来看，莫尼汉等认为政府实施过度的行政控制，将会让政治目标取代政策理性，从而影响政府的工作效率。马尔（Maor）认为，在新公共管理的支持下实施管理改革后，政治执行官的行政控制被削弱，这种变化反过来又使他们渴望对官僚机构进行更多的控制，通过减少赋予公共管理人员更多的管理项目的权力的方式来加强自己的政治控制。

二、国内研究热点分析

将检索到的 4 632 篇国内期刊文献导入 CiteSpace V 中，将 Node Type 设为 Keywords，绘制出国内政府改革研究的关键词共现图谱，以寻找当前的研究热点主题，具体如图 2 - 7 所示。政府改革研究的关键词共现图谱包含关键词节点数为 790，连线为 1 088，网络密度为 0.0035。图 2 - 7 的分析结果表明，近 40 年来国外政府改革研究的热点关键词包括：行政改革（267 次）、政府改革（244 次）、改革（242 次）、地方政府（137 次）、政府职能（111 次）、政府（109 次）、机构改革（80 次）、公共服务（78 次）、行政审批（绩效，185 次）、政府会计（65 次）等。这些高频关键词也反映了当前国外政府改革研究的热点所在。

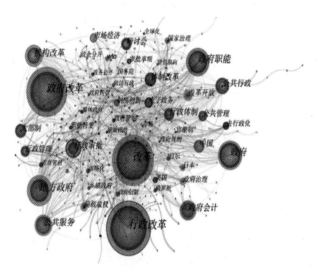

图 2 - 7　国内政府改革研究的关键词共现图谱

为了更好地聚焦国内政府改革的研究热点，利用 CiteSpace V 软件对国外关于政府改革的 4 632 篇文献的标题进行计算，以此形成国内政府改革研究的热点主题聚类图谱，如图 2 - 8 所示。通过梳理分析每个聚类所包含的关键词，可将图谱中的聚类归纳为以下四个主题：

图 2 - 8　国内政府改革研究的主题聚类图谱

（一）　热点主题 1：政府改革价值理念追求研究

该热点包括聚类#0"政府改革"、#1"行政改革"和#7"整体政府"，主要研究了新时代政府在改革中对不同价值理念的追求。"行政价值是公共行政对公民的意义，是公共行政的应然状态。"持续性的政府改革，离不开对适应新时代价值理念的追求。目前学界对于政府改革理念的探究主要集中在以人为本的服务型政府、以法为绳的法治政府和以发展为目标的现代政府。范文认为，公共行政的核心价值包括以人为本、责任、效率、公平、秩序和廉洁，为了实现这些价值理念，必须加强政府在服务、法治、廉洁、公平、责任等方面的建设。王丽华认为，目前政府改革的总体价值追求是建设有效政府，它可以通过培育行政文化、加强民众监督、坚持依法行政、提高管理能力等途径来实现。而在政府改革的过程中，赵晖指出，公共服务的价值观念至关重要，他提倡政府树立现代民主管理理念，增强公共行政责任意识，推行市场导向的公共服务，实施社会满意服务原则。李文彬等构建了"一心、二性、三化"的政府现代化评价标准，综合反映出了当下政府的治理改革理念。

（二）热点主题 2：政府行政体制改革研究

该热点包括聚类#3"大部制"、#6"地方政府"，主要研究了政府对自身行政体制改革的探索。目前学界对于行政改革的研究主要集中在以大部制体制为代表的横向机构改革和以地方省直管县体制为代表的纵向层级关系改革。从横向机构改革来看，大部制改革有效促进了政府机构的优化，促进政府工作效率的提升。大部制改革的主要目的是解决职能交叉、多头管理、政出多门等问题，消除经济社会发展中的体制性障碍，全面落实科学发展观，以期达到推动社会和谐的目标。大部制改革推动了我国行政机构综合能力的不断提升，但在推进过程中仍有一些问题需要解决。石亚军等认为，大部制改革存在政策执行与后续监督分离、相关法律条例缺失、配套措施落后、理论研究不足等问题。在纵向层级改革方面，地方政府的省直管县制度有助于促进城乡共同发展和地方政府的公共服务能力提升，但也面临着许多挑战，如层级与幅度变化不匹配、区域增长点难选择、监管与放权难平衡等问题。

（三）热点主题 3：政府职能优化研究

该热点包括聚类#10"行政审批"、#11"市场经济"，主要研究了我国政府在市场经济飞速发展的时代背景下对自身职能的优化。政府职能是现代行政管理的核心，它呈现了政府运行的内容和方向。随着时代变迁，政府职能也应该随着社会制度、市场和公众的需求而不断发展，政府职能转型的本质是要实现角色和权力的归位，并明确政府、市场、企业和社会各自的职责和作用，实现政府与市场的协同合作和优势互补，促进公共事务的高效运行。而持续推进行政审批制度改革是政府职能优化的关键点。政府的行政审批制度改革摒弃了以往沿用的旧管理方式，采用创新高效的管理方式，将本属于企业自主决策、市场自主调节、社会自我管理的事务按照时代发展趋势再次交还企业、市场和社会中介组织进行处理，政府只进行事后监管和间接管理。行政审批制度改革是加速社会主义市场经济体制建设和完善的紧迫要求，它通过建立高效的行政管理机制和科学的审批流程，将主要精力转移到管理、监管以及公共服务领域，进一步增强市场经济的发展活力和创新力。尽管我国行政审批制度改革取得了众多成果，但依旧面临着一些问题。例如，陈朋认为仍存在审批效率低下、监管力度不够、信息获取困难等困境，解决这些问题需要将改革的重点放在明晰基本方向上，针对关键领域关键环节，建立配套的法律、制度、技术和管理措施，进一步提高改革水平、提升改革效果。

（四）热点主题 4：政府改革的启示与反思研究

该热点包括聚类#2"改革"、#8"启示"、13"路径依赖"，主要研究了我国改革措施实施过程中的经验启示和对产生问题的具体反思。在国家治理现代化的背景下，我国大力推进行政改革，其改革措施的启示一直是研究的热点，为后续改革措施的优化提供经验与反思。例如，左然对我国 40 年来的机构改革的经验与启示进行了总结，得到了以下启示：一是立足于我国现阶段发展的主要矛盾，不断构建符合新时代要求的国家职能体系；二是紧紧围绕在党的周围，坚持党总管一切的领导机制；三是完善分配制度、重视市场作用、大力推进中国特色社会主义市场经济发展；四是不断推进国家治理体系和能力现代化，优化政府职能；五是立足于为人民服务的宗旨，建设服务型政府。而西方国家相较于我国更早开始政府改革，其整体政府、大部制、绩效管理等方面的改革给我国提供了很多经验借鉴。曾维和认为中国应该借鉴国外整体政府的思想，将政府职能转变为内联外协。宋世明认为，我国应参照西方发达国家的政府改革，从政府全包全揽转变为政府与社会协同共治，让政府与社会产生共振，从而发挥出最大的治理效果。

三、中外政府改革研究发展趋势

（一）国外政府改革研究发展趋势

图 2 - 9 是用 Citespace Ⅴ 软件时区视图功能生成的国外政府改革的关键词时区图，根据图 2 - 9 中英文关键词的时区分布特征，可以看出国外政府改革研究主要可以分为三个阶段：

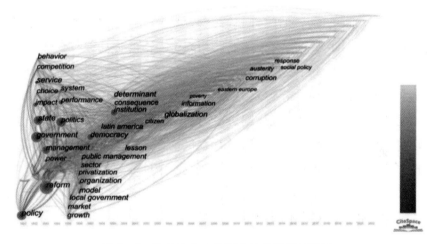

图 2 - 9　国外政府改革研究的关键词时区图

第一阶段为理论成熟期（1991 ~ 2004 年），这一时期的关键词有服务、绩效、市场、民主等，体现了西方研究开始重视公共行政绩效，调整政府与社会、市场之间的关系。这一阶段西方改革为了迎接全球化挑战，提高政府工作效率，开始了新公共管理运动。改革的重点在于优化政府职能、市场化公共服务、提升人力资源绩效、推进政府部门分权等，这段时期的改革有效解决了政府财政赤字、工作效率低下、机构职能混乱等问题。

第二阶段为创新推进期（2005～2009年），这一时期的关键词主要为全球化和信息化，体现了西方研究开始重视信息技术在政府中的使用。随着电子信息技术的快速发展，数字政府建设成为西方政府的重中之重。各国开展的电子政务建设，将互联网和政府办公结合到一起，依靠在线政务信息传递速度快、集成效率高、可追源溯流的特点，从根本上改变以往政府办事难、办事效率低的状况，有效促进政府组织层面变革，向服务型政府和高效政府转变。

第三阶段为现实挑战期（2010年至今），这一时期的关键词有北欧、紧缩、危机等，体现了政府改革研究的重点方向之一是对公共危机的管理，涉及经济紧缩、金融风险、社会不平等、种族歧视、公共舆论媒体等方面。近年来，欧元危机频发，特别是希腊债务危机和欧洲移民危机等，带来了严重的经济和社会问题，成为当今时代公共管理学的热门研究课题。另外，多种自然灾害的爆发和流感疫情的传播，给全球经济和社会发展带来了严峻挑战，其中涉及政府公共卫生管理、医院管理、社会福利和紧急救援等多个领域，成为当前公共管理学热门的研究课题之一。此外还有美国医疗保健诈骗、中国养老金危机、英国医疗服务流程管理危机等公共服务危机和法国黄背心抗议、美国黑人之死浪潮等社会危机，这些危机和重大事件也提醒了政府改革的研究者，需要更加关注行政部门的公共危机管理能力和创新能力，以提高公共服务的效率和质量，推动公共管理实践不断创新和进步。

（二）国内政府改革研究发展趋势

图2-10是利用Citespace V软件时区视图功能生成的国内政府改革的关键词时区图。不同年份出现的关键词可以反映出我国政府改革研究主题的不同时段的重点主题。通过结合相关文献的总体内容以及文献关键词的时区分布，可以将中国政府改革研究全过程的发展态势大致分为以下三个阶段：

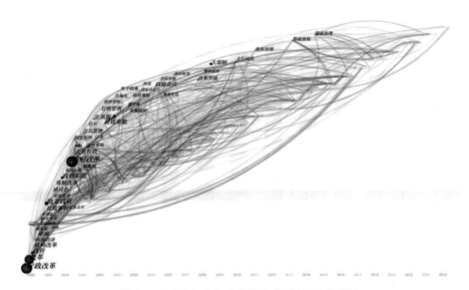

图 2 - 10　国内政府改革研究的关键词时区图

　　第一阶段为探索发展期（1998 ~ 2007 年）。这一时期的关键词有全球化、公共行政、公共管理、官僚制、政府管制，体现了我国研究重点关注如何从传统官僚制转向宏观调控、重视市场作用的社会主义治理体制。这一阶段改革的背景是国家大力推进社会主义市场经济的建设，旨在根本转变传统经济增长的方式，通过有效发挥政府的宏观调控职能来构建一套能够促进社会主义市场经济体制高质量运行的行政管理体制，从而解决政府机构人员繁杂、职能重叠、办事效率低下等问题。

　　第二阶段为深入转型期（2008 ~ 2017 年）。这一时期的关键词有善治、绩效评估、政府预算、大部制、政府转型、去行政化等，体现了我国改革开始进入转型期，如何满足人民日益增长的需求和解决新出现的各类社会矛盾成为这一阶段的研究重点。在这个阶段，我国加快建设具有中国特色社会主义的行政管理体制，加强宏观调控体系，推进大部制改革，完善行政审批制度，旨在构建以服务为核心的现代政府，还权于社会、还权于市场。

　　第三阶段为全面深化期（2018 年至今）。这一时期的关键词有行政审批、国民政府、大数据、国家治理、简政放权等，体现了我国改革进入了新时代，需要贯彻落实新的要求、实现新的目标。现阶段我国的研究聚焦于如何促进党和国家机构的职能优化、协调高效，通过加强党的全面领导对改革进行总体规划，以推动国家治理体系现代化建设和提高国家治理能力为目标，构建机构设置完善、职能合理配置、政府高效运行的治理体系。

第四节　本 章 小 结

当今世界各国政府高度重视政治体制改革实践，使得政府改革在全世界拥有持续性的研究热度。本章通过整理、汇总、分析国内外 SSCI 和 CSSCI 期刊上发表的共 10 202 篇政府改革研究文献，识别了政府改革研究的基本概况，挖掘了中外政府改革研究的热点主题及演进特征。概括而言，本章得出的主要研究结论包括以下三个方面：

第一，从研究的时间区间可以看出，国外文献更早地开始探索政府改革，尤其是进入 21 世纪之后，国外围绕政府改革政策的研究数据数量保持平稳的增长，呈现出 "L" 形曲线的趋势。近年来，国外发文数量更是急速增长，其中大学是该项研究的核心力量。与此相比，国内知网最早关于政府改革政策的研究起步于 1998 年，呈现先增后减的趋势，于 2008 年达到研究文献数量的峰值，研究主体主要集中在公共管理学科发展较好的高校。大体上来看，中国学界对政府改革研究晚于国外，本章认为主要有以下几个原因：（1）历史背景：中国经历了长期的封建统治和革命斗争，直到 20 世纪后期，中国政府开始推行改革开放政策，逐步深化经济体制改革和社会变革，政府改革研究开始受到更多的关注。（2）政府发展目标：中国在改革开放初期主要关注经济发展和基础建设，对政府改革的研究相对较少。政府改革的重要性逐渐凸显是在中国经济迅猛增长和社会变革带来的治理挑战上。（3）学术理论：政府改革研究需要一定的理论基础和方法论支持，这方面的发展在中国相对较晚。

（4）数据的开放性与可得性：研究政府改革内容和进程需要大量的政府数据和信息进行支持。中国政府区别于国外政府，政府内部数据的获取存在困难，并不完全对外界开放，这在一定程度上限制了中国政府改革研究的发展。（5）国际学术交流与合作：在改革开放初期，中国的学术交流较少，并且受到一些限制，这导致中国的政府改革研究相对孤立，难以充分融入国际学术界的研究进展。

第二，从研究主题特征可以看出，国外的研究内容较为分散，涉及面广，包括服务、民主、绩效、政策等十一大类，汇总为政府改革中的效率提升研究、不同国家的政府改革范式研究、政府改革中的价值理念研究、政府改革中的政策工具研究四类热点主题；而国内则主要侧重于政府改革中的价值追求研究、行政体制改革研究、政府职能优化研究、政府改革的启示与反思研究四类热点主题。中外政府改革研究的热点有很大的不同，主要有以下几点原因：（1）政治文化与价值观差异：不同国家的政治文化和价值观存在差异，这对行政改革研究的热点产生影响。在一些发达国家，注重个人自由、权利保护和民主原则，因此政府改革研究可能更关注行政权力的限制、公民权利的保护等问题。相比之下，中国等国家在强调社会稳定、行政效能和国家发展的同时，更注重行政机构的优化与提升，以及权力的合法合规运行。（2）行政体系与制度环境差异：不同国家的行政体系和制度环境存在差异，这也导致行政改革研究的热点不同。在一些发达国家，行政体系较为成熟、制度健全，因此政府改革研究可能更注重政府管理体系的优化、民主政治的实施以及公共服务的提供等方面。而在中国等国家，行政体系和制度仍在不断建设和完善中，因此政府改革研究更侧重于提高行政效能、推进依法行政、简政放权、创新执政方式等方面的课题。（3）经济发展阶段与社会需求差异：不同国家的经济发展阶段和社会需求存在差异，这也影响到行政改革研究的热点。在一些发达国家，经济相对成熟，社会需求更注重公民权益、环境保护、社会公正等方面的问题，政府改革研究往往围绕这些议题展开。与之不同，中国等发展中国家在经济转型和社会稳定方面面临挑战，因此政府改革研究更侧重于改善行政体制、规范行政行为、解决民生问题等领域的探索，加强对西方先进改革经验的借鉴。但是，在全球化的背景下，各国行政改革研究也存在一些共同的热点，如数字化转型、政务服务创新、治理能力建设等。随着国际上的交流与互动不断增强，各国之间的经验和模式也会相互借鉴，以应对共同面临的行政管理挑战。

第三，从研究的演进趋势可以看出，国内外研究都可大致被划分为三个阶段。国外政府改革研究汇聚了多个国家的改革实践，反映了全球公共行政管理的发展，具体可以分为三大阶段：一是理论成熟期（1991～2004年），政府改革研究从公共行政迈向公共管理；二是创新推进期（2005～2009年），西方政府迎接新挑战，重视对新技术的运用；三是现实挑战期（2010年至今），学者们加大对公共危机的关注。而国内政府改革研究是根据党的领导下基于国情进行深入探究，可细分为三个发展阶段：一是探索发展期（1998～2007年），研究重点关注如何从传统官僚制转向宏观调控、重视市场作用的社会主义治理体系；二是深入转型期（2008～2017年），如何解决转型时期凸显的各类社会矛盾和社会问题成为此阶段的研究核心问题；三是全面深化期（2018年至今），研究紧随新时代发展，重点关注如何推进党和国家机构职能优化协调高效。

通过对当前中外政府改革研究文献进行深入细致的比较分析，可以为国内研究提供以下启示：

第一，建立具有中国特色的政府改革理论体系。一方面，要在借鉴西方行政知识体系的基础上有所发展，西方公共行政理论毕竟是在西方历史和文化的基础上形成的，因此并不完全适用于中国的情况，这就需要在中国历史传统和现实实践经验的基础上，吸取西方公共行政理论的精华，创新建构独具中国特色的、适用于中国政府改革现状的公共行政理论体系。另一方面，建立和完善中国自己的公共管理研究学术价值衡量标准。避免照搬国外现有的标准体系，充分考虑中国国情的特点和实际需要，并结合国内学界研究成果和政府实践经验，形成符合中国研究现状的评价标准，从而推动中国政府改革领域的学术发展。

第二，在政府改革研究中，应注重其系统性、整体性和协同性。当前我国仍采取单边改革模式，整体性和系统性改革不足。因此，我国应致力于构建国家、社会、市场等多个主体的创新协同模式，以避免当前研究中的"大政府"国家中心主义色彩。一方面，应关注多方参与者的专业知识能力，在政府改革和政策推进的过程中实现多方之间的交流学习；另一方面，需重视多方主体参与的治理体系构建，通过制度化的协作和互动治理，汇聚各方行动者的价值观，达到理念相融，建立社会信任，搭建共同遵守的行为规范和制度，从而创造出使各方基本满意的治理效果，最终实现政府改革创新的公共价值。

第三，鼓励从不同学科的视角进行研究，注重规范性和实证性的结合。目前，国内的研究方法相对单一，主要依靠规范性和定性研究，缺乏定量研究，无法提供更精确的数据参考。现有国内政府改革的研究成果从学科种类划分来看，与其有关联的学科种类十分宽泛，共涉及超过40个领域，包含行政学、国际政治、经济管理、财政税收等。虽然学科门类众多，但基本上所有的研究都属于社会科学范畴。为此，我们需要立足于公共管理学科的基本盘，广泛吸收借鉴其他学科的理论观点，在学科交叉的视角下对政府改革进行创新研究，积极探索前沿领域，为政府改革的实践提供更先进的理论支持。同时，我们需要以学科的成熟理论为核心，运用实地调研、访谈和案例研究等实践方法搭建理论框架，并通过大量的数据来验证所搭建的理论框架在政府实践中的普适性。最终，通过理论与实践相结合的方式，强调规范性与实证性并重，进行更加科学有效的研究。

第三章 "放管服"改革理论研究：研究整体现状

第一节 "放管服"改革研究的演进历程

图3-1描绘了党的十八大以来我国"放管服"改革研究的三个发展阶段，分别是研究的探索期、研究的深化期和研究的爆发期。图3-1中为以关键词出现频次高低为标准生成了科学知识图谱，图谱中的圆环及字体的大小代表了该关键词出现频次的多少。在此，本章研究主要利用知识图谱中关键词在共词网络中的中心度及词频高低，以及关键词所在的代表性文献为基础，对当前"放管服"改革研究的三个演进阶段展开深入分析。

第一阶段：研究的探索期。2015年5月"推进简政放权、放管结合、职能转变工作"电视电话会议召开之后，学界对"放管服"改革研究关注度开始逐渐提高，此时围绕改革的相关研究成果也陆续开始出现。从图3-1中可以看出，这一时期的关键词数量较少并且词频数较低，关键词之间的关联性也较小，这说明这一阶段的整体发文数量较少，对于改革研究处于摸索期。这一时期的高频关键词主要有：简政放权（5次，中心度0.01）、政府职能转变（3次，中心度0.16）等。高频关键词反映出该时期学界重点围绕推进简政放权，加快转变政府职能等议题对"放管服"改革展开研究。例如：马宝成（2015）提出更好地发挥政府作用需要将简政放权作为"先手棋"，把深化行政审批制度改革作为

"突破点"，协调推进放、管、服。进一步地，研究还指出简政放权要以深化行政审批改革为"重头戏"，突出其在"放管服"改革中的关键作用。

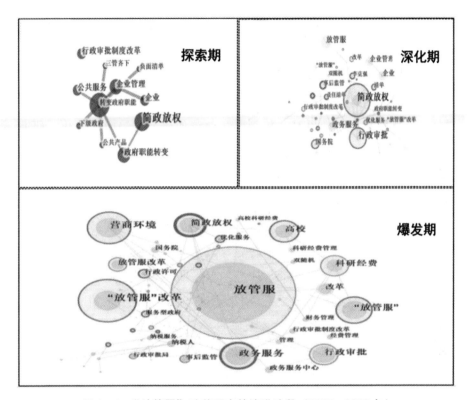

图 3-1 "放管服" 改革研究的演进阶段（2015~2019 年）

第二阶段：研究的深化期。从 2016 年初开始截至 2017 年 10 月党的十九大召开之前，"放管服"改革研究进入了深入推进阶段，这一时期也涌现出一批具有实践价值的代表性成果。从图 3-1 中可以看出，这一时期的关键词数量及连线较探索期而言有明显增多，频次明显提升，这说明这一时期"放管服"改革的研究成果开始明显增多，但从图中可以看出，研究议题仍相对分散。这一时期的代表性高频关键词有：简政放权（78 次，中心度 0.34）、事后监管（15 次，中心度 0.04）等，这些高频关键词反映了这一时期学界主要围绕持续简政放权、加强事后监管、构建权责清单等主题展开研究。例如：沈荣华（2017）指出，简政放权在某些重点领域环节上实施力度不足，需要在改革破解难点上取得新突破。从加强事后监督的角度，现有研究提出了构建有效的监管权责体系、明确监管职能边界、探索中央及地方权责划分等提升"事中事后监管"能力的具体建议。

第三阶段：研究的爆发期。党的十九大的召开标志着中国特色社会主义进入了新时代，其中深化"放管服"改革是贯彻十九大精神的重要举措。在此背景下，学界对"放管服"改革的研究也趋向白热化，研究成果出现了井喷式增长。图3-1反映出高频关键词数量与关键词之间的连线明显增多，各关键词的频次也出现了大幅增加，并出现了如营商环境（71次，中心度0.27）、政务服务（56次，中心度0.25）、高校（47次，中心度0.12）等体现这一时期发展特色的关键词，这一时期"放管服"研究的议题明显增多，"放管服"改革实践研究拓展到了税收、教育等多个领域，视角更加多元。研究的爆发期主要体现出学界重点关注"放管服"改革的实施效果、手段等方面，具体体现在优化营商环境、打造服务型政府、推进高等教育领域"放管服"、继续深化行政审批制度改革等方面。具体地，有学者基于营商环境与税收服务间关系视角，提出了目前我国从税收服务角度出发优化营商环境所面临的挑战及应对策略。针对如何打造服务型政府，有学者提出了以构建"互联网+政务服务"平台为抓手提升政府服务的相关路径。还有学者则以某高校科研经费"放管服"改革中的现状为例，提出了高校科研经费"放管服"改革优化之道。

总之，从2015年以来我国"放管服"改革研究的三个演进阶段中可以看出：在研究的探索阶段，学界主要关注简政放权、转变政府职能等方面的问题，而在研究的深化阶段与爆发阶段，研究视域的不断拓宽，在对前期简政放权等热点议题进行深化研究的基础上，学者们将目光转向了强化监管、优化政务服务、提升营商环境、着力建设服务型政府等方面。与此同时，在中央提出推进科研领域"放管服"改革的背景之下，一批有关高校"放管服"改革以及高校科研经费管理改革的研究成果也不断涌现，成为学术研究焦点。

第二节 "放管服"改革研究的演进趋势

在对国内"放管服"改革研究的三个演进阶段进行探讨的基础上，为了更为清晰地展示近年来我国"放管服"改革研究的演进趋势及发展状况，在此运用 Citespace 软件中的时区视图（Time Zone）功能，绘制出 2015～2019 年国内"放管服"改革研究的时区图，通过比较不同年份出现的关键词及其词频高低状况，从而识别出国内"放管服"改革研究的总体演进趋势，如图 3－2 所示。图 3－2 显示出在 2015～2019 年，国内"放管服"改革研究的主要突变词（burst term）包括简政放权、"放管服"、行政审批、政务服务、高校等。

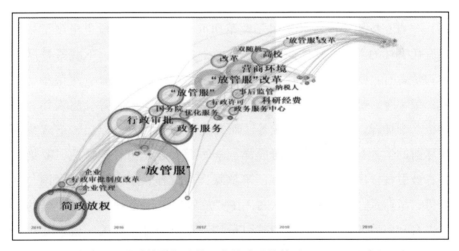

图 3－2 "放管服"改革研究的演进趋势（2015～2019 年）

根据这些突变词的分布特征及出现频次，本章归纳出当前国内"放管服"改革研究的发展脉络与轨迹：一是"放管服"改革思路从最初的强调

"放、管、服"的单一面向着"放管服"三管齐下的"组合拳"进行转变；二是"放管服"改革领域从最初的行政审批制度改革逐渐向着教育科研、企业管理、税收领域进行拓展；三是"放管服"改革重点由简政放权向优化政务服务、推进高校"放管服"改革、优化营商环境等多方面不断延伸，充分体现出"放管服"改革内容的深化与升华；四是"放管服"改革突出理论与实践的紧密结合，即从以基础理论研究为主向侧重个案研究、实践模式及多领域应用研究的方向推进。当前"放管服"改革研究的发展演进趋势与中央提出的"放管服"改革会议精神高度契合。

第三节 "放管服"改革研究的主要研究团队

在发文作者研究方面，通过对表 3-1 中论文被引量和下载量检索的对比分析后发现，党的十九大召开前后，"放管服"改革研究的发文作者团队表现出一些明显的共性和差异。一些学者（如宋林霖、张定安等）一直在持续关注"放管服"改革研究，而在不同阶段也出现了一些具有代表性的学者。具体而言，在党的十九大召开以前，下载量排序靠前的学者有：张定安、宋林霖、赵宏伟、高学栋、李坤轩、沈荣华、李健、荣幸等；被引量排序靠前的学者有：张定安、宋林霖、赵宏伟、高学栋、李坤轩、陈丰、马宝成等。而在党的十九大召开以后，下载量排序靠前的学者有：宋林霖、何成祥、李军鹏、赵光勇、辛斯童、罗梁波等；被引量排序靠前的学者有：宋林霖、何成祥、李军鹏、邓念国、赵光勇、辛斯童、罗梁波等。总之，在"放管服"改革研究领域，党的十九大召开前后的论文下载量和被引量均呈现出一种正相关。就发文作者而言，以沈荣华、马宝成等为代表的一批知名学者较早地开始关注"放管服"改革研究，最初的研究视角更多是关注改革自身的特点及未来趋势等方面，而随着党的十九大的胜利召开，以李军鹏、赵光勇等为代表的知名学者深入推进"放管服"改革研究，将目光聚焦在地方实践模式层面，并持续探索改革的实施现状及效果等。

表 3 - 1　　　　党的十九大召开前后"放管服"改革研究的学者发文概况

党的十九大召开前				党的十九大召开后			
学者	下载量	学者	被引量	学者	下载量	学者	被引量
张定安	5 288	张定安	121	宋林霖	6 320	宋林霖	83
宋林霖	3 982	宋林霖	60	何成祥	6 320	何成祥	83
赵宏伟	3 982	赵宏伟	60	李军鹏	4 349	李军鹏	61
高学栋	2 705	高学栋	43	赵光勇	2 493	李军鹏	43
李坤轩	2 705	李坤轩	43	辛斯童	2 493	邓念国	34
沈荣华	2 247	陈丰	39	罗梁波	2 493	赵光勇	30
李健	2 163	许敏	39	李军鹏	2 420	辛斯童	30
荣幸	2 163	沈荣华	37	张定安	2 248	罗梁波	30
马宝成	1 519	马宝成	37	鲍静	2 248	何代欣	25
范柏乃	1 451	周海涛	25	郑开如	2 019	毛寿龙	23

在作者机构研究方面，图 3 - 3 是党的十九大召开前后国内"放管服"改革研究的主要研究机构概况。总体而言，党的十九大召开前后"放管服"改革研究的机构主要分为两类：一类是各级党校和行政学院等机构；另一类是高等院校政治学与行政学等相关学科的研究人员。

具体而言，在党的十九大召开之前，作者所在的研究机构中，中共中央党校（国家行政学院）的学者发文数量遥遥领先，其长期致力于围绕党中央和国家领导人的战略方针，积极开展行政体制改革和治国理政方面的学术研究。其次，中国行政管理学会位次也比较靠前，主要体现在以沈荣华和高小平等为代表的一批知名学者对"放管服"改革领域进行深入的研究探索，重点关注改革的内涵、作用、成效及其与政府绩效管理的关系等方面。在党校和行政学院中，排名较靠前的是山东行政学院，以该校为主要代表的学者（如高学栋、李坤轩）主要以山东省部分政府为研究对象，积极推进对"互联网 + 政务服务"的研究。此外，"放管服"改革背景下医疗广告监管问题也是该校学者较为关注的主题。

党的十九大召开后，主要研究机构与党的十九大召开前仍表现出高度一致性，但是在发文数量较多的高校中，排名较前的是天津师范大学，该校政治与行政学院的部分学者（如宋林霖等）持续在关注"放管服"改革研究，主要聚焦于两方面：其一是集中于对优化营商环境的路径和成效的研究；其二是在"放管服"改革背景下对行政审批制度、地方政务服务的发展趋势以及高等教育改革领域的探析。

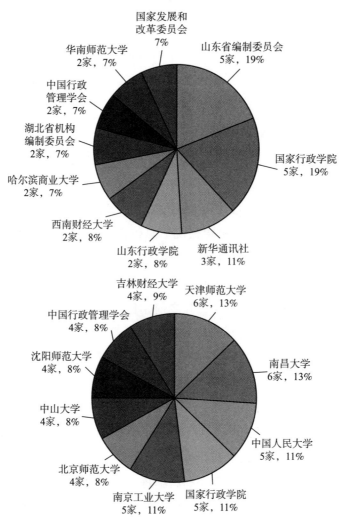

图 3-3 党的十九大召开前后"放管服"改革的研究机构分析

第四节　本 章 小 结

通过系统梳理和深入分析近年来国内"放管服"改革的研究文献，从而对当前我国"放管服"改革研究的发展演进历程、趋势及几类研究热点主题进行了明确把握。在此，本章得出的主要研究发现可以概括为：

国内"放管服"改革的研究演进历经了探索期、深化期和爆发期三个阶段。在此期间，研究文献数量和研究议题明显增多，对不同议题的讨论也变得更为深入，研究视角也更加多元。研究的演进趋势主要包括四条发展轨迹：其一是改革思路从最初的强调"放、管、服"的单一面向着"放管服"三管齐下的"组合拳"进行转变；其二是改革领域从最初的围绕行政审批制度改革逐渐向着教育科研、企业管理、税收领域进行拓展；其三是改革重点由简政放权向着优化政务服务、推进高校"放管服"改革、提升营商环境等方面不断延伸，这充分体现出"放管服"改革内容的深化与升华；其四是改革突出理论与实践的紧密结合，即从以基础理论研究为主不断向着侧重个案研究、实践模式及多领域应用研究的方向推进；其五从研究团队层面来看，当前多数研究人员主要来自党校（行政学院）以及高校的行政学及国家行政管理、中国政治等主要学科。目前，国内政治与行政学学科的部分知名学者已成为党的十九大召开前后"放管服"改革研究的中流砥柱和主力军，其中，较具典型性的包括天津师范大学政治与行政学院的研究团队，中共中央党校公共管理教研部的专家学者，他们发表的相关论文数量和质量在学术界均处于较为领先的地位，是当前"放管服"改革研究的"领头羊"。

第四章 "放管服"改革理论研究：热点主题

第一节 "放管服"改革的内涵与理论基础

截至目前，学界围绕"放管服"改革的内涵已进行了一系列有益的探讨。通过梳理现有研究文献可以发现，当前研究主要从两个视角对其内涵进行了归纳与概括：首先有学者以"简政放权、放管结合、优化服务"组合拳为核心，对"放管服"改革的内涵进行界定。如有学者指出"放管服"改革是指简政放权、放管结合、优化服务三者共同推进政府职能转变，营商环境优化及激发市场主体活力及社会创造力，推动经济持续健康发展（沈荣华，2019）。其次，现有研究还对"放""管"及"服"的各自内涵分别进行了阐释。马宝成（2015）指出"放"要深化行政审批制度改革；"管"要加强事中事后监管；"服"要优化政府服务。类似地，还有研究指出"简政"指精简政府职能及削减行政管理程序，"放权"指将权力下放给下级机关或市场、社会，"放管结合"指"放权"同时要注重"监管"，"优化服务"指政府要提供高质量的公共服务。此外，还有学者着重对"放""管""服"三者间的关系进行了探讨，如武建春（2016）提出"放"是"放管服"改革的基础和前提，"管"是"放管服"改革的手段和措施，"服"是"放管服"改革的目的和目标，是管理的发起源和起跑线。尽管国内学者对"放管服"改革内涵认知的视角不同，但对"放管服"改革的核心内容即"简政放权、放管结合、优化服务"已达成了共识。

深入梳理现有"放管服"改革研究文献，可以发现学界对"放管服"改革理论基础的研究主要基于两个维度，即"放管服"改革整体视角下的理论基础和"放""管""服"各自单一维度视角下的理论基础。理论基础的具体内容如表4-1所示。

表4-1　　　　　"放管服"改革的理论基础及主要观点

研究视角	核心理论		代表人物	主要观点
"放管服"改革整体视角	整体性治理理论		佩里·希克斯（Perri6，2002）等	针对碎片化治理中出现的问题，以公众需求为治理导向，以信息技术为治理手段，通过有效的沟通与合作，达成治理层级、信息、公私部门关系等的整合与协调，实现从破碎到整合的治理，为公众提供无缝隙的整体性公共服务
	政府流程再造理论		戴维·奥斯本（Osborne，1993）、拉塞尔·林登（Linden，1998）等	以"公众需求"为核心，重新设计传统的政府组织架构，理顺政务服务流程，实现政府组织内部各部门间的有机结合，使政府能够适应不断变化的外部环境，提升组织绩效，并为公众提供更整合性更高、更优质高效的公共服务
"放""管""服"单一维度视角	简政放权	繁文缛节理论	赫伯特·考夫曼（Kaufman，1977）、巴里·伯兹曼（Bozeman，2012）等	繁文缛节是指对于指定利益相关者仍然有效的需遵从的规则、监管等，但它们对于利益相关者的目标或者价值的贡献小于花在遵从和执行这些规则上的成本，其作为一种主观感知，主体可以是国家、组织及个人，客体包括各类复杂的程序
		政府与市场关系理论	亚当·斯密（Smith，1776）、梅纳德·凯恩斯（Keynes，1936）、弗里德里希·哈耶克（Hayek，1979）等	（1）自由放任阶段（1776~1933年）：政府作为"守夜人"，不应过多干预市场经济活动。（2）政府干预经济阶段（1933~1979年）：市场自发调节机制无法实现资源的最优配置，政府需采取经济干预措施，加强宏观调控。（3）政府与市场协同互补阶段（1979年至今）：寻求政府与市场间的平衡，肯定市场机制的同时注重政府干预的效果

研究视角	核心理论	代表人物	主要观点
"放""管""服"单一维度视角	放管结合 政府规制理论	乔治·斯蒂格勒（Stigler，1971）、詹姆斯·布坎南（Buchanan，1969）等	（1）公共利益理论：不规制的市场中存在制度性缺陷，应通过政府"最优"政策纠正市场失灵问题。（2）部门利益理论：利益集团可以通过寻求政府规制谋求私人利益，强调利益集团在公共政策形成中发挥的作用。（3）放松规制理论：政府同样存在无法克服的缺陷，应取消市场中人为壁垒，在完全开放的竞争市场中可以实现资源的最优配置。（4）激励性规制理论：不改变原有规制结构下，政府采取激励手段，促使受规制企业提高效率
	优化服务 新公共服务理论	罗伯特·登哈特和珍妮·登哈特（Denhardt，2002）	公共管理者应承担向公众放权及为公众服务的职责，公共管理的本质是服务，政府及公职人员的目标是实现公共利益而非控制社会

资料来源：笔者根据现有文献自行整理。

首先，从整体性视角出发，"放管服"改革的研究主要借鉴了整体性治理理论与政府流程再造理论。当前我国"放管服"改革已进入攻坚期，但仍存在部门分割、条块分割等问题，亟须改变以往"头痛医头、脚痛医脚"的改革方式，重新构建政府政务服务流程，这与整体性治理理论的理念相吻合。此外，现有研究还指出我国可以借鉴西方政府流程再造理论推动"放管服"改革深入发展（李水金、赵新峰，2019），因为政府流程再造理论与我国当前转变政府职能，增强政府公信力与执行力，建设服务型政府的"放管服"改革目标相契合。

其次，从单一性视角出发，"放管服"改革的理论基础主要包括：西方减少繁文缛节理论、政府与市场关系理论、政府规制理论及新公共服务理论。具体而言，（1）从简政放权层面来看，"简政"要求精简行政审批制度及流程，提升企业及群众办事效率，这与国外公共行政组织的经典繁文缛节理论思想相契合，并且国内有学者借鉴了该理论探索简政放权的实施效果。而"放权"则能通过政府与市场关系理论进行阐释，有学者指出"放管服"改革要更好发挥政府作用，为发挥市场决定性作用提供重要保障。当前西方政府与市场关系理论强调政府与市场之间要发挥各自作用，这为政府合理放权提供了理论依据。（2）从放管结合来看，林闽钢等（2019）重点探讨了"放管服"背景下，养老服务业建立新型政府规制的方向。结果表明，基于修正政府机制缺陷的政府规制理论对于当前"放管结合"过程中建立制度化监管规制，规范行政执法等提供了理论基石。（3）从公共服务层面来看，新公共服务理论强调公民权的中心地位与当前我国政府优化公共服务，建立服务型政府的目标相吻合。

第二节 "放管服"改革的实践模式

近年来，伴随着"放管服"改革的深入推进，各级地方政府基于当地发展特色提出了种类繁多的改革实践模式。在此通过对"放管服"改革实践模式的相关研究文献进行梳理后发现，目前各地改革模式虽各具特色但也存在许多共通之处，具体如表4－2所示。

表4－2　　　　　　　"放管服"改革的各地实践模式列举

区域	年份	主要模式	模式特征	代表性省份
东部	2018	"最多跑一次"	依托"互联网＋"推进政务标准化，促进政府间不同层级及部门数据共享，形成了整体性政府的治理模式	浙江省
	2018	"不见面审批"	运用政务服务网络改革行政审批方式，打造"互联网＋放管服"改革模式，解决"信息孤岛"困境	江苏省
	2018	"一次办好"	在申请材料符合法定受理条件的情况下，从提交申请到获取办理结果，政府要提供全面优质的服务，实行"马上办、网上办、就近办、一次办"	山东省

续表

区域	年份	主要模式	模式特征	代表性省份
东部	2017	并联模式	运用"服务+"的理念，采用并联式服务，整合各类资源；运用清单管理模式，明确权责、简化程序；应用"互联网+"思维，实现政府政务服务全覆盖	福建省
	2016	"一门式，一网式"	即"只进一扇门""只上一个网"：建立综合政务服务窗口，加快网上办事大厅建设，并实现了用户"一次登录、全网通办"以及部门"一网受理、分类审批"	广东省
中部	2017	"一网覆盖、一次办好"	建成覆盖全面的政务服务网络，即"以面向公众的便民政务服务平台和面向政府公务人员行政权力运行系统为一体的网络平台"，打通政务服务的"最后一公里"	湖北省
西部	2019	"四个六"	推动6项核心改革、建立6张清单目录、提出6大监管方式、构建6个服务平台，简化审批项目，持续改进审批手续，坚持完善监管措施，提高政府服务满意度	甘肃省
	2017	"六个一"	行政审批"一章审批、一网审管、一单规范"和政务服务"一号申请、一窗受理、一网通办""六个一"的改革模式	贵州省

资料来源：笔者根据现有文献自行整理。

结合表4-2可以看出，首先，就各地实践模式特征而言，各省的改革模式具有明显的共通之处，即绝大多数省份都是以互联网技术应用及信息平台的搭建为抓手，打造一体化的政务服务平台，着力为民众提供便捷高效的网上政务服务。如江苏省以江苏政务服务网为依托构建"不见面审批"体系、浙江省通过浙江政务服务网实现"一窗受理、集成服务"、广东省建立网上办事大厅提供全覆盖的网上服务等。各地都通过"互联网+放管服"模式，力求破除"信息孤岛"，实现公共数据的互通共享。另外，各省的改革模式又兼具自身特色，比如：贵州省贵安新区推行"一网审管"，搭建审批服务云平台，包括"监管云""监督云"等，各类数据信息可以通过云平台与监管部门共享，解决审管分离后审批与监管脱离的困境；福建省以"服务＋"理念为抓手，结合并联式服务思维、清单管理思维及"互联网＋"思维，减少业务流程中的重复环节，避免政策相互冲突、审批互为前置现象，优化政府政务服务流程；山东省公布"一次办好"清单，清单项目明确要求"一窗受理""异地可办"，提升服务效能等。

其次，从表4－2中改革实践模式的区域分布来看，当前"放管服"改革实践的代表性省份以东部居多，中西部省份相对较少，这说明东部省份相较于中西部省份而言，可能更加关注对改革实践模式的提炼与归纳，因此学界对东部地区"放管服"改革模式的关注度更高。此外，将表4－2中8个代表性省份所对应的来源期刊文献按被引频次和下载数量从高到低依次排序后发现，浙江省和江苏省最高，被引次数分别为67次（下载数4585）和14次（下载数2240），这表明浙江省及江苏省的"最多跑一次"及"不见面审批"改革实践模式在学界关注度最高，而且实践中也得到了其他一些省份的模仿和采纳。综上所述，从当前各省"放管服"改革实施模式来看，各地在"放管服"改革实施中都是依据中央、国务院的统一部署并结合当地发展实际，以优化政务服务为目标，极力打造具有地方特色的"放管服"改革实践模式。

第三节 "放管服"改革的实施
效果与优化路径

除了改革内涵、理论基础、实践模式外，当前针对"放管服"改革实施效果及优化路径的探讨，也是学者们关注较多的主题之一。本章研究基于对现有文献的系统梳理，主要从改革实施的正面效果、负面效果（现存问题）及优化路径三个方面梳理该部分研究内容（见图4－1）。

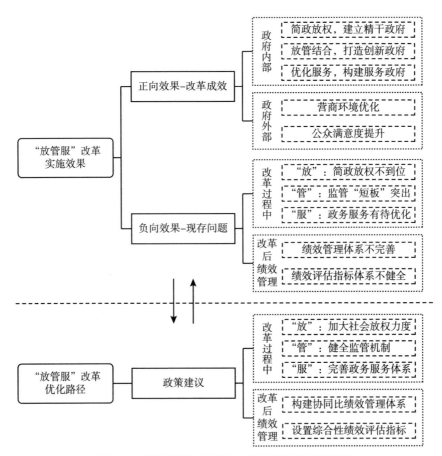

图 4-1 "放管服"改革实施效果及优化路径框架

第一，从改革成效（正向效果）来看，现有文献主要从政府内部即政府自身职能转变的角度和政府外部即公众满意度及营商环境两个角度出发进行研究，具体而言：（1）政府自身职能转变方面的成效体现在：简政放权方面，国务院部门行政审批事项减少超40%，非行政许可审批已被全部叫停，企业投资项目在中央层面的核准减少90%，行政审批中介服务事项减少74%，职业资格许可和认定削减幅度巨大。这说明改革以"精简"为首任，通过减少审批项目为政府"瘦身"，努力打造精干政府；放管结合方面，监管重点从以往事前审批制度向简化事前审批、更加注重事中事后监管转变。此外，监管方式上更加重视创新，如结合互联网及大数据等为监管提供技术支撑，积极推进"互联网＋监管"方式等；优化服务方面，政府政务服务大厅不断升级，如贵州省在 14 个市区开展了相对集中的行政许可权试点，解决了企业和群众办事过程中多个部门间"跑断腿"困境。"放管服"改革以方便群众及企业办事为出发点，不断优化公共服务，提升政务服务质量，构建以为人民服务为宗旨的服务型政府。（2）公众对政府满意度提升及营商环境优化方面的成效主要体现在：公众满意度方面，现有研究表明"放管服"改革的各项举措都有力推动了政府服务质量及效率的提高，如有学者通过对安徽省的实地调查指出，安徽省行政审批改革状况的民众满意程度达到 97.62%。还有研究结果显示，84% 的群众认为便民服务相较"放管服"改革前更加有效；营商环境优化方面，许多学者都指出"放管服"改革在营商环境优化的过程中发挥了积极作用，如有学者基于 6 144 家民营企业的调查数据得出，"放管服"改革过程中政务中心的建立为企业提供了稳定可预测的制度化政企联系，从而有力地提升了民营企业对于营商环境的评价。类似地，还有学者基于国内 35 个城市 2015～2018 年的面板数据，指出"放管服"改革的实施能够显著的优化区域营商环境。

第二，从改革现存问题（负向效果）来看，学者们从"放管服"改革实施过程中及改革实施后绩效管理两个出发对"放管服"改革存在的问题展开了深入的探讨。首先，在"放管服"改革实施过程中：简政放权方面，简政放权放权不到位的问题较为突出，主要表现在保留的行政审批事项仍然较多、放权有效性较低及审批过程中不作为现象频发等方面。进一步地，陈朋（2018）还指出，行政审批制度改革中存在着多头多层审批的问题，这不仅使一些部门利用审批扩权扩力，且造成了行政审批制度改革整体进展缓慢；放管结合方面，监管"短板"仍然存在，主要表现在监管机制不健全、依法依规监管能力参差不齐、监管方式方法创新不足等方面，使得市场监管效能难以得到有效发挥；优化服务方面，虽然当前民众对政府的满意度不断提高，但目前政务服务的水平与质量仍有待提升。具体来看，有学者指出，当前政务服务中存在信息数据互联互通不到位的问题，"信息孤岛""信息烟囱"等问题尚未破解，依靠信息共享实现的"零跑腿""只跑一次"事项无法真正落实。此外，政务服务标准化程度较低，仍存在线上线下审批不融合，基层政务服务中心建设水平参差不齐等问题，极大地降低了民众和企业的"获得感"。其次，在"放管服"改革实施后绩效管理的过程中：（1）在绩效管理体系方面，"放管服"改革绩效管理体系有待完善。高小平等（2019）指出，"放管服"改革绩效管理缺少制度持续性，有些地方和部门仍习惯于应急式监管及运动式监管，缺乏现代化常态的绩效考核手段和方式，导致绩效评估操作经验化、运行碎片化等问题凸显。（2）在绩效评估指标体系方面，改革绩效评估指标体系仍不健全。如现有研究中，部分学者将"放管服"改革成效评估与营商环境优化评价相混淆，但二者间存在本质区别，完善的"放管服"改革绩效量化评估指标体系还有待构建。

第三，针对目前"放管服"改革中存在的问题，学者也相应提出了针对性的优化路径：（1）加大向社会放权力度。要扩大简政放权范围，积极向社会放权，才能有力地激发市场主体活力，提高民众获得感。（2）健全监管机制。一方面要大力创新事中事后监管体系，完善覆盖多部门多领域的综合执法及监管体制机制；另一方面要提高监察效力，加大对违法违规行为的惩戒力度，同时着眼于优化基层政府部门的监管水平及能力。（3）完善政务服务体系。应大力整合政务服务网络平台、手机应用及自助服务系统集成的智慧化政务服务体系平台，实现政务服务网络、行政审批服务网络等信息资源的互联互通。（4）构建协同化绩效管理体系。一方面应以政府战略为统领，将政府部门业务工作考核与"放管服"改革考核相结合，将绩效目标与清晰的部门职能和岗位职责相结合，促使各部门和各岗位"权、责、利"的一致。另一方面，应增加民众评议环节以提升政府绩效管理回应性。（5）设置综合性绩效评估指标。"放管服"改革绩效评估指标设置不仅要评价民众及企业的"获得感"，还应评估政府推进改革的工作效率及区域发展情况等方面，在结合"放管服"改革特色及我国国情的基础上形成综合性，可量化的"放管服"改革绩效评估指标。

第四节　本 章 小 结

本章内容在对现有研究进行系统梳理的基础上，从中发现目前我国"放管服"改革研究还存在以下四个方面的不足：第一，"放管服"改革研究的理论深度与体系有待强化。当前国内学者有关"放管服"改革研究的理论基础主要借鉴和整合了国外公共行政学的组织理论和公共经济学的制度理论等经典理论，而缺乏本土化的理论建构，因此难免会存在一些概念生搬硬套、理论误用、理解偏差等问题，此外现有研究中缺乏一套较具普适性的，能够全面阐释中国特色的"放管服"改革实施的理论框架。第二，"放管服"改革实践模式的提炼需要加强。现有研究成果更多基于国内某地区的个案入手，结合区域发展特色提炼地区"放管服"改革实践模式，但是这些模式可能缺乏更大范围的普适性，单一模式可能很难在其他同类地区进行推广和复制。此外，结合前文研究可以发现，当前学界对国内中西部省份改革实践模式的关注度明显低于东部省份，对中西部省份"放管服"改革实践模式的归纳也较为缺乏。第三，"放管服"改革研究的视角亟待拓宽。虽然"放管服"改革研究成果从涉及的学科分类上来看数量众多，但现有研究更多是从公共管理的视角展开研究，而从教育学、经济学、社会学等视域展开的研究相对较少，尤其是跨学科的研究成果更是稀缺。事实上，"放管服"改革议题本身并不仅仅是公共管理学的研究热点，也会涉及其他相关学科的理论背景和知识，比如前文提及的高校科研经费"放管服"改革、税收领域的"放管服"改革等问题，都涉及其他学科背景。第四，"放管服"改革研究的量化成果有待加强。现有研究更多是围绕改革内涵、实践模式、现存问题等内容，展开思辨性研究，而通过收集主客观数据，探索"放管服"改革实施的"前因后果"等方面的量化研究成果则相对缺乏。

　　针对当前我国"放管服"改革研究存在的不足，结合党的十九届四中全会精神，未来研究需要重点关注四个方面：第一，一方面要高度重视国家治理体系现代化与"放管服"改革间的内在逻辑。现代国家治理体系建设的基本内涵就是在充分尊重市场经济和开放社会的秩序，有效激发经济社会发展活力的基础上，更好地发挥政府作用，形成活力与秩序的均衡。为此，必须积极创新国家治理体系，通过"放管服"改革改变过去全能主义的国家治理体系，转变政府职能，重新理顺政府、市场与社会三者间的关系，激发市场及社会活力。因此，未来研究中应更多关注将"放管服"纳入国家治理体系的职能体制创新这一议题，立足于改革整体目标及政府自身职能转变，真正实现国家治理结构及治理方式的创新与转型。另一方面要推进具有中国特色的"放管服"改革基础理论研究，加快构建"放管服"改革理论体系。要尽可能避免照搬照抄现有的国外理论，因地制宜地结合中国"放管服"改革实践特色，提出一套符合中国国情的改革理论，并指导于现实实践。第二，加强对"放管服"改革模式的提炼归纳，均衡关注各地改革实践。深入调研各地"放管服"改革实践现状及其特色差异，通过纵横比较和多案例研究，提炼适用于更多地区的改革实践模式，并进行宣传推广。此外，学界要提高对中西部省份"放管服"改革实践的关注度，未来研究应加强对中西部地区改革实践的归纳及改革模式的提炼。第三，积极尝试跨学科研究视角。尽可能吸收除公共管理学以外的其他学科，如社会学、教育学等的理论知识，从学科多元化角度对现有理论进行整合和创新，以更好地应用于不同领域的"放管服"改革实践。第四，着力推进定量研究。在未来"放管服"改革研究过程中，应基于现有的成熟理论和先进方法，在构建和阐释理论框架的同时，辅以量化数据进行实证检验，以更好地揭示影响"放管服"改革实施效果的因素及作用机制等内容，并对现有"放管服"改革理论进行完善和创新，实现定量研究与定性研究的有机结合，为未来改革发展提供更具针对性的政策建议。

第二篇

案例研究篇

第五章　省级政府"放管服"改革实施行为及诱因分析

第一节　研究设计

一、"放管服"改革实施的省级基本概况

深入推进"放管服"改革，优化营商环境，对于保持经济平稳运行、促进经济社会健康持续发展具有重要意义，也是当前和今后一段时期政府职能转变工作的"撒手锏"。自 2015 年"放管服"改革正式提出以来，国内各级地方政府纷纷开始出台相应的建设方案和实施指导意见，积极推进省市县不同层级的"放管服"改革实践工作。截至目前，全国 31 个省份（不含港澳台地区）都已出台了"放管服"改革实施方案，整体来看东部省份，如浙江、江苏、广东等较早地制订和出台了实施方案，而中部地区和西部地区，如安徽、湖北、陕西等省份也较早地提出了"放管服"改革实施意见，并且在实践中进行了多轮修改和完善。

二、案例选取与研究方法

本研究通过检索全国 31 个省区市（不含港澳台地区）的"放管服"

改革实施方案，结果发现部分省份实施方案只有相关网络报道，而未能检索到方案的具体内容。因此，以当前能够成功检索到的，以省委、省政府名义颁布的政府正式文件为依据，本书选取了东、中、西部9个省份的"放管服"改革实施方案作为研究对象，具体的案例文本和数据来源如表5-1所示。

表5-1 案例选取和数据来源

区域	省份	年份	政府文件
东部	广东	2016	《广东省人民政府转发国务院2016年推进简政放权放管结合优化服务改革工作要点的通知》
	河北	2018	《河北省人民政府关于深化"放管服"改革加快转变政府职能的意见》
	浙江	2017	《浙江省人民政府关于印发加快推进"最多跑一次"改革实施方案的通知》
中部	河南	2016	《河南省人民政府办公厅关于2016年推进简政放权放管结合优化服务改革重点工作职责分工的通知》
	安徽	2016	《安徽省人民政府办公厅关于深入推进简政放权放管结合优化服务改革工作的通知》
	湖北	2017	《省人民政府办公厅关于印发湖北省推进"互联网+放管服"改革实施方案的通知》
西部	内蒙古	2018	《关于深化"放管服"改革推进审批服务便民化的实施意见》
	甘肃	2018	《甘肃省深化"放管服"改革转变政府职能重点任务分工方案的通知》
	陕西	2017	《陕西省人民政府关于深化"放管服"改革全面优化提升营商环境的意见》

本研究之所以选择这九个省份，还有一方面原因是近年来它们在"放管服"改革推动方面取得了一定的成效，方案内容完备，具有共性的可比较维度。本章通过跨省份的多案例比较研究，主要采用目标—手段链（means-ends chain）分析和文本分析法，对抽取的九省"放管服"改革实施方案从实施目标、"放""管""服"建设举措、保障机制等几

个维度进行深入比较,从中挖掘"放管服"改革实施行为中的共性要素和个性举措,在此基础上揭示"放管服"改革实施行为背后的逻辑诱因(本研究具体研究框架见图5-1)。

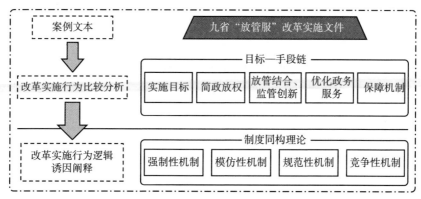

图 5 - 1　本章的研究框架

第二节　省级政府"放管服"改革实施行为比较

一、改革实施目标的比较分析

针对九省关于"放管服"改革实施总体目标的比较分析如表5-2所示。从表中可以看出,各省份大多提出了促进就业创业降门槛,为公平营商创条件,为群众办事增便利等目标,各省份在目标设置方面具有趋同的特点。此外,少数省份也根据本省的发展实际设置了具有特色的个性化目标,如安徽提出要解决影响创新创业创造的突出体制机制问题、最大限度地释放创新创业创造动能;陕西、河南提出推动各项改革从"重数量"向"提高含金量"转变,从"给群众端菜"向"让群众点菜"转变等。总之,九省"放管服"改革实施的共性目标多于个性目标，目标设置遵循了 SMART 原则，并且大多省份的二级目标聚焦于进一步深化精简行政审批事项、不断深化权责清单制度、全覆盖"双随机、一公开"监管等方面，而对于简化企业开办和注销程序、加大审计及督查力度、加强认证监管等内容在大多数省份的二级目标中尚未出现，属于部分省份的个性化目标。

表 5 - 2　　　　　　**"放管服"改革实施的总体目标分析**

一级目标	出台省份	二级目标
促进就业创业降门槛	7 个	完善深化权责清单制度，精简行政审批事项，简化企业开办和注销程序放宽市场准入，新产业、新业态、新模式积极探索包容审慎监管
减轻各类市场主体负担	4 个	规范涉企中介服务，降低制度性交易成本，落实和完善全面推开营改增政策，落实国家清理规范政府性基金和行政事业性收费政策，完善涉企收费清单制度，加大审计、督查力度
激发有效投资拓空间	4 个	放宽社会服务业市场准入，精简行政许可项目，加强认证监管，治理认证乱象，规范认证收费行为
为公平营商创造条件	6 个	建立完善企业和群众评判"放管服"改革成效的机制，不断健全政府权力运行监管制度，严格落实"谁审批谁监管、谁主管谁监管"的要求，实现"双随机、一公开"监管全覆盖，深化行政执法体制，实行巨额惩罚性赔偿制度
为群众办事生活增便利	7 个	规范行政审批程序，开展"减证便民"行动

二、"放"——简政放权举措的比较分析

表 5 - 3 列举了九省在简政放权方面的具体实施举措以及一级共性举措的数量。在简政放权方面，共性举措包括深入推进行政审批改革、深入推进投资改革、扎实做好职业资格改革以及持续推进商事制度改革等七大方面。在七项共性举措之下，部分省份也根据本省的实际情况提出了具有地方特色的二级举措。比如，在深入推进行政审批改革中，甘肃提出了全面梳理和编制公共服务事项清单；内蒙古则提出了消除审批服

务中的模糊条款及理顺不动产登记管理体制等。在持续推进商事制度改革中，陕西提出了继续推进注册资本登记制度改革，甘肃提出了加快推进省市场信用信息公示系统互联互通、加快企业信用体系建设等扶持小微企业发展的个性化举措。总体来看，在简政放权维度下，九省"放管服"改革实施的共性举措较多，通过对各项一级举措所包含的二级举措数量中可以发现，持续推进商事制度改革、深入推进行政审批改革、深入推进投资改革是当前各省简政放权实施的重点工作任务。此外，各项举措内容均是当前全面深化改革的热点，反映了地方政府改革的趋势，与国务院出台的深化"放管服"改革实施文件呼应。

表5-3　　　　　　　　简政放权实施举措的比较分析

一级举措	出台省份	二级举措
深入推进行政审批改革	9个	进一步清理精简行政审批事项，全面建立权力清单和责任清单制度，推进行政审批服务标准化管理，清理和规范省政府部门行政审批中介服务事项，全面梳理和编制公共服务事项清单，深化综合行政执法改革，全面推广网上审批和网上办事，加强对审批行为的监督，消除审批服务中的模糊条款，理顺不动产登记管理体制
深入推进投资改革	9个	动态调整政府核准投资项目，精简规范投资项目审批事项和中介服务，创新投资项目核准和监管体系，取消下放投资审批权限，完善省投资项目在线审批监管平台，建立整合公共资源交易平台，开展企业投资项目承诺制改革试点，推进投资建设项目"全程代办"制度，进一步简化投资项目报建手续
扎实做好职业资格改革	8个	规范职业资格管理，加强职业资格清理整顿后续监管
持续推进商事制度改革	9个	加快实施"三证合一"改革，降低各类市场主体准入门槛，深入推进"先照后证"改革，借鉴自由贸易区外商投资企业备案管理工作经验，建立支持小微企业发展的信息互联互通机制，推进企业信用信息公示"全国一张网"建设要求，继续创新优化登记方式，积极推进电子营业执照和企业登记全程电子化试点工作，继续推进"一照一码"登记制度改革，加快推进省市场主体信用信息公示系统互联互通，加快企业信用体系建设，简化企业开办流程
开展收费清理和监督改革	8个	清理规范涉企收费；清理规范政府性基金项目；公布有关收费基金目录清单；建立常态化公示制度；严控新增项目，巩固清理成果；及时更新并严格执行收费目录清单；开展收费情况专项检查

续表

一级举措	出台省份	二级举措
推进教科文卫体改革	7个	研究加强对科教文卫体领域取消下放行政审批事项的事中事后监管措施，进一步落实和扩大高等学校办学自主权，深入推进科技领域体制改革，强化新闻出版广电监管与服务，加强群众体育场地设施建设和群众体育活动指导，深化医疗卫生体制改革，推进文化市场领域改革，加快体育赛事制度改革
以政务公开推动简政放权	7个	加大政务公开力度，建立健全动态调整和公开机制，加快推进政务服务"一张网"，建成省行政权力阳光运行平台

三、"管"——放管结合、监管创新的比较分析

九省在放管结合、监管创新举措方面的比较分析结果如表 5 - 4 所示。从表中可以看出，在放管结合、监管创新方面，九省的共性举措共包括实施公正监督、推行综合监督、探索审慎监督、促进市场主体公平竞争四个方面，且推行综合监督是九省共同实施的监管举措。部分省份也根据本省的实际情况提出了个性化的举措，其中河北提出了加强公共资源交易改革监管机制。与简政放权相类似的，许多省份在共性举措下提出了颇具特色的二级举措，如在探索审慎监督中，内蒙古提出了加强对垄断行业监管、梳理执法类职权事项；在促进市场主体公平竞争中，湖北提出了大力推进社会信用体系建设等。从整体上来看，在放管结合、监管创新维度下，九省"放管服"改革实施的共性举措居多，并且通过对共性举措的分析可以发现，各共性举措需要不同政府部门之间配合完成，体现了部门间的合作治理。

表 5 - 4　　　　　放管结合、监管创新的实施举措比较分析

一级举措	出台省份	二级举措
实施公正监督	8个	全面推行"双随机、一公开"制度，探索实行"互联网＋"监管模式，推进实施守信激励和失信惩戒制度，责任追溯制度，经营异常名录和黑名单制度，健全完善"一单两库一细则"制度，加强执法人员教育管理

一级举措	出台省份	二级举措
推行综合监督	9个	加大综合执法改革力度，加快建立统一的综合管理平台，提升基层监管执法能力，总结推广各地典型经验，充分发挥社会力量在强化市场监管中的作用
探索审慎监督	8个	区分不同情况积极探索和创新适合其特点的监管方式，加强对垄断行业监管，梳理执法类职权事项，全面推行行政执法公示、执法全过程记录、重大执法决定法制审核制度
促进市场主体公平竞争	7个	组织实施公平竞争审查制度，大力推进社会信用体系建设，严肃查处垄断行为和不正当竞争行为，落实国家促进民间投资的配套政策和实施细则，打破地方保护，完善知识产权保护措施

四、优化政务服务的比较分析

表 5 – 5 是优化政务服务举措的比较分析结果，从表中可以看出，在优化政务服务方面，九省出台的共性举措包括提高"双创"服务效率、提高公共服务供给效率、提高政府服务效率等四个方面。更多省份在共性举措之下提出了特色的二级举措，如在提高"双创"服务效率中，内蒙古提出了建设小微企业信息互联共享机制；在提供更有利的营商环境中，陕西和内蒙古提出了加快建设营商环境评价体系等。总而言之，优化政务服务维度下的九个省份实施的共性举措较多，这也体现出各省份的"服"举措突出以群众利益为中心的重要思想，以"互联网＋"等新兴技术手段作为支撑，不断提升公共服务的质量与效率。

表 5 – 5　　　　　　　优化政务服务实施举措的比较分析

一级举措	出台省份	二级举措
提高"双创"服务效率	8个	打造"双创"综合服务平台，建立新生市场主体统计调查、监测分析制度，砍掉束缚"双创"的繁文缛节，建设小微企业信息互联共享机制，推进各类"双创"综合服务平台建设
提高公共服务供给效率	7个	加快完善基本公共服务体系，推广政府和社会资本合作模式大幅放开服务业市场

一级举措	出台省份	二级举措
提高政务服务效率	8个	大力推行"互联网＋政务服务"模式，推进政府部门间数据信息共享，继续深化"办事难、办证难"专项整治
提供更有利的营商环境	6个	提出明确的量化指标，加快营商环境评价体系

五、实施保障机制的比较分析

在对九省"放管服"改革实施的总体目标及三个维度下举措分析的基础上，本章也对改革实施的保障机制进行了深入分析（见表5-6）。总的来看，各省份都提出了"放管服"改革实施的保障机制，多数省份提出了加强组织领导、严格督导检查、鼓励探索创新、强调协调配合等共性化保障机制。还有部分省份提出了个性化的改革实施保障机制，如内蒙古和安徽提出了筑牢"放管服"改革的法治保障基石；内蒙古提出了要加强考核评价和加强指导支持等。通过上述分析得出，九省在保障机制制定中，以共性保障机制居多，加强组织领导和严格督导检查是普遍公认的保障机制，而加强考核评价也作为"放管服"改革实施的重要保障条件，但是在大多数省份的实施方案中并未体现出来。

表5-6　　　　　　　　　"放管服"改革实施的保障机制分析

一级举措	出台省份	二级举措
加强组织领导	9个	认真组织实施，细化分解任务，明确时间节点，层层压实责任；提高思想认识，学习重要讲话精神，强化责任担当，激发市场活力；改革工作亲自部署、重要方案亲自把关、关键环节亲自协调、落实情况亲自督察；职能转变协调小组切实发挥统筹指导和督促落实作用
严格督导检查	9个	加大对改革落实情况的督查力度，严格考核奖惩，及时跟踪各项改革工作进展情况

一级举措	出台省份	二级举措
鼓励探索创新	5个	尊重并发挥基层首创精神,积极营造良好环境,加强指导协调,支持地方因地制宜大胆探索,总结推广改革经验;不断增强改革主动性,在夯实前期工作的基础上进一步采取有效措施,加大改革创新力度
强调协调配合	5个	加强对"放管服"改革的统筹谋划和组织协调,及时解决改革过程中遇到的困难和问题;制订具体工作方案,明确时间进度,不断完善改革举措,合力推动工作开展
营造良好氛围	3个	利用电视、报纸、网络等媒体,大力宣传,及时回应社会关切和群众诉求,推动形成全社会关注改革、参与改革、推动改革的良好氛围
狠抓工作落实	4个	解决本地企业和群众反映强烈的问题,协调解决跨部门、跨领域问题 强化沟通协调和支持保障;结合本地实际,研究制订本级政府工作方案
加强考核评价	2个	建立完善评判"放管服"改革成效的工作机制

六、整体特征分析:目标 – 手段数量的差异性检验

尽管各省的发展阶段和资源禀赋差别很大,但是九省"放管服"改革在实施过程中,从总体目标到放、管、服具体举措,再到保障机制,均表现出高度趋同的特点。为了进一步比较九省在"放管服"改革的目标 – 手段五个维度方面的具体数量差异,采用非参数检验方法进行了统计分析,结果如表5 – 7所示。表5 – 7的结果表明,各省在制定改革的目标 – 手段数量方面看似存在明显差异,如广东、浙江等省非常重视"放",而河北和内蒙古更加注重"服",而且有的省份目标 – 手段数量多,而有的数量少。但是 Kruskal – Wallis 检验结果表明,九省在目标 – 手段数量方面并不存在显著差异,显著性水平为 0.615(P < 0.05),这就进一步反映出九省在"放管服"改革实施中呈现出殊途同归的趋势。究其原因何在,本研究将借鉴制度同构理论,对上述结果表现进行深度阐释。

表5-7　　　　九省"放管服"改革实施的目标和手段数量分布

省份	广东	河北	浙江	河南	安徽	内蒙古	湖北	陕西	甘肃
总体目标	2	2	3	3	3	2	2	3	2
"放"	7	5	7	7	7	4	5	5	6
"管"	4	5	3	4	4	5	3	2	4
"服"	4	6	4	4	4	6	3	3	4
保障机制	3	5	4	3	4	6	3	3	4

a. Kruskal Wallis 检验　b. 分组变量：省份
检验统计结果　卡方：6.291　自由度：8　渐进显著性：0.615

第三节　省级政府"放管服"改革
实施行为逻辑的理论阐释

制度同构理论（Institution Isomorphism Theory）是由马吉奥和鲍威尔（Paul J. Maggio & Walter W. Powell）两位学者共同提出的。该理论最初要解决的核心问题是回答为何组织的结构和实践越来越趋同，推动组织同质化、促使组织结构和行为趋同的内在动因是什么。该理论认为，同构强调了一种"约束性过程"，这一过程促使集群内部某一（些）个体在面临同样环境下与其他个体变得相似。同构主要包括制度性同构和竞争性同构，前者主要依赖强制性机制（mandatory）、模仿性机制（imitation）、规范性机制（normative）的交互作用，促进不同组织间的同质化伴随时间推移而不断增加，而后者强调的是同质化与市场竞争之间存在的因果关系。由于我国是中央集权的单一制国家，各地省委、省政府是具备集体理性并且能够做出理性选择行为的组织，其决策行为是对中央战略部署的理性回应。整合制度同构理论，本节认为九省实施"放管服"改革行为趋同的内在动因包括：强制性机制、模仿性机制、规范性机制和竞争性机制，这些机制之间的互动交替促使各省级政府作出理性选择行为，进而导致在改革实施过程中呈现行为趋同的现象（具体见图 5-2）。

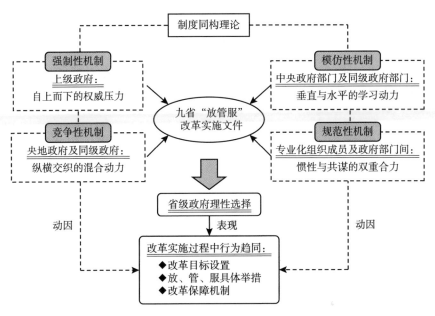

图 5-2 "放管服"改革实施行为逻辑框架及诱因

一、强制性机制——源自自上而下的权威压力

强制性机制源于上级中央政府的权威压力的作用。贝里和贝里（Berry & Berry，1999）认为推动政策和创新实践扩散的重要因素是"自上而下"的垂直控制和政治规范。由于中央政府的权威性，省级政府在制订和出台"放管服"改革实施方案的时候必须遵从上级要求，要与中央精神和国家大政方针保持一致。现有体制下中央政府或有关部委机构制订的政策方案等在下级部门或地方政府执行过程中有着较高程度的趋同性。

国务院先后印发的《2015 年推进简政放权放管结合转变政府职能工作方案》《全国深化简政放权放管结合优化服务改革电视电话会议重点

任务分工方案》等指导性文件，在一定程度上推进了地方政府"放管服"改革实施的进程。具体而言，各类中央政策文件可以直接成为省级地方政府在推动改革时的法律依据，而且中央高层下发的政策文件具有较强的约束力，从而形成了各省之间的强制性趋同。尽管上文中提到个别省份制定了少量个性化的"放管服"改革实施举措，但这也是对上级命令施行的一种自上而下的结构性调试和服从，是对中央精神的直接或间接响应。

二、模仿性机制——源自垂直与水平的学习动力

克里斯和保罗（Chris & Paul，2005）的观点指出，模仿机制是一种能够帮助行为主体在高度不确定环境下做出决策和采取适当行动的风险缓解措施。九省"放管服"改革实施方案之所以会出现趋同，除了强制性机制以外，也会受到模仿性机制的影响，这种模仿来源于向中央政府部门和其他同级政府部门"优秀"的做法进行学习，是一种潜在的垂直与水平交互的动力机制。模仿性机制包括表现为垂直方向的模仿和水平方向的模仿两个方面。

具体而言，一方面在"放管服"改革实施的早期，由于面临环境不确定和实施路径较模糊的背景下，率先制订"放管服"改革实施方案的部分省份会更多趋同于中央政府文件，如广东省在 2016 年直接转发了《国务院 2016 年推进简政放权放管结合优化服务改革工作要点》。通过九省实施方案的文本对比后发现，各省的实施目标、建设举措和保障机制等方面大多是仿效中央发布的《推进简政放权放管结合转变政府职能工作方案》《全国深化简政放权放管结合优化服务改革电视电话会议重点任务分工方案》的框架，对其进行适当调整，然后出台各省的实施方案以降低操作风险。另一方面，根据沃克（Walker）等（2011）的研究发现，为了降低创新成本和风险，地方政府之间通常会相互学习并仿效其他同级政府的成功经验。实践中，后续出台"放管

服" 改革文件的省份势必会到率先出台的省份进行交流学习，而后制定和出台相关实施文件，这也导致不同省份之间的实施文件存在趋同。

三、规范性机制——源自惯性与共谋的双重合力

保罗和沃特（Paul & Walter，1983）指出规范性同构主要源于专业化（specialization），包括组织内部接受过专业化教育的成员、合法化的共同认知基础，以及能够快速传播新模式的跨组织的专业化网络的存在。经过专业化训练的组织工作人员会形成一种共同的思维和观念，用于指导组织和员工沿袭相同或相似的路径发展，我们把这种现象称为 "惯性的路径依赖"。此外，在规范化形成过程中，也会出现不同地方政府之间的 "共谋"，这种共谋现象是中国特有的行政体制背景下的制度环境产物，是一种制度化了的非正式行为，有着深厚坚实的合法性基础。

在实践中，"放管服" 改革实施的 "惯性路径依赖" 主要表现在，诸多 "放管服" 改革实施举措实质是 "新瓶装旧酒" 的做法，沿袭了历届政府职能转变综合改革的一些做法，而使得现有改革举措形成了 "自我强化" 机制，同时在特定发展阶段产生了正向积极效果。编办、国家发展改革委、工商局等核心部门为了稳固部门权威和现有利益更倾向于采纳和借鉴传统的改革举措，这也使得 "放管服" 改革各省实施举措之前具有较强的相似性。但是沿袭过去的做法也会导致 "放管服" 改革实施过度采纳过去的做法，可能欠缺与时俱进的创新举措。

省级政府各部门之间在制定 "放管服" 改革实施方案过程中也会存在 "共谋" 行为。"放管服" 改革执行的过程是一个跨部门之间的合作治理网络形成的过程，会涉及不同执行部门的利益。实际上，不同部门改革主体之间的状态并非零和博弈的均衡状态，而是存在明显的报酬递增的 "路径依赖" 现象，如九省改革实施文件中都明确提出了要大力推行 "互联网＋政务服务" 等平台服务模式，这就意味着会不断强化政策供给投入，使得改革的各执行部门的既得利益会增加，不同部门之间会

乐于此状而进行"共谋"，这也导致后来者会积极效仿和采纳先前省份改革实施举措的"最优"状态，而出现目标和手段趋同。

四、竞争性机制——源自纵横交织的混合动力

从竞争层次上可以把政府竞争划分为纵向竞争和横向竞争。纵向竞争强调处于垂直关系上的中央和地方政府之间围绕立法、行政、司法等各种政治权力与经济利益的划分和调整而展开的竞争；横向竞争是水平关系上同级地方政府之间围绕各种经济、政治资源等展开的竞争，纵向和横向竞争之间是高度相关、相互兼容的关系。本研究认为纵横交织的混合驱动力促进各省份之间在"放管服"改革实施过程中相互赶超。

一方面，在纵向竞争中，省级政府为了获取更多优惠政策和经济特权等，会与中央之间围绕政策执行进行不断的利益博弈，以帮助其在同级政府的横向竞争中占有优势地位，增加地方政府官员晋升的机会。如在"放管服"改革实施文件中，多个省份都提出了要进行试点改革，并且强调要大胆探索、总结推广改革经验。另一方面，在横向竞争中，省级政府会选择从自身利益出发，在利益博弈过程中与其他省级政府之间进行竞争。为了避免在竞争中失败，地方政府通常会快速采纳竞争对手的创新，即乐于模仿同级政府做法，借此降低创新风险和成本，同时会辅以少数的个性化举措来试图超越竞争对手。在当前国内政府绩效考核和人事制度管理背景下，地方政府官员会聪明地选取"标杆"作为学习榜样和竞争对手，尽可能降低其在竞争中失利的可能性。基于纵横竞争机制的考量，在"放管服"改革实施进程中最终出现了省与省之间改革目标和实施举措等行为趋同的结果。

第四节　本　章　小　结

当前在国家全面深化改革的背景下，各级地方政府都在积极推进

"放管服"改革实施，建设人民满意的服务型政府。本章以国内东中西部地区九省出台的"放管服"改革实施文本作为研究对象，采用目标－手段链分析和文本分析法对"放管服"改革的实施目标、实施举措、保障机制等维度进行了深入比较，结果发现，尽管各省份在资源禀赋和发展阶段存在较大的差异，但是在"放管服"改革的实施目标、实施举措、保障机制制定等方面却存在较大的"趋同性"。这种趋同性是地方政府"理性选择行为"的结果，而理性选择行为的产生主要源于制度同构中的强制性机制、模仿性机制、规范性机制和竞争性机制的共同作用，前两种机制是促使中央战略向地方政府"自上而下"迁移的重要动力，而后两种机制促成了各省"放管服"改革实施政策文本和方案的不断完善。总之，以上四种机制形成了一个"放管服"改革实施的稳固的政策执行系统，这也是对当前九省"放管服"改革行为趋同的较好解释。

基于以上研究发现，本章进一步提出针对地方政府推进"放管服"改革的相关建议：第一，既然中国特有的政治体制和制度环境孕育了地方政府的理性选择行为，促使"放管服"改革的目标手段出现了"行为趋同"，这就需要进一步深入思考"放管服"改革的内涵、实践标准、实施举措等与以往政府行政体制改革间的异同，突出"放管服"改革的时代特色。第二，"放管服"改革实施要勇于创新和优化现有的制度环境，打破制度同构四种机制形成的"稳固政策执行系统"，鼓励政策试点和制度创新，找准改革的真实诉求，在政府职能转变不断深化的过程中，正确处理好政府与市场、公众之间的良性互动关系，确保改革实效。第三，"放管服"改革的实施要尽可能精准地设置短期、中期和长期目标，制定改革实施的滚动路线图，经常性地关注改革实施的"总体目标—实施路径"之间的匹配程度及相关目标和举措的可操性。既要关注改革的成效，也要聚焦改革过程中存在的各种问题，确保改革投入、过程、产出之间的均衡。第四，让"放管服"改革实施的保障机制发挥实效，强化改革的激励和问责制度，明确不同部门的具体职责分工，适时引入公众参与，加强外部公众监督机制，充分激发企业等市场主体在资源配置中的决定性作用，从整体上避免改革中"官出数字"和"数字政绩"现象的发生。

第六章　市级政府"放管服"改革绩效及影响因素研究

第一节　分析框架提出

一、市级政府"放管服"改革绩效及其相关研究

尽管当前学界并没有针对"放管服"绩效进行明确的界定，但是结合政府绩效的相关概念界定，可以认为"放管服"改革绩效是政府部门对"放管服"改革目标的执行和完成状况，是"放管服"改革成绩与效果的输出。围绕"放管服"改革绩效的研究，目前主要包括纯理论研究和经验（实证）研究两类。在理论研究方面，有学者认为，"放管服"改革效果主要包括正面效果和负面效果，正面效果主要是从政府自身职能转变（内部视角）和公众满意度及营商环境优化（外部视角）两大方面展开研究，而负面效果则是强调"放管服"改革实施过程以及改革后绩效管理方面存在的各类问题。还有学者总结，党的十八大以来我国"放管服"改革在行政审批精简、营商环境优化、各类商事制度改革，以及公共服务供给等方面取得了显著的阶段性成果。在经验（实证）研究方面，有学者从评估主体、客体、内容、程序等六个方面，构建了"放管服"改革成效评估体系。还有学者通过案例研究方法验证了政务

服务帮代办、"互联网＋政务服务"等举措在激发企业活力、优化营商环境方面发挥的功效。还有一些学者通过企业微观调查数据，实证检验了"放管服"改革对企业经营绩效的影响，对纳税人满意度的影响，以及对区域营商环境的影响等。总之，当前针对"放管服"改革绩效的研究更多是从理论研究视角出发，相关的实证研究还比较少，尤其是针对案例方面展开的研究更是少之又少。

二、"放管服"改革绩效影响因素及分析框架

较之"放管服"改革绩效的相关研究，其影响因素的研究更是非常稀缺，然而"放管服"改革作为一项广义的政府绩效管理活动，政府绩效影响因素方面的研究势必为"放管服"改革绩效影响因素的研究提供了可行的理论参鉴。通过对现有研究文献进行梳理，可以发现在影响政府绩效的诸多因素中，既有个体维度政府官员的态度倾向、公众参与意愿与能力，也有组织维度的战略规划、绩效信息等因素。有学者认为，地方党政领导作为地方政府的主要管理者，在政府绩效管理中有举足轻重的作用，特别是在部门信息共享共建、体制机制建设等方面。还有学者认为，公务员内在潜力与政府工作成效密切相关。此外，也有学的观点表明绩效管理与目标管理有明显承接关系，清晰明确的愿景战略是提升改革绩效的重要影响因素。最新的研究成果也证实了基层公务员的创新行为对"放管服"改革任务绩效有显著的促进作用。

欧盟通用绩效评估框架（CAF）在当前被视为公共组织开展绩效管理的重要工具之一，也为政府绩效影响因素的研究提供了重要的理论支撑。有学者认为此框架对我国公共部门绩效评估具有重要的借鉴意义。该框架借助领导驱动、战略与规划、伙伴关系等实现组织绩效的最佳结果，它具有三个显著特点，即"领导"指明方向，"员工"是主要资本，"战略和规划"是公共部门实现使命的手段。借鉴现有理论观点，可以

认为领导力是决定政府改革绩效的重要载体,深化"放管服"改革离不开强有力的领导。同时,"放管服"改革的落脚点之一是优化服务,而服务是需要通过个人去实现,作为最直接面对公众的群体,公务员个体对"放管服"改革中存在问题的主观感受最为直接,而"放管服"改革的积极推进直接影响改革绩效,因此公务员队伍建设在"放管服"改革中也显得尤为重要。此外,当前我国地方政府部门愿景与战略规划意识还普遍缺失,顶层设计等宏观问题习惯交由上级部门处理,而"放管服"改革伴随着权力与利益的重新划分,势必导致部门间的矛盾与意见分歧,所以愿景和战略作为改革推动的重要落脚点,是构建整体型政府,深化"放管服"改革的关键因素。由此本节形成了"放管服"改革绩效影响因素的理论分析维度(见图6-1)。

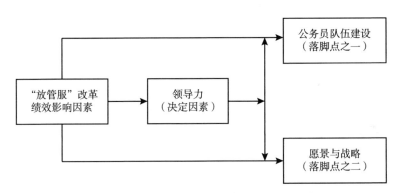

图6-1 "放管服"改革绩效影响因素的分析框架

第二节 "放管服"改革绩效影响
因素的案例研究

一、研究设计

本节旨在回答"放管服"改革绩效影响因素及生成逻辑。主要运用多案例研究方法，根据案例研究方法理论，佩蒂格鲁、伍德曼和卡梅伦（Pettigrew，Woodman & Cameron）等提出，在案例研究中应选择典型的案例样本。同时，多案例研究方法适用于过程和机理类问题的研究，一个新的整合研究框架的提出属于探索性研究的范畴，必须有多个案例数据的重演与验证，以保证具有较高的外部有效性和信度。因此，本节遵循多案例研究的程序进行，按照样本选择、数据收集、案例分析、结果解释的规范步骤，构建"放管服"改革绩效影响因素的理论框架，进而分析"放管服"改革绩效的生成逻辑。

（一）案例选择基本情况

本研究以我国东部地区苏州市为例，选取苏州市的四个城区作为研究样本进行多案例分析，聚焦市辖区可以排除县级市独立行使行政职能的干扰。表6-1介绍了案例选择的基本情况。对四个城区进行编码，分别为地区A、地区B、地区C和地区D。从区域性质而言，地区A和地区D属于国家级开发区；地区B和地区C属于传统行政区域。四个城区均是苏州市第一批着手推进"放管服"改革的区域，四个城区成立政务服务中心的平均年限为16.6年，成立行政审批局的平均年限为3年，且都结合区域实际进行了较为成功的"放管服"改革创新。

表6-1　　　　　　　　　　　四地区的基本情况

地区	区域性质	成立时间	行政区划	职能部门数量	成立政务服务中心时间	成立行政审批局时间	"放管服"开始时间	"放管服"改革模式
地区A	国家级开发区	1994年2月	下辖4个街道、4个社工委	21个	2002年9月	2015年7月	2015年10月	亲商服务
地区B	传统行政区域	2001年2月	下辖6个镇、7个街道、3个功能区	30个	2004年7月	2019年2月	2015年11月	互联网＋
地区C	传统行政区域	2001年2月	下辖4个镇、7个街道、4个功能区	27个	2004年3月	2018年12月	2015年11月	标准化建设

地区	区域性质	成立时间	行政区划	职能部门数量	成立政务服务中心时间	成立行政审批局时间	"放管服"改革开始时间	"放管服"改革模式
地区 D	国家级开发区	1990 年 11 月	下辖 2 个镇、4 个街道、4 个功能区	22 个	2003 年 9 月	2015 年 9 月	2015 年 10 月	集成改革

资料来源：内部资料和相关公开二手资料。

（二）案例选择的典型性

以苏州市为例主要考虑到其在"放管服"改革方面取得了显著成效，形成了全省乃至全国领先的经验做法。本节在案例选择上有两个基本标准：（1）开展"放管服"改革实践时间与市本级基本一致；（2）曾在省级营商环境评价中被评为营商环境评价先进地区，且该地区有单位曾获政务服务或改革创新方面相关奖项。被选取的四个城区均符合以上案例选择标准。四个城区"放管服"改革启动时间基本与市级一致，在改革成效方面：地区 A"放管服"改革成效显著，在长三角地区营商环境发展水平评估中位列园区第一，且曾获省级政务服务突出贡献奖。地区 B 曾被评为 2018 年营商环境评价先进地区，并在 2019 年获评苏州市改革创新标兵单位。地区 C 曾在 2018 年被评为全省营商环境评价先进地区，被省办公厅评为推动"放管服"改革成绩突出的区县。地区 D 结合区域实际，推出一系列改革举措，在 2018 年全省营商环境评价中被评为先进地区，且获评 2019 年长三角地区营商环境十佳政务机构。

（三）案例数据收集

本研究主要采取以下两种方式获取所需数据资料：一是通过访谈获得的一手数据，包括正式访谈、电话访谈以及非正式访谈。正式访谈即在办公地点与从事"放管服"改革的工作人员进行面对面正式访谈，访谈时间控制在至少 1 个小时；电话访谈即通过电话与相关工作人员进行访谈，每次访谈时间控制在至少 0.5 个小时；非正式访谈，即通过微信、QQ 等即时通信方式与相关人员进行交流。表 6 - 2 为访谈具体情况。

表 6-2　　　　　　　　　　　　访谈情况

地区	代号	访谈对象	访谈内容	时间
A 地区	1	行政审批局政策法规处副处长	改革历程，改革规划，改革成果及表现，影响改革的原因	1 小时
	2	一站式服务中心窗口工作人员	改革前后工作人员的变化，服务企业群众的经历和感受	1 小时
B 地区	3	行政审批局审改科副科长	改革历程和成果，影响改革的原因，职能调整后人员变化	1.5 小时
	4	政务服务中心窗口负责人	改革前后一线人员的变化，服务企业群众的经历和感受	1 小时
C 地区	5	审改办负责人	改革目标和规划，影响改革的原因，改革的领导作用	2 小时
	6	为民服务中心代办员	代办具体实施情况，改革成果及具体表现	1 小时
D 地区	7	行政审批局副局长	改革历程，改革整体规划和目标，改革的领导作用	2 小时
	8	政务服务中心窗口负责人	改革前后一线人员的变化，服务企业群众的经历和感受	1 小时

　　二是通过多种方式和渠道获取的二手数据，包括地方政府提供的内部资料、政策文件，及官方网站、微信公众号、新闻媒体等发布的信息，具体情况见表6-3。

表 6-3　　　　　　　　　　　二手数据来源统计

类别	数据来源
内部资料	2016～2019 年度每年度苏州市及各市区"放管服"改革工作总结，2015～2019 年每年度苏州市及各市区行政审批局工作总结和计划汇编，四个城区行政审批局三定方案及划转事项清单，电子政务建设情况汇报等
政策文件	地区 A：《苏州市 A 区优化营商环境行动方案》《苏州市 A 区政务服务体系优化行动指南（试行）》《苏州市 A 区一流政务营商环境评价体系》等 地区 B：《"智慧 B 区"规划及纲要》、2016 年至 2019 年每年的《"智慧 B 区"建设工作要点》《"智慧 B 区"建设推进工作方案》等 地区 C：《C 区政务服务"一窗办理、全科服务"改革方案》《全科业务手册》《便民服务中心标准化手册》《C 区权限内行政许可项目目录的通知》等 地区 D：《苏州市 D 区探索集成改革总体方案》《苏州市 D 区第一批行政审批事项划转工作方案》《关于开展集成改革"八大任务"自评工作的通知》等

类别	数据来源
官方网站	苏州市 A 区管理委员会官方网站，苏州市 B 区人民政府网，苏州市 C 区人民政府网，苏州市 D 区管委会官方网站，苏州市 D 区政务服务中心官方网站
微信公众号	苏州市 A 区发布、苏州市 A 区一网通办、苏州市 A 区政务公开、今日 C 区、B 区发布、政务 B 区服务无限、智慧 B 区，苏州市 D 区发布、苏州市 D 区审批等
新闻媒体	交汇点新闻、苏州市新闻网

（四）信效度检验

为了减少个人主观因素对研究的干扰，保证其客观、严谨性，同时确保案例编码和分析的信度和效度，对数据资料的编码由公共管理专业的三名编码人员共同完成。在编码前首先介绍了"放管服"改革绩效的相关内容和编码的要求，在对资料文本研读讨论的基础上进行试编码，并对编码结果的一致性进行检验。然后编码员在互不干扰的情况下进行首轮编码，完成后两两互换进行第二轮编码，对不同编码员的两次编码结果进行对比检验，并就不一致的编码内容进行讨论修正，直至得到一致的结果。运用霍斯提系数（Hosti，1969）对编码结果进行信度检验，一致性系数为 0.88（超过 0.7 表示结果可靠），表明编码结果非常可靠。

二、案例分析

本研究的多案例分析参考苏敬勤等（2012）的做法，包括案例内分析和案例间分析。根据访谈和收集的资料数据，在逐词、逐句、逐段落地仔细阅读文本资料后，对四个城区的数据进行一级编码，完成案例内分析，归纳出每个地区在实施"放管服"改革过程中，领导力、愿景与战略、公务员队伍建设三方面的具体策略以及"放管服"改革的实施绩效。在此基础上进行案例间分析，形成案例研究的二级编码，其次将四个城区"放管服"改革的情况进行分类比较，识别不同因素对"放管服"改革绩效的影响机理，构建"放管服"改革绩效影响因素的理论模型。

（一）一级编码：案例内分析

一级编码主要是通过案例内分析完成描述性编码，通过对收集到的资料和访谈记录进行整理，形成案例样本库并进行编码处理，获取"放管服"改革绩效的相关语句和关键词信息。具体对研究样本中的248篇政策文件、新闻资料等信息和8篇访谈记录进行深入编码分析。同时为保证编码的准确性，在编码前首先讨论编码的标准和要求，并由两位编码员各自编码后文本互换，再进行一次编码后对编码结果进行对比，对不一致和存疑的编码进行讨论，最后形成一致的结果。由于受到篇幅限制，此处仅列举部分原始语句，编码形成的参考节点数如表6-4～表6-7所示。

表6-4　　　　　　　　　　地区 A 的案例内分析

地区 A："放管服"改革模式——亲商服务		节点数	一级编码
愿景与战略	该地区在国家"放管服"改革的大思路、大框架下发展和创新自己的亲商服务体系，目前亲商服务已经成为该地区先进经验的重要组成部分。该地区党工委副书记曾表示："政府要为企业创造一个最佳投资环境和生产经营环境，让企业办事处处方便，我们帮他解决困难和问题，投资商能最快盈利，这就是亲商理念。"这样的亲商理念伴随着该地区的发展和变革。该地区1999年在全国范围内成立第一家一站式大厅，2002年成立一站式服务中心，2015年在"放管服"改革的大背景下，成立省内首家国家级开发区行政审批局。为进一步解决服务效能问题，2017年建立企业发展服务中心，各部门将涉企业务授权委托至企服中心。该中心功能类似"服务超市"，旨在11大类"服务产品"，编制成《亲商服务汇编》，引导企业在创新创业中快速精准利用政策资源。该中心副主任认为建立中心是"放管服"改革先行先试之举，践行了亲商服务理念：定期联系企业，在树立业务导向、解决企业办事方便问题的同时，优化服务供给，让企业专注创新，花最少的精力与政府打交道。……	13	亲商服务体系；最佳投资环境；定期联系企业制度……

续表

地区A："放管服"改革模式——亲商服务		节点数	一级编码
领导力	长期以来，该地副处级以上领导挂钩重点企业，针对四种类型企业分别建立企业家微信群，区领导和各部门负责人实名入群，提供精准实时服务。该地区包括党工委书记在内的8位区领导举办不同主题的企业家沙龙，通过多种方式的面对面政企交流，及时了解企业困难，解决企业诉求。2019年10月，该地区将原有"重点项目会商领导小组""国际商务区重点项目会商工作组""境外投资促进委员会""企业开工建设协调小组"四个领导小组予以整合，成立"招商亲商工作领导小组"，进一步明确将招商亲商工作作为区域发展的"助推器"。该地区领导具有较强的资源动员协调能力。以该地区罗氏诊断产品（苏州市）有限公司项目为例，在该项目即将投产时，出现进口生物原料受阻的问题，该地区投资促进局局长积极向上争取，与国家质检部门、省市检验检疫部门主动对接，第一时间解决了企业诉求。……	8	成立领导小组；面对面政企交流……
公务员队伍建设	该地区行政审批局3个业务处室、32名审批人员取代了原来多个部门、30多个处室、近100名审批人员的职能交叉、多头审批的状态。据该地区行政审批局一名长期从事窗口服务的工作人员称，她一直以来把自己当作一名面对企业服务的"店小二"，并把这样的想法融入了每一次的服务实践。……	5	服务热情；办事认真……
绩效	该地区开办企业0.5个工作日办结，不动产登记2个工作日办结，工业项目施工许可优化至20个工作日；审批时限压缩至法定的18%，98%以上的事项只跑一次、一次办成。外资登记备案等事项实现"秒批"；境外投资"单一窗口"创新做法在全省推广。"放管服"改革以后，该地区每年新增约1.5万家市场主体，增幅是改革前的2.7倍，其中超过四分之三是高端项目，展现出海内外投资者的绝对认可。……	5	流程精简；打造一流营商环境……

表6-5　　　　　　　　　地区B的案例内分析

地区B："放管服"改革模式——互联网+		节点数	一级编码
愿景与战略	该地区于2017年提出"智慧B区"建设，以四大平台为主线立足区域信息资源的共享共建，其中之一平台即"智慧B区"电子政务平台。该平台目前分两期建设，围绕"一号一门一窗一网"，线下办事只进一扇门，只到一个窗口，线上"一网通办"，实现向主动服务、综合服务的转变。该平台2017年8月开始一期建设，并于2018年5月通过验收；2018年9月开始二期建设，并于2020年	12	线上"一网通办"；电子政务建设规划……

续表

地区B："放管服"改革模式——互联网+		节点数	一级编码
愿景与战略	1月进行验收。该平台的建设具体内容结合"放管服"改革工作推进的重点也进行了调整，在二期项目中将不动产登记一窗受理纳入，解决不动产业务之间系统信息孤岛问题，减少窗口人员在各业务系统多次录入现象。同时二期项目纳入了智能化服务大厅，主要用于改进该地区政务服务中心智能化硬件设备落后，群众办事体验感差的现状。……	12	线上"一网通办"；电子政务建设规划……
领导力	该地区政府先后投入388万元、456万元用于"智慧B区"电子政务平台建设，并连续三年将该项目作为年度政府实事项目予以推进落实。针对数据的条块分割困境，区委常委、常务副区长牵头负责，统筹领导全区基层互联网工作，成立区大数据和电子政务工作领导小组并任组长，领导小组办公室设在政府办（大数据局）。区委常委、常务副区长还担任区"放管服"改革协调小组组长，协调小组办公室设在行政审批局（政务办）。该地区常务副区长每半年召集各部门、各板块开一次基层"互联网+政务服务"体系建设工作会议，了解工作进展，梳理半年以来建设过程中存在的问题，确保"互联网+政务服务"各项工作顺利完成。……	7	成立领导小组；召集研讨会……
公务员队伍建设	借助"智慧B区"平台，实现一窗受理，前台服务人员减少60%，区级大厅"全能型"受理、村镇服务大厅"全科社工"，以一名村级"全科社工"来说，一人能办68个便民服务事项。该平台由区行政审批局牵头，具体由该部门审改科承担。自该科室自承担全区"放管服"改革牵头职能后，工作人员数量增加，共配有66名工作人员，从事审改人数为该市各地区之最。行政审批制度改革科同时加挂信息科、政务服务指导科，对该科室工作人员对信息化建设、政务服务工作的业务能力提出了更高要求。……	6	工作人员数量增加；提升业务能力……
绩效	全区30个部门和16个镇级、186个村级机构全部建成网上办事大厅，全区747项审批服务事项100%实现线上可办，累计汇集办事指南超2万份，96.8%的业务实现"最多见一面"。2019年7月研发上线"不动产登记集成平台"，用户在线上预审后只需携带资料原件到大厅一次性缴税、面签，即可现场办理，解决了不动产交易"多头跑、证明多、材料繁"的问题。自平台投入使用以来，企业和群众一次性办成事比例明显提升，列入"满意""非常满意"的好评率达98.4%，政务服务大厅新增的窗口互动pad、窗口显示屏使用率较高，办事群众普遍反映办事环境更加完善。……	6	流程精简；群众满意度提高……

表 6-6   地区 C 的案例内分析

地区 C:"放管服"改革模式——标准化建设		节点数	一级编码
愿景与战略	2018 年 5 月,该地区被列为"不见面审批"标准化省级试点地区,并于 8 月和 9 月分别发布标准化体系、规程。该区域致力于打造具有特色的"12345"标准化模式。1 即构建一个体系,建立"不见面审批"标准化体系;2 即建设两个大厅,打造要素标准化;3 即三项服务,针对公民类、法人类、跨部门类服务模式标准化;4 即四本菜单,定制标准化事项目录、服务指南、业务手册和服务套餐,实现事项标准化;5 即五项监督机制,实现监督标准化。该中心业务科负责人表示,之前一直在强调优化流程跟减少申报材料,这次标准化改革精准反映了企业和群众的诉求,直接把所有流程"瘦身"到零"体脂",无须任何多余步骤。……	11	打造 12345 标准化模式……
领导力	该区区委书记在全省试点工作汇报会上曾表示,开展不见面审批标准化建设,是打响"放管服"改革品牌的关键性工作。省编办副主任认为该区域政府对"放管服"改革高度重视,在标准化试点中取得明显成效,全区上下表现出的吃苦耐劳、勇于担当的精神值得全省各地学习和发扬。据该地区审改办的一名工作人员回忆,为落实工作,该区行政审批局分管领导长达半年时间带头加班加点,由于"一窗受理"对工作人员的业务要求比较高,不少工作人员有负面情绪,该部门领导多次进行座谈交流,让全局人员在思想上接受"一窗"理念过关。……	9	专门发表讲话;召开座谈会;带头加班加点……
公务员队伍建设	政务服务中心窗口精简后,人员富余,更好地实现"专业的人做专业的事"。一是成立综合勘验科,将 6 名业务能力强、政策法规熟、审批经验足的"全科审批专家"调整至该科室,以便于在负责组织协调现场勘查的同时对疑难问题进行会办联审。二是增设政策法规科加挂信息科,将具有法律、计算机专业背景的 4 名"行家里手"调整至该科室,负责政务服务相关司法解释和法律指导以及信息化建设管理。针对跨部门事项,实行代办服务,全区共有 238 名代办员,基本上每个镇至少两名项目代办员、每个村 2~3 名公共服务事项代办员,每周两次反馈审批进度和问题,确保前后审批协调顺畅。每年还会定期组织代办员培训考核,并实行末位淘汰制度。代办员也会针对标准化建设中存在问题建言献策,截至目前,已收到 100 余份意见表。……	8	调整至改革一线;综合考虑个人情况;审批速度快;建言献策……

续表

地区 C："放管服"改革模式——标准化建设		节点数	一级编码
绩效	通过标准化建设，对照条线法律法规，减少不必要的纸质申请材料30%，审批时间在法定基础上缩短60%，下放镇村事项182项，审批工作依法有序规范运行；在流程再造上，对各种类别的事项，形成了固定的操作规程，审批便捷度得到提升。该地区在全省率先发布的标准化服务指南及标准化体系，也为各地标准化建设提供了规范化指引。自改革以来，企业和群众更愿意采用"不见面审批"方式办件，办件量猛增近20倍，占总办件量比例上升至68.4%。每周从各领域办件中抽60个进行满意度电话回访，截至目前共组织10余次，有效回访率83.1%，满意率高达97.49%。……	5	时间压缩；群众满意度提高……

表 6-7   地区 D 案例内分析

地区 D："放管服"改革模式——集成改革		节点数	一级编码
愿景与战略	2017 年起，地区 D 注重梳理系统思维，推进"放管服"改革集成，印发《探索集成改革总体方案》，通过把握各项改革的内在联系，实现八大集成式改革目标，即清单集成、信息集成、审批集成、服务集成、治理集成、执法集成、监管集成、考核集成，八大集成目标对应八大改革任务，解决职责交叉问题，形成了简约版县级政府管理模式。要结合改革的最新动态，融入中央最新改革要求，做出地方的改革特色和亮点。……	5	集成式改革目标；融入最新改革要求……
领导力	为推进八大集成改革，该地区常务副区长多次主持各任务牵头部门召开研讨会，分管政法城管的区委常委、分管住建资规的副区长均参加会议，并听取集成改革任务具体工作推进汇报。常务副区长要求一要建立月报机制，每月 25 日召开月度工作推进情况汇报；二要坚持任务项目化，每项任务要确定区领导和课题负责人，牵头部门和责任部门要明确一位分管领导作为责任人，一位工作人员作为联络人；三要畅通协调渠道，各部门要建立定期交流制度，保持良性互动、沟通渠道。地区 D 区委书记也在全面深化领导小组会议上多次听取集成改革"八大任务"推进情况的汇报，他认为集成改革的任务分解明确，充分体现了区域"放管服"改革的整体部署，该地区同时还成立了集成改革"八大任务"攻关小组，由同时兼任区编办主任和区行政审批局局长的领导者作为组长，党政办分管审改办和绩效办的两位副主任作为副组长，协调推动"放管服"集成改革有关政策措施的制定和实施，定期召开工作协调会议，做好具体任务推进、督促、验收评估。……	13	专门发表讲话；召集研讨会；与上级部门对接；加强人事管理……

地区D："放管服"改革模式——集成改革		节点数	一级编码
公务员队伍建设	以该地区审批集成为例，共划转17名审批人员至行政审批局，市场准入领域划转人员占原有人员数量18.8%，投资建设领域划转人员占原有人员的15.6%，社会事务领域划转人员占原有人员的10.3%，审批人员减少85%，但所有划转人员负责对审批材料形式审查同时，还承担审批的中介评估、专家论证、现场踏勘等环节，工作勤奋、工作量饱满。通过审批人员专人专办、协调联动从启动到取得施工许可证只用了1个月。……	7	工作勤奋；审批速度快……
绩效	通过改革，该地区承接140项赋权国家级开发区事项，划转88个事项至行政审批局，划转事项提前办结率100%，即办率达62.3%，审批效率明显提升。为进一步挖掘大数据红利，整合全区101个系统，对1074条政务资源信息进行共享，形成政务大数据平台，加强政务信息系统整合数据互通。据政务系统的群众满意度回访报告显示，该地区政务服务窗口的整体平均得分为98.03，情况较好，群众整体满意度较高。……	6	即办件率提升；群众满意度提高……

（二）二级编码：案例间分析

二级编码是在一级编码的基础上进行案例间分析，通过对四个城区"放管服"改革模式进行系统的归纳比较分析，最终将初步形成的126个一级编码进一步提炼形成11个二级主题和4个要素集合，具体的编码数据结构如表6-8所示。

表6-8 　　　　　　　　　　**编码数据结构**

一级编码（列举）	二级主题	要素集合
关于领导重视的陈述，例如"成立领导小组""专门发表讲话""面对面政企交流""召开座谈会"	领导重视度	领导力
关于领导个人能力的陈述，例如"召集研讨会""与上级部门对接""加强人事管理"	领导能力	
关于工作敬业的陈述，例如"带头加班加点"	个人奉献	

续表

一级编码（列举）	二级主题	要素集合
关于目标定位的陈述，例如"亲商服务体系""最佳投资环境""集成式改革目标""打造12345标准化模式""线上一网通办"	改革目标	愿景与战略
关于政策规划的陈述，例如"定期联系企业制度""电子政务建设规划"	政策规划	
关于与时俱进的陈述，例如"融入最新改革要求"	改革时效性	
关于人事管理的陈述，例如"调整至改革一线""综合考虑个人情况""工作人员数量增加"	人事管理	公务员队伍建设
关于工作主动意愿的陈述，例如"服务热情""办事认真""审批速度快""工作勤奋"	工作主动性	
关于参与改革的陈述，例如"建言献策""提升业务能力"	改革参与度	
关于与政府自身治理能力提升相关的陈述，例如"时间压缩""即办件率提升""流程精简"	政府自身提升	"放管服"改革绩效
关于对外部环境提升的陈述，例如"群众满意度提高""打造一流营商环境"	外部环境提升	

（三）三级编码："三棱锥"模型

通过一级编码、二级编码发现：领导力、愿景与战略以及公务员队伍建设对"放管服"改革绩效具有重要影响，为了更加直观地探究其机理和把握上述三个因素对"放管服"改革绩效的影响作用，基于前文的探索性案例分析，提出"放管服"改革绩效影响因素的三棱锥模型（见图6-2）。

（四）饱和度说明

为了保证编码的信效度，在编码结束后邀请研究领域的相关专家、教授、课题组成员等对编码方式及结果进行了深度探讨，直至形成大家认可的编码后才开展后续工作。在探讨和交流过程中发现目前无法再生成新的一级编码和二级编码，这表明编码处于饱和状态，不再会有新的概念和关系产生，后续研究可以在此编码的基础上展开深入分析。

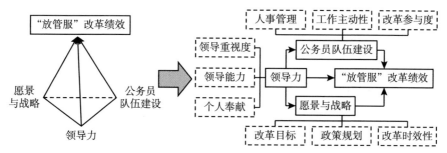

图 6 - 2 "放管服"改革绩效影响因素理论模型

三、理论模型及案例诠释

(一)"放管服"改革绩效影响因素的"三棱锥"模型

图 6 - 2 提出了"放管服"改革绩效影响因素的理论模型。由图可知,领导力、愿景与战略、公务员队伍建设三个要素构成了"放管服"改革绩效影响因素的三棱锥模型。在模型中,领导力是促进"放管服"改革绩效实现的核心因素,领导力的三个子维度既对"放管服"改革绩效具有显著的直接影响,领导力还通过影响公务员队伍建设和愿景与战略,进而间接促进"放管服"改革绩效。此外,愿景与战略及公务员队伍建设两个要素的三个子维度对于"放管服"改革绩效也具有正向的作用。下文将结合访谈文本内容对"放管服"改革绩效的生成逻辑进行深入阐释。

(二)"放管服"改革绩效的生成逻辑诠释

1. 领导力对"放管服"改革绩效的直接影响

在本研究的案例中,领导者对"放管服"改革绩效所发挥的"领导驱动"作用明显,主要表现在三个方面:第一,领导重视程度。区政府"放管服"改革领导小组组长由区长或常务副区长担任,区长或常务副区长曾出席"放管服"改革相关工作会议并发表讲话。四个城区的领导者都对"放管服"改革非常重视,通过成立专门的领导小组或发表专门的讲话，强化改革落到实处。地区 A 的"放管服"改革工作由组织部部长分管，"自从成立协调小组以来，部长打算每季度召开一次深化'放管服'改革工作推进会议，总结季度改革工作，部署下一阶段的工作"，地区 A 行政审批局政策法规处负责人反馈。地区 C 审改办负责人回忆："在大厅里有时候就能看到区委书记过来转转，他有机会就会来看，有的时候我们局办公室都没提前通知大厅，估计都不知道，领导想到就来了。"地区 D 行政审批局副局长表示："我们区分管行政审批局的区委常委每周一上午都会听取行政审批局的汇报，主要是关于上周的工作重点和本周的工作计划，他感兴趣或者觉得十分重要的内容还会要求写成专题汇报，有时候还会有批示。"

第二，领导能力。领导者擅长协调，通过定期或不定期的会议了解工作推进中存在的问题，并通过会议的形式加强沟通解决问题。地区 C 审改办负责人称："为打通标准化建设的数据共享路径，有的主管部门领导跑到省里去协商开放端口的事情，有的领导还动用了私人关系、战友关系，这样省里才陆陆续续地开放了一些数据接口。"地区 B 行政审批局审改科副科长表示："我们领导经常通过专题汇报、协调会议对涉及部门面广的问题进行沟通，亲自出面效果比较好。"

第三，领导者个人奉献精神。地区 C 政务服务中心窗口工作人员表示："做标准化的那半年，经常看到我们领导发朋友圈说又在加班，附上拍出来的照片里都是厚厚的材料。"领导者具有奉献精神能推动改革任务的完成。根据以上分析，在此可得到以下命题：

理论命题 I：领导力是影响"放管服"改革绩效的驱动因素。

2. 愿景与战略对"放管服"改革绩效的直接影响

愿景与战略也是影响绩效的要素之一。愿景与战略反映了组织成员的共同价值观和目标方向，是影响"放管服"改革绩效的重要导向因素，具体表现为：第一，改革目标。改革目标明确，才能反映企业和群众的现实需求。地区 A 侧重服务企业机构调整，围绕服务便捷度、企业满意度、营商环境支持力开展改革。2020 年 3 月苏州市率先推出《2020

年深化"放管服"改革建设一流政务营商环境工作要点》，地区 A 行政审批局政策法规处副处长表示"这个工作要点提出了在提速审批、优化体系、数据共享、精准服务、协同共建、改革闭环等方面的全新探索，并细化为 20 个重点任务，可以说又是一次对园区'亲商服务'品牌的诠释，我们一直在努力争创'放管服'改革基层治理典范"；地区 B 通过数据共享转变服务方式，电子政务平台是"智慧 B 区"政务服务的重要内容。地区 B 行政审批局审改科副科长反馈"每年区大数据局都要制定智慧 B 区年度规划和建设方案，现在的建设以数据互联互通、顺畅流通为核心，从而建成数据交通枢纽，打破数据壁垒"；"虽然每个地区改革具体手段不尽相同，但其实质均围绕政府服务展开，这也与改革目标'服'相一致。"

第二，政策规划。四个城区每年均会公布一系列政策和规划作为"放管服"的改革配套，以保障"放管服"改革各项任务的顺利完成。地区 A 陆续印发了一系列改革配套文件。地区 B 制定了《"智慧 B 区"电子政务建设规划》，其余地区虽未单独制定规划，却在改革整体方案中通过任务分解表将牵头单位、责任单位、完成时限等具体规划一一呈现。

第三，改革时效性。注重改革时效，能够结合改革最新要求或企业群众诉求，不断调整完善改革的愿景与战略，从而更好地确保改革目标的实现。地区 A 结合企业需求提出了 47 项向上争取的赋权事项，以便于整个审批链条在区内闭环。地区 A 行政审批局政策法规处副处长反映"我们以管委会名义统一向省里申请的，目前省里已经同意下放其中的21 项"；地区 B 为了缓解群众对不动产信息查询的需求，"联合几个部门开发了不动产共享服务平台，通过不动产权利人、产证信息的比对，实现信息的真假辨识、核查等功能，是一项便民利民的好措施"，据地区 B 政务服务中心窗口负责人反映。由此，可以得出以下命题：

理论命题 Ⅱ：愿景与战略是影响"放管服"改革绩效的导向因素。

3. 公务员队伍建设对"放管服"改革绩效的直接影响

公务员是"放管服"改革的重要执行和参与者，公务员队伍建设在提升"放管服"改革绩效中发挥着重要的"保障作用"，主要体现在以下三个方面：第一，人事管理。地区 A 工作人员说过："通过相对集中许可权改革，将原来涉及近 30 个处室、近一百名审批人员精简为 3 个处室、30 余名审批人员，多下来的人员主要用来充实监管力量。"地区 D 在划转人员时设定了"具有事业编制，从事行政审批工作两年以上，大学本科以上学历，身体健康"等条件，并且从划转人员中按一定比例从优选拔，通过遴选后直接录用为机关编制人员。地区 D 政务服务中心窗口负责人也是第一批划转至行政审批局的人员，她提道："把我划到一个全新的部门虽然一开始不太情愿，领导和组织部门找我谈了三次，综合考虑到我的专业、年龄、工作经历、执法资质等各个方面的情况，心里有个建设的过程，慢慢也就适应了。"通过对公务员队伍的科学管理，让适合的人在适合的工作岗位上，能有效提升改革效果。

第二，公务员工作主动性。首先体现在服务态度上，地区 A 一站式服务中心窗口工作人员积极践行"店小二"服务精神，用"顾客思维"思考问题，他具体表示为："在窗口工作中要秉持亲商亲民、真诚服务的理念，做到'断舍离'，也就是适时抽离自己，在全新的角度审视自己工作，站在顾客角度，以方便顾客为己任，在把握他们需求的同时，还要有超越他们期望的决心。"D 地区工作人员服务态度同样佳，地区 D 政务服务中心窗口负责人说："有一家企业曾经感叹在整个办证过程中，全程感觉家人般的待遇，窗口工作人员非常耐心地解释有关事项，认真细致入微，非常暖心。"其次体现在服务效率上，地区 B 的开办企业、不动产登记等审批效率明显优于改革之前，B-3 访谈人员曾提及，"我们在苏州市 3 550 的目标上又提出了 1 330 的目标，我们局长要求把这个目标也贴到了墙上，所以可以看到我们大厅里写着'力争实现 1 220 目标'，但实际上 80% 的项目都可以做到，这已经成为一种常态了"。再者体现在工作作风上，地区 B 和地区 C 企业均反馈该地区工作人员服务积极主动。地区 C 审改办负责人表示："虽然周六是预约办理制度，但周六加班是常态，主要是办件真的比较多，又不能压在那里，必须加班加点地尽快批完。"地区 B 行政审批局审改科副科长表示："我们行政审批局审批处室的工作人员数量非常少，工作人员每天超负荷工作，忙得团团转，天天加班，下班以后还要坚持把审批件批完，有的时候都要到七八点。"

第三，基层公务员改革参与度。地区 C 鼓励基层政务服务工作人员对标准化工作提出意见和建议，目前已回收 100 多份《标准化试点意见表》，地区 C 基层为民服务中心代办员回忆他填的意见内容："我当时提出的意见是对标准化规程要实现动态调整，因为法律法规、条线文件一直在变，如果不动态调整，不亲身参与进去，那标准化就没办法是活跃、新鲜的标准化。"由此，本研究本书得出以下命题：

理论命题Ⅲ：公务员队伍建设是影响"放管服"改革绩效的保障因素。

4. 领导力对"放管服"改革绩效的间接影响

领导力不仅会直接影响到"放管服"改革绩效，也会通过影响愿景与战略、公务员队伍建设间接影响改革绩效。一方面，主要表现在传递和落实愿景与战略方面。地区 C 领导者非常擅长对"放管服"改革愿景的传递，通过思想动员调动基层公务员的改革积极性，地区 C 审改办负责人称"区领导经常在全区性大会上强调'放管服'改革的重要性，还要求如果在市级条线排名不在前三名，直接在年度绩效考核等级上再降一等。我们本来在全市也是默默无闻的，这个也直接刺激我们争先进位，现在市里政务服务条线再开会，我们就经常有发言交流的机会，也是因为确实做了不少实质性的提升"；地区 D 领导者在多次会议上描述"放管服"改革的愿景，取得了基层公务员的广泛支持，基层公务员工作量饱满、任劳任怨、学习主动恰能体现这一点。

另一方面，领导者根据"放管服"改革内容，加强对公务员队伍的管理。为了更好地实现提速增效，地区 A 领导者对审批人员的审批权限也进行了调整，地区 A 行政审批局政策法规处副处长说过"一般项目审批决定权放给处长级别，以往流程四级审批，现在压缩为前台－处长两级审批，流程压缩了，自然审批效率就提高了"；地区 B 根据"互联网＋政务服务"工作牵头部门调整，加强人事管理，让更多具有相关专业背景的工作人员从事"放管服"改革工作。地区 C 审改办负责人提及"我们领导将审批专家、行家里手调整至综合勘验科、政策法规科，让科室人员专业和年龄结构搭配更加合理，专业互补，年龄梯度"并提到了"为了做好标准化工作，还专门请编办从其他部门挑了两个人，1 个是住建局的，1 个是农业局的，加上审批局自己 1 个人一起牵头，然后再请苏州市质标院一起梳理，花了半年的时间才做完"。根据以上分析，得出以下命题：

理论命题Ⅳ：领导力通过影响愿景与战略间接影响"放管服"的改革绩效。

理论命题Ⅴ：领导力通过影响公务员队伍间接影响"放管服"的改革绩效。

（三）"放管服"改革绩效影响因素的重要性比较

1. 基于不同行政区划的比较

四个城区的行政区划分为国家级开发区和传统行政区域两个类别，基于案例访谈内容，对不同行政区划"放管服"改革绩效影响因素的认知差异进行比较（见表 6 - 9）。结果发现：对于国家级开发区而言，愿景与战略最为重要，其次是领导力因素，最后是公务员队伍建设。而在传统行政区的"放管服"改革绩效影响因素中，领导力最为重要、愿景与战略次之，然后是公务员队伍建设，这说明传统行政区域更加注重领导力因素，充分体现了"一把手"对改革的重要作用，而国家级开发区更加注重愿景与战略规划，体现出改革理念的整体性和目标性。由此可见，不同行政区划下"放管服"改革绩效影响因素的重要性会存在明显的认知差异。

表6-9　　不同行政区划下"放管服"改革绩效影响因素差异性比较

	国家级开发区	传统行政区域	依据
领导力	★★	★★★	访谈记录 A-1-3、B-3-7、C-5-4、D-7-5
愿景与战略	★★★	★★	访谈记录 A-1-5、B-3-3、C-5-5、D-7-2
公务员队伍建设	★	★	访谈记录 A-2-5、B-4-2、C-6-1、D-8-3

2. 基于不同改革模式的比较

同样地，四个城区改革模式存在显著差异，基于案例访谈记录，有必要对不同改革模式下"放管服"改革绩效影响因素的认知差异进行比较（见表6-10）。研究发现：在"亲商服务"模式和"集成改革"模式下，愿景与战略、公务员队伍建设更为重要，领导力因素次之，说明这两种模式下更加注重改革的战略规划和整体目标，以及公务员素质和服务水平。在"互联网+"模式和"标准化建设"模式下，领导力因素最为重要，其次是愿景与战略和公务员队伍建设，这说明推动互联网+政务服务建设等方面需要领导者的大力支持和有力推动。由此可见，不同改革模式下"放管服"改革绩效影响因素的重要性也存在明显的认知差异。

表6-10　　不同改革模式下"放管服"改革绩效影响因素差异性比较

	"亲商服务"模式	"互联网+"模式	"标准化建设"模式	"集成改革"模式	依据
领导力	★★	★★★	★★★	★★	访谈记录 A-1-2、B-3-4、C-5-2、D-7-1
愿景与战略	★★★	★★	★★	★★★	访谈记录 A-1-4、B-3-2、C-5-3、D-7-3
公务员队伍建设	★★★	★★	★★	★★★	访谈记录 A-2-2、B-4-1、C-6-3、D-8-2

第三节 "放管服"改革绩效
及影响因素的实证检验

一、理论基础与研究假设

（一）"放管服"改革绩效与维度

"放管服"改革是简政放权、放管结合、优化服务的简称，最早由国务院总理李克强在 2015 年全国推进简政放权放管结合转变职能工作电视电话会议上的讲话中提出。"放管服"改革绩效是政府投入"放管服"改革后取得的成绩与效果的输出，表现为政府对改革目标的完成情况。在已有对"政府绩效"的研究中，无论哪种类型的政府绩效，都可将其分为任务绩效和周边绩效两个维度进行探讨。因此，本研究将从任务绩效和周边绩效两个维度来测量"放管服"改革绩效。"放管服"改革任务绩效是指政府通过转变政府职能、提高治理能力而实现善治。俞可平提出善治包含合法性、责任、有效等基本要素。唐天伟认为地方政府治理指标包括法治、责任、效率等政府治理的基本理念。结合以往研究，本研究本书从法治绩效、高效绩效、责任绩效三个方面衡量"放管服"改革任务绩效。"放管服"改革周边绩效是指政府通过"放管服"改革为适应外部环境变化而采取积极行动，具体表现为政府对营商环境提升的努力、政府对群众获得感提升的努力以及政府对公信力提升的努力三个维度。

（二）"放管服"改革绩效影响因素与维度

目前学界对于"放管服"改革绩效影响因素的研究非常缺乏，追溯政府绩效管理的源起发现，20 世纪 70 年代末，公共部门管理质量问题受到关注，促使一些国家尝试将企业管理的科学方法引入公共服务领域开展绩效管理，欧盟通用评估框架（common assessment framework，CAF）就是尝试之一。诞生于"变革"中的欧盟通用评估框架同时考虑到绩效结果及其影响因素，为政府改革领域绩效评价提供了理论参考。该框架的特点可以归纳为："领导"指明方向，"员工"是主要资本，"战略和规划"是实现使命的手段。

具体到"放管服"改革中的运用而言，首先，"领导力"是决定最终绩效的重要载体，地方党政领导作为地方政府的主要管理者，在"放管服"改革推进中具有举足轻重的作用，特别对于解决部门信息共享、体制机制建设等难点问题。其次，谭新宇等基于行为公共管理视角，发现基层公务员创新行为对"放管服"改革任务绩效有明显促进作用。政府各项工作的推进与公务员内在潜力密切联系，充分发挥公务员积极性能够持续提升公共服务水平，因此公务员队伍建设在"放管服"改革中显得尤为重要，将直接影响到改革绩效。最后，卢梅花等认为，绩效目标是对未来绩效的某种预期，"战略"则是管理者用于政府目标设置等不确定性问题的指导框架。从某种意义来说，愿景与战略为"放管服"改革提供方向。"放管服"改革伴随着权利的重新划分，势必造成部门间的矛盾分歧，缺少清晰明确的愿景战略不利于深化"放管服"改革。综上所述，本节将"放管服"改革绩效影响因素分为领导力、愿景与战略、公务员队伍建设三个维度。

（三）研究假设

1. 领导力与"放管服"改革绩效

领导力是创造高绩效的要素之一。作为地方政府的主要管理者，领导者个人的道德操守、改革创新精神、理想追求等成为推动改革的重要因素。一方面，在领导艺术和方法上，需要领导者从大局出发，放弃部门既有利益并针对工作中的实际问题主动实施改革。另一方面，由于领导者的角色定位需要面向大众，因此需要了解各方利益需求，同时在进行相关决策时要充分考虑政策的价值取向和利益取向是否与企业、群众的热切期盼一致，以便做出最优决策，从而维护政府的形象，提升公众的满意度和获得感。实践中，地方政府通过成立专门的领导小组或相关负责领导发表专门讲话，推动"放管服"改革落到实处。因此，提出以下假设：

H1：领导力对"放管服"改革绩效有正向影响

H1a：领导力对"放管服"改革任务绩效有正向影响

H2b：领导力对"放管服"改革周边绩效有正向影响

2. 愿景战略与"放管服"改革绩效

愿景与战略是未来方向和目标图景。改革目标、政策规划及战略调整对"放管服"改革成效具有关键导向作用，当前"放管服"改革围绕"企业受益、市场规范、群众满意"的目标，形成了与之相配套的"权力下放、监管跟上、服务提升"的改革理念。一方面推动政府职能和管理方式发生深刻转变，全面提升政府的效率和能力，更新政府管理理念和管理手段；另一方面最大限度地优化营商环境，激发市场活力和社会创造力。同时，有效的政策规划成为推进改革的制度保障，中央和地方政府通过每年出台一系列配套政策规划，以保障"放管服"改革各项任务的顺利完成。因此，提出如下假设：

H2：愿景与战略对"放管服"改革绩效有正向影响

H2a：愿景与战略对"放管服"改革任务绩效有正向影响

H2b：愿景与战略对"放管服"改革周边绩效有正向影响

3. 公务员队伍建设与"放管服"改革绩效

政府绩效的提升需要一支专业化的公务员队伍作为保障，一项好的改革政策的实施，最终都要靠各级公务员强有力的执行。作为最直接面对群众的群体，公务员队伍对"放管服"改革的进程及存在问题感受最为直接，而"放管服"改革贯彻执行情况将直接影响改革绩效。一方面，加强公务员队伍建设有利于在政府内部营造良好的组织氛围，能够推动地方政府职能转变和释放制度红利，显著提升内部绩效。也就是说，基层公务员通过贯彻落实"放管服"改革中的简化行政审批事项、优化服务、提升监管能力等具体举措，提升改革成果。另一方面，高效的公务员队伍将有助于地方政府不断适应外部环境，从而形成持续的竞争优势，如有效回应群众对"放管服"改革的利益需求、积极调整基层执法风格、服务思维等，从而释放改革红利，形成周边绩效。基于以上分析，提出假设3及其子假设：

H3：公务员队伍建设对"放管服"改革绩效有正向影响

H3a：公务员队伍建设对"放管服"改革任务绩效有正向影响

H3b：公务员队伍建设对"放管服"改革周边绩效有正向影响

4. 愿景战略在领导力与"放管服"改革绩效间的中介作用

领导力是实现公共组织使命和愿景的重要保证，从而推动组织管理系统的有效运行，为进一步实现改革目标和深化改革奠定坚实基础。具体来说，领导者往往根据现实需要，通过绩效考核、集体交流等方式，推动"放管服"改革愿景的传递。同时，制定符合改革需要和满足企业、公众需求的相关政策，并整合人财物等核心资源，通过积极协调来达成政府职能转变和有效回应公众需求的目标，从而更好地推动"放管服"改革实施。同时，领导者热衷于通过会议及红头文件传达"放管服"改革的愿景，引起下级部门的重视，进而得到广泛支持和有力推进，基层政府通过自主探索、府际学习等，更容易形成创新成果和改革实效。因此，领导力通过影响愿景与战略间接影响"放管服"改革绩效，基于此，提出如下假设：

H4：愿景战略在领导力与"放管服"改革绩效关系间发挥中介作用

H4a：愿景战略在领导力与"放管服"改革任务绩效间发挥中介作用

H4b：愿景战略在领导力与"放管服"改革周边绩效间发挥中介作用

5. 公务员队伍建设在领导力与"放管服"改革绩效间的中介作用

领导者对于加强公务员队伍建设发挥着重要作用。具体而言，领导者积极进行思想动员和组织学习，进而调动基层公务员的积极性，即领导者促使基层公务员认识到其肩负任务的重要性，激发下属的内在需求，推动基层工作者为组织的利益而努力，往往能够达到乃至超过预期结果。此外，在压力性体制的作用下，地方政府为了更好地达到改革效果，领导者往往采用创新或多元化的方式干预基层公务员，如行政决定、绩效激励、语言引导等，同时通过树立典型和"改革标兵"，激发公务员的工作主动性和参与度，促使基层公务员努力实现目标。因此，领导力通过影响公务员队伍建设，进而对"放管服"改革绩效产生正向影响。基于上述分析，提出以下假设：

H5：公务员队伍建设在领导力与"放管服"改革绩效关系间发挥中介作用

H5a：公务员队伍建设在领导力与"放管服"改革任务绩效间发挥中介作用

H5b：公务员队伍建设在领导力与"放管服"改革周边绩效间发挥中介作用

基于以上分析，构建出领导力、愿景与战略、公务员队伍建设和"放管服"改革任务绩效、周边绩效之间关系的理论模型，如图6-3所示。

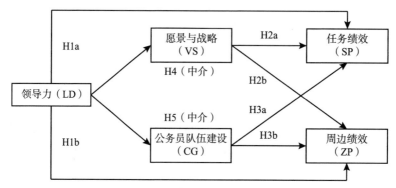

图6-3 本研究的概念模型

二、研究设计

(一)问卷与样本

实施"放管服"改革以来，苏州市"放管服"改革取得了长足的进展，形成了全省乃至全国领先的经验做法。本研究选择苏州市四个城区作为研究样本进行分析，主要考虑到聚焦市辖区可以排除县级市独立行使行政职能的干扰。四个区分别为苏州市地区 A、苏州市地区 B、苏州市地区 C 和苏州市地区 D，均为苏州市第一时间着手推进"放管服"改革的城区。

本研究主要通过问卷调查收集数据，此问卷设计的主要目的是获取受访者的观点态度，进而开展分析比较。研究对象为部门人员，主要采用的随机抽样的方式获取四个城区的政府部门。四个区的"放管服"改革协调小组办公室均设在行政审批局，且与当地区镇两级政府部门有密切的业务往来，在四个区"放管服"改革协调小组办公室以及相关部门的支持下，所辖区域的政府部门 1 名在编工作人员通过微信、二维码、在线网站等方式发放和回收问卷，再由这名工作人员将问卷发送给其部门的另外 1~2 名在编工作人员，从而将问卷覆盖四个区内大部分职能部门以及乡镇（街道），每个部门或乡镇（街道）的问卷数量控制在 2~3 份。本次问卷调查从 2020 年 2~3 月，历时近一个半月，回收有效问卷 415 份。

为了保证问卷的信效度，本研究本书对收集的数据进行处理：（1）受访者基本信息中专门设置了"行政区域""所在具体区域"两个题项，如信息存在明显前后矛盾，则需剔除该问卷。（2）设置了问卷筛选的基本规则，如根据问卷试填测试时间，将填写时间设置为 ≥4 分钟，填写时间少于 4 分钟的问卷被自动剔除。从受访者单位信息方面，所在区域分布较为均匀，国家级开发区及传统行政区域几乎各占一半；其具体所在位置分布为苏州市地区 A 97 份，苏州市地区 B 127 份，苏州市地区 C

97 份，苏州市地区 D 94 份，除了苏州市地区 D 偏多以外，其余较为平均，均在 23% 左右；受访者单位类型多样，涵盖"放管服"改革过程中涉及的部门，同时以在编人数为 20~60 人的单位居多。从受访者个人信息方面而言，性别分布较为均匀，年龄集中在 30~40 岁，超过 94.2% 的受访者学历为本科及以上，接近一半的受访者在本单位任职时间达 3~10 年，接近 80% 的受访者为副科职以下。样本所覆盖的单位和个人信息如表 6-11 所示。

表 6-11　　　　　　　　样本所覆盖的单位和个人信息

特征	类别	数量	百分比	特征	类别	数量	百分比
行政区域	国家级开发区	224	54%	性别	男	183	44.1%
	传统行政区域	191	46%		女	232	55.9%
单位所在具体区域	苏州市地区 A	97	23.4%	年龄	20~30 岁	92	22.2%
	苏州市地区 B	94	22.7%		31~40 岁	220	53%
	苏州市地区 C	97	23.4%		41~50 岁	81	19.5%
	苏州市地区 D	127	30.6%		50 岁以上	22	5.3%
单位首要职能	经济运行调节与规范	65	15.7%	学历	大专及以下	24	5.8%
	市场监管	33	8.0%		大学本科	265	63.9%
	社会治理	53	12.8%		硕士研究生	117	28.2%
	公共服务	231	55.7%		博士研究生及以上	9	2.2%
	城市运行管理与环境保护	33	8.0%	任职时间	2 年及以下	85	20.5%
					3~10 年	193	46.5%
单位在编人数	20 人以下	75	18.1%		11~20 年	113	27.2%
	20~60 人	165	39.8%		20 年以上	24	5.8%
	61~100 人	71	17.1%	职务	副科职以下	330	79.5%
	100 人以上	104	25.1%		副科职及以上	85	20.5%

（二）变量测量与信效度检验

1. 变量测量

本研究主要借鉴现有国内外文献中已开发的成熟量表。但由于学术界尚未形成"放管服"改革绩效指标体系，因此，构建"放管服"改革绩效指标体系时重点参考"最多跑一次"改革绩效测评指标体系，主要是考虑到"最多跑一次"改革是推行"放管服"改革的具体形式，对"放管服"改革绩效指标体系的构建具有重要的参考作用。在此基础上，结合世界银行企业营商环境指标体系、地方政府绩效评价体系、政府购买社会服务绩效评价指标体系、政府公信力指标测评体系等，在不改变问题本意的前提下，对问题的表述进行了一定的调整。量表测量主要采用通行的 Likert5 级量表，从 1 至 5 分别代表"完全不同意"到"完全同意"。

（1）因变量：任务绩效。对"放管服"改革任务绩效的测量主要借鉴陈亦宝、叶托、范柏乃等的测量题项，从高效绩效、法治绩效和责任绩效等三个维度展开。其中，高效绩效的核心是效率，指通过"放管服"改革提升政府行政效能；法治绩效的核心是依法行政，表现为注重提升公务人员的法律意识和法治思维；责任绩效的核心是服务意识，即通过"放管服"改革倒逼政府树立服务意识，提高服务水平，做到政府管理"不越位""不缺位"。具体而言，高效绩效包括行政审批事项数量、审批时效性、审批便捷性三个测量题项；法治绩效包括政策体系完备程度、法治思维运用程度、行政行为合法程度三个题项；责任绩效包括服务效率、服务质量、服务态度三个题项。

（2）因变量：周边绩效。对"放管服"改革周边绩效的测量则主要借鉴了世界银行构建的企业营商环境指标以及叶托、任金等的测量，从政府对营商环境提升的努力、政府对群众获得感提升的努力及政府对公信力提升的努力三个维度进行测量。其中，政府对营商环境提升的努力是检验"放管服"改革是否取得真正成效的关键，主要依据开办企业难易度、施工许可难易度、获得电力难易度三个题项来判断；政府对群众获得感提升的努力则根据政府能否通过致力于提供高质量的服务，进而提升群众满意度和获得感来判断，具体包括政务服务成本、政务服务满意度两个测量题项；政府对公信力提升的努力则表现为政府能否坚持依法行政、廉洁从政，以良好的形象维护其公信力。

（3）自变量：领导力、愿景战略、公务员队伍建设。①对领导力的测量主要借鉴了李超平、时勘的变革型领导问卷指标，从"不计较个人得失、尽心尽力工作""能给员工指明奋斗目标和前进方向""敢抓敢管，善于协调棘手问题"等方面考虑，并分为领导重视程度、领导协调能力、领导管理能力、领导对愿景传递、奉献精神五个测量题项。②愿景与战略的测量主要是借鉴了欧盟通用评估框架，并针对反映战略与规划的制定情况、对各方利益的反映情况、贯彻情况、调整完善能力及保障机制构建情况等进行整合，最终形成目标性、政策保障、科学规划、精准性、实时性五个测量题项。③公务员队伍建设的测量主要参考政府购买社会服务绩效评价指标体系指标，具体包括"服务组织的管理水平""工作人员的胜任水平""工作人员的敬业精神""政治参与程度"等，因而将其分为科学管理、服务态度、工作效率、工作作风、参与度五个测量题项。

2. 信效度检验

在确定变量的具体指标后，通过 Cronbach's Alpha 系数和 CITIC 值来测量量表的信度，通常认为，内部一致性 Cronbach's Alpha 系数在 0.7 以上，题项总体相关系数 CITIC 值在 0.30 以上即可接受，这两项指标值越高，表明信度越好。对于效度检验，主要采用 Bartlett 球形检验和 KMO 样本测度的方法。KMO 值代表是否适合使用因子分析。一般认为，KMO 值大于 0.7 即为合适。Bartlett 球形检验主要验证因子模型的合适程度，Bartlett 球形检验 P 值显著性小于 0.005。在两者均符合的情况下，反映出量表具有较高的结构效度。从表 6 - 12 中可以看出，在量表的信度方面，所有量表的 Cronbach's Alpha 都在 0.8 以上，CITIC 值均在 0.3 以上，表明调查问卷的量表具有较高的信度。在效度方面，KMO 值均大于 0.7，Bartlett 球形检验 P 值显著性小于 0.005，说明整个量表的效度比较高。

表 6 – 12　　　　　　　　研究变量的测量及信效度检验结果

变量		题项代号	CITC	项已删除的 Alpha	Cronbach's Alpha	KMO 值	Bartlett 球形检验		
							近似卡方分配	自由度	P 值
任务绩效	高效绩效	D11	0.637	0.877	0.889	0.884	1 297.524	10	0.000
		D12	0.671	0.874					
		D13	0.683	0.873					
	法治绩效	D21	0.662	0.875		0.886	1 197.782	10	0.000
		D22	0.648	0.876					
		D23	0.686	0.873					
	责任绩效	D31	0.597	0.88		0.889	1 118.181	10	0.000
		D32	0.600	0.88					
		D33	0.599	0.88					
周边绩效	政府对营商环境提升的努力	E11	0.667	0.814	0.845	0.754	770.962	3	0.000
		E12	0.682	0.812					
		E13	0.647	0.817					
	政府对群众获得感提升的努力	E21	0.521	0.836		0.747	712.253	3	0.000
		E22	0.529	0.835					
	政府对公信力提升的努力	E31	0.59	0.826		0.740	675.655	3	0.000
		E32	0.577	0.828					
领导力		A1	0.737	0.891	0.906	0.884	1 297.524	10	0.000
		A2	0.743	0.891					
		A3	0.784	0.881					
		A4	0.729	0.893					
		A5	0.832	0.871					
愿景与战略		B1	0.752	0.876	0.899	0.886	1 197.782	10	0.000
		B2	0.74	0.878					
		B3	0.700	0.887					
		B4	0.821	0.861					
		B5	0.734	0.88					

续表

变量	题项代号	CITC	项已删除的Alpha	Cronbach's Alpha	KMO值	Bartlett 球形检验		
						近似卡方分配	自由度	P 值
公务员队伍建设	C1	0.744	0.864	0.890	0.889	1 118.181	10	0.000
	C2	0.774	0.857					
	C3	0.748	0.864					
	C4	0.746	0.864					
	C5	0.663	0.885					

三、实证分析

基于苏州市四个城区政府部门收集的 415 份调查数据，借助 SPSS21.0 软件开展描述性统计分析和相关性分析，了解"放管服"改革绩效的基本情况，并判断各研究变量间的两两关系，然后借助结构方程模型对前文提出的研究假设进行实证检验。

（一）描述性统计与相关性分析

通过对"放管服"改革绩效及其影响因素进行描述性统计分析（见表 6－13）发现，因变量任务绩效和周边绩效的均值处于中等偏上的水平，表明"放管服"改革在各个方面的成效均比较明显。任务绩效反映出政府为"放管服"改革目标达成所作的贡献，体现政府职能转变和治理能力的提升；周边绩效反映出"放管服"改革对经济社会发展产生较大影响，表明"放管服"改革不仅直接提升了政府治理能力，也间接影响经济社会的发展及公众对政府形象的直观感受。自变量中愿景与战略的均值最高、领导力次之、公务员队伍建设稍显偏低，反映出各因变量的影响水平。

表 6–13　　　　　研究变量的描述性统计分析结果与相关系数矩阵

变量	N	均值	标准差	1	2	3	4	5
1. 领导力	415	3.83	0.80	1				
2. 愿景与战略	415	3.96	0.85	0.481**	1			
3. 公务员队伍建设	415	3.78	0.92	0.533**	0.626**	1		
4. 任务绩效	415	3.63	0.72	0.465**	0.608**	0.590**	1	
5. 周边绩效	415	3.60	0.70	0.572**	0.561**	0.593**	0.598**	1

注：** 在 0.01 水平（双侧）上显著相关。

从相关系数结果可以看出：领导力与任务绩效、周边绩效在 0.01 水平上显著正相关，尤其是领导力与周边绩效的相关性关系更强；愿景与战略与任务绩效、周边绩效在 0.01 水平上显著正相关，且愿景战略与任务绩效的相关性关系最强；公务员队伍建设与任务绩效、周边绩效在 0.01 水平上显著正相关；领导力、愿景与战略、公务员队伍建设在 0.01 水平上显著正相关。相关分析结果表明各研究变量间存在的相关性，但无法清晰说明变量彼此之间是否存在因果关系，因而需要采用结构方程模型方法进一步探讨各研究变量之间的影响路径，并对研究假设进行验证。

（二）假设检验

1. 结构方程模型与主效应检验

由于本研究的变量间存在多重中介且关系较为复杂，故选用 AMOS 21.0 验证研究假设，得到作用机制的理论模型（见图 6–4）及模型的拟合结果（见表 6–14）。

由表 6–14 可知，模型的绝对拟合指标 x^2/df 值为 2.249，介于 1~3 之间；RMSEA 值为 0.055，小于 0.08；GFI 值为 0.916，大于 0.9；模型的 AGFI 值为 0.893，NFI 值为 0.922，CFI 值为 0.955，TLI 值为 0.948，除 AGFI 值接近 0.9 以外，其他值均大于 0.9。表明结构方程模型的整体拟合效果较好，各项拟合指标均在可以接受的范围之内。

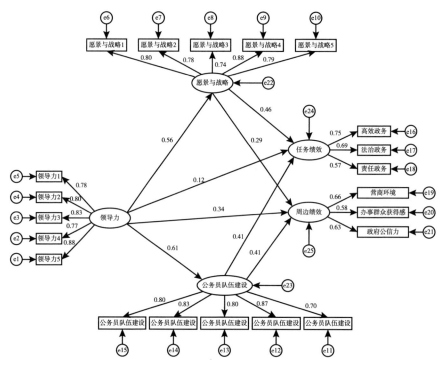

图 6 - 4 "放管服"改革绩效影响因素作用机理的结构方程模型

表 6 - 14 结构方程模型的拟合结果

路径			标准化载荷系数	残差误	T 值	P
任务绩效	<---	领导力	0.119	0.058	1.681	0.093
周边绩效	<---	领导力	0.340	0.054	4.582	***
愿景与战略	<---	领导力	0.557	0.054	10.629	***
公务员队伍建设	<---	领导力	0.610	0.059	10.719	***
任务绩效	<---	愿景与战略	0.456	0.05	7.341	***
周边绩效	<---	愿景与战略	0.292	0.043	4.79	***
任务绩效	<---	公务员队伍建设	0.409	0.053	6.148	***
周边绩效	<---	公务员队伍建设	0.412	0.048	5.985	***

$x^2/df = 2.249$，GFI = 0.916，AGFI = 0.893，NFI = 0.922

注： *** P < 0.001。

表6-14的分析结果表明:(1)就领导力对任务绩效和周边绩效的影响而言:领导力对周边绩效在 P < 0.001 的水平上显著,标准化路径系数为0.340,领导力对任务绩效 P 值为 0.093 > 0.05,说明领导力对任务绩效的影响不显著,研究 H1 的子 H1b 得到支持。(2)就愿景与战略对任务绩效和周边绩效的影响而言,愿景与战略对"放管服"改革绩效均在 P < 0.001 的水平上显著,标准化路径系数为0.456 和 0.292,也就是说愿景与战略对任务绩效的正向影响作用更加显著,研究 H2 及其子 H2a 和 H2b 得到支持。(3)就公务员队伍建设对任务绩效和周边绩效的影响而言,公务员队伍建设对"放管服"改革绩效均在 P < 0.001 的水平上显著,标准化系数为 0.409 和 0.412,两者的正向影响作用比较接近,研究 H3 及其子 H3a 和 H3b 得到支持。(4)就领导力对愿景与战略、公务员队伍建设的影响而言,两条路径均在 P < 0.001 的水平上显著,标准化系数为 0.557 和 0.610,领导力对公务员队伍建设(标准化系数0.610)正向影响作用要比领导力对愿景与战略(标准化系数0.557)的正向影响作用更强。

2. 中介效应检验

领导力(自变量)的影响作用效果,包括对任务绩效和周边绩效(因变量)的直接路径的影响,也包括通过愿景与战略、公务员队伍建设(中介变量)进而影响因变量的间接路径。为了更加清楚地说明中介效应,通过 Bootstrap 法对中介效应进行验证,结果如表6-15所示。

表6-15   基于 Bootstrap 法的中介效应检验结果

Parameter	Estimate	Lower	Upper	P	结论
领导力-愿景与战略-任务绩效(标准化)	0.254	0.164	0.358	0.000	成立
领导力-愿景与战略-周边绩效(标准化)	0.163	0.076	0.261	0.000	成立
领导力-公务员队伍建设-任务绩效(标准化)	0.249	0.152	0.359	0.000	成立
领导力-公务员队伍建设-周边绩效(标准化)	0.251	0.145	0.368	0.000	成立

表 6 – 15 是 Bootstrap 重复执行 5 000 次之后，计算 95% 的可信区间的统计结果。从表中可以看出，就领导力（自变量）通过愿景与战略（中介变量）影响任务绩效和周边绩效（因变量）的两条中介路径，上下区间均不包含 0，且 P 值均为 0.000，小于显著水平 0.05，因此研究 H4 及其子 H4a 和 H4b 均成立。就领导力（自变量）通过公务员队伍建设（中介变量）影响任务绩效和周边绩效（因变量）的两条中介路径，上下区间同样均不包含 0，并且 P 值均为 0.000，表明存在中介效应。也就是说领导力会通过愿景与战略、公务员队伍建设进而影响任务绩效和周边绩效。因而研究 H5 及其子 H5a 和 H5b 均成立。

（三）进一步探讨："放管服"改革绩效及其影响因素的差异性比较

上文重点验证了领导力、愿景战略、公务员队伍建设对"放管服"改革绩效的影响，但没有考虑行政区划、单位首要职能、单位在编人数等控制变量的影响。进一步地，通过方差分析识别不同行政区划、单位首要职能、单位在编人数下"放管服"改革绩效及其影响因素是否存在显著差异。

1. 基于行政区划的差异

四个城区的行政区划分为国家级开发区和传统行政区域两个类别，表 6 – 16 反映出不同行政区划下"放管服"改革及其影响因素之间的差异。通过 T 检验对均值差别的显著性进行检验，发现在 0.05 的显著性水平下不同行政区划"放管服"改革绩效及其影响因素存在显著差异。一方面，行政区划显著影响任务绩效和周边绩效两个维度，国家级开发区的任务绩效、周边绩效均明显高于传统行政区域；另一方面，从三个"放管服"改革绩效影响因素变量来看，国家级开发区的均值明显优于传统行政区域均值，说明在国家级开发区领导力、愿景与战略和公务员队伍建设对"放管服"改革绩效的影响更加显著。

表 6 – 16　　　　　　　　　　基于行政区划的差异性比较

研究变量	行政区划	N	均值	标准差	方差检验	
					T	p
任务绩效	国家级开发区	224	3.818	0.48948	5.951	0
	传统行政区域	191	3.4136	0.86804		
周边绩效	国家级开发区	224	3.6677	0.53409	2.26	0.024
	传统行政区域	191	3.5125	0.84933		
领导力	国家级开发区	224	3.9161	0.64322	2.35	0.019
	传统行政区域	191	3.733	0.935		
愿景与战略	国家级开发区	224	4.1536	0.58715	2.35	0
	传统行政区域	191	3.7414	1.03838		
公务员队伍建设	国家级开发区	224	3.9152	0.68353	3.174	0.002
	传统行政区域	191	3.6314	1.11481		

注：平均值差值的显著性水平为 0.05。

2. 基于单位首要职能的差异

根据孟国庆提出的我国政府职能分类主要分为经济运行调节与规范、市场监管、社会治理、公共服务和城市运行管理与环境保护，单位首要职能也与之对应。表 6 – 17 展现了不同单位首要职能下"放管服"改革绩效之间的差异。结果显示，单位首要职能对"放管服"改革绩效及其影响因素在 0.05 的显著性水平下存在显著差异。一方面，单位首要职能对"放管服"改革任务绩效和周边绩效存在显著性差异，在任务绩效上，社会治理略优于公共服务，城市运行管理与环境保护的均值与其他首要职能差距比较大；在周边绩效上，公共服务的均值最高。这也意味着首要职能为公共服务和社会治理的单位落实"放管服"改革最到位，而首要职能为城市运行管理与环境保护和经济运行调节与规范单位"放管服"改革绩效仍有待提升。另一方面，单位首要职能对"放管服"改革绩效影响因素存在显著性差异，其中，在领导力、愿景与战略影响因素上，单位首要职能为公共服务均值最高。在公务员队伍建设影响因素上，单位首要职能为社会治理均值最高。总体来说，单位首要职能为公共服务和社会治理对绩效影响因素的作用更显著。

表6-17　　　　　　　　基于单位首要职能的差异性比较

研究变量	单位首要职能	N	均值	标准差	方差检验	
					F	p
任务绩效	经济运行调节与规范	65	3.3504	0.8683	8.808	0.003
	市场监管	33	3.6296	0.65832		
	社会治理	53	3.761	0.68334		
	公共服务	231	3.7504	0.57245		
	城市运行管理与环境保护	33	3.1515	1.04262		
周边绩效	经济运行调节与规范	65	3.2402	0.79895	7.822	0.004
	市场监管	33	3.6515	0.57756		
	社会治理	53	3.5807	0.63442		
	公共服务	231	3.7278	0.61305		
	城市运行管理与环境保护	33	3.3468	0.96586		
领导力	经济运行调节与规范	65	3.4892	0.93477	5.45	0.002
	市场监管	33	3.8242	0.76118		
	社会治理	53	3.7887	0.74257		
	公共服务	231	3.9671	0.72637		
	城市运行管理与环境保护	33	3.6364	0.86812		
愿景与战略	经济运行调节与规范	65	3.64	0.99134	6.281	0.022
	市场监管	33	3.8848	0.7649		
	社会治理	53	4.0151	0.71988		
	公共服务	231	4.1108	0.70069		
	城市运行管理与环境保护	33	3.5697	1.37488		
公务员队伍建设	经济运行调节与规范	65	3.3723	1.02767	9.586	0.001
	市场监管	33	3.6	0.90692		
	社会治理	53	4.0868	0.79082		
	公共服务	231	3.9281	0.78143		
	城市运行管理与环境保护	33	3.2909	1.27386		

注：平均值差值的显著性水平为0.05。

3. 基于单位在编人数的差异

单位在编人数分为 20 人以下、20～60 人、61～100 人以及 100 人以上四类。表 6-18 展示了不同单位在编人数下"放管服"改革绩效之间的差异。结果表明，单位在编人数对"放管服"改革绩效及其影响因素在 0.05 的显著性水平下存在明显差异。一方面，单位在编人数对"放管服"改革任务绩效和周边绩效两个维度存在显著差异性，在编人数 61～100 人和 20～60 人的单位"放管服"改革绩效较好，而在编人数 20 人以下单位"放管服"改革绩效有待提升。另一方面，单位在编人数对"放管服"改革绩效影响因素中的领导力、愿景与战略、公务员队伍建设存在显著性差异，单位在编人数 61～100 人的单位均值最高，其次依次为 20～60 人、100 人以上以及 20 人以下的单位。总体来说，在编人数 61～100 人的单位对"放管服"改革绩效影响因素的作用更显著。

表 6-18　　　　　　　　基于单位在编人数的差异性比较

研究变量	单位在编人数	N	均值	标准差	方差检验	
					F	p
任务绩效	20 人以下	75	3.36	0.91257	6.91	0
	20～60 人	165	3.7266	0.64829		
	61～100 人	71	3.82	0.51034		
	100 人以上	104	3.5491	0.72685		
周边绩效	20 人以下	75	3.3593	0.90513	4.167	0.006
	20～60 人	165	3.6761	0.65034		
	61～100 人	71	3.6941	0.52695		
	100 人以上	104	3.5737	0.68074		
领导力	20 人以下	75	3.632	0.97318	3.914	0.009
	20～60 人	165	3.8473	0.7483		
	61～100 人	71	4.0704	0.6424		
	100 人以上	104	3.7885	0.7867		

研究变量	单位在编人数	N	均值	标准差	方差检验	
					F	p
愿景与战略	20 人以下	75	3.7627	1.06069	4.832	0.003
	20 ~ 60 人	165	4.0558	0.77447		
	61 ~ 100 人	71	4.1831	0.62678		
	100 人以上	104	3.8135	0.88098		
公务员队伍建设	20 人以下	75	3.6613	1.14702	1.925	0.125
	20 ~ 60 人	165	3.8558	0.81408		
	61 ~ 100 人	71	3.9239	0.77043		
	100 人以上	104	3.6654	0.9664		

注：平均值差值的显著性水平为 0.05。

第四节　本 章 小 结

　　本章通过多案例研究形成了理论命题，这些理论命题表明领导力、愿景与战略、公务员队伍建设是"放管服"改革绩效的重要影响因素。通过对案例深入分析，发现领导力是影响"放管服"改革绩效的驱动因素，其中，领导力本身对"放管服"改革绩效产生直接影响，并会通过影响改革愿景与战略、公务员队伍建设等间接影响改革成效。此外，愿景与战略是影响"放管服"改革绩效的导向因素。公务员队伍建设是影响"放管服"改革绩效的保障因素。从案例研究以及以上的分析来看，这三个因素协同促进"放管服"改革绩效的实现，因此，在衡量"放管服"改革绩效时应当综合考虑上述三个因素，以确保改革成效到位。此外，不同行政区划、不同改革模式下"放管服"改革绩效影响因素的重要性会产生显著差异。

　　基于以上案例分析和研究结论，本章对提升"放管服"改革绩效提出以下几点政策建议：一是要优化领导力培养考核机制，释放"放管服"改革动能。领导力对于"放管服"改革绩效起到重要的影响作用，要不断提升领导者的管理能力和协调能力，健全工作协同机制，开展多层次的综合培训，例如在培训课程设置上，注重培养领导者的协调能力和管理能力，同时要注重职位特征、职责和需求等与具体领导岗位相适应，结合不同的岗位要求和特质，构建特色考核评价体系。二是要改进目标规划和战略设计，提升"放管服"改革效能。要设置科学合理的目标规划，因地制宜、精准施策，不断修订完善适合本地区发展的改革政策，注重服务导向和合作导向的理念，提供高质量的政务服务。同时，学习借鉴成功经验，发挥区域体制机制优势，并借助信息化技术手段，提升审批服务效率，优化政务服务流程。三是要提升公务员队伍建设水平，培育"放管服"改革势能。公务员队伍的能力素质是深入推进"放管服"改革的内在驱动力，要加强专业化建设和职业道德建设，打造高素质的公务员队伍。既要健全激励容错制度建设，激发公务员创新活力，鼓励公务员勇于改革、善于创新、敢于试错，探索建立公务员责任"负面清单"，又要优化公务员监管机制建设，通过将企业、群众等主体的办事满意度纳入政务服务"好差评"制度，强化公务员优化服务的意识，从而提升政务服务水平和办事效率。

第三篇
实证研究篇

第七章 "放管服"改革对企业创新绩效的影响研究

第一节 理论框架构建

通过对"放管服"改革、创新环境及企业创新绩效国内外现有研究综述的梳理可以看出,相关研究文献为"放管服"改革对科技中小企业创新绩效影响提供了一定的证据,但现有研究中,缺乏从"放管服"改革整体视角出发探讨其对企业创新的影响。且"放管服"改革对科技中小企业创新绩效的影响路径尚不明确,现有大多研究主要探讨了创新环境在政府支持与企业创新间发挥的调节作用。而通过本研究本书文献梳理可以发现,创新环境的营造不仅是"放管服"改革的重要影响效果之一,也是企业创新绩效提升的关键因素。因此,本研究预期创新环境可能在"放管服"改革与科技中小企业创新绩效间发挥了中介作用。但迄今为止,尚缺乏研究对创新环境在"放管服"改革及科技中小企业创新绩效间可能的中介作用进行检验。

综上所述,通过"放管服"改革、创新环境与企业创新绩效三者关系的文献回顾和逻辑推演发现,"放管服"改革和创新环境是影响科技中小企业创新绩效的重要因素,且"放管服"改革能够通过创新环境的营造,进一步提高科技中小企业创新绩效,创新环境在"放管服"改革与科技中小企业创新绩效间发挥了中介作用。基于此,本部分构建如图 7 - 1 所示的理论研究框架，"放管服"改革及其三个子维度（简政放权、政府监管、公共服务）会影响创新环境及企业创新绩效，且创新环境在"放管服"改革与科技中小企业创新绩效间发挥了中介作用。

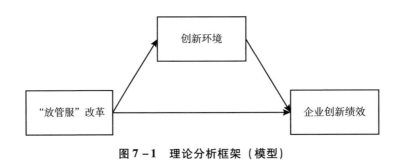

图 7 - 1　理论分析框架（模型）

第二节　"放管服"改革对企业创新绩效影响的案例研究

一、研究设计与过程

（一）研究方法的选择

案例研究需要深入融合现象，是一个从数据到理论的归纳过程，主要适用于核心概念测量有一定难度的研究问题之中。"放管服"改革内涵丰富，且当前学界对"放管服"改革这一概念测量仍未统一，因此对于本研究中"放管服"改革这一概念的测量，可以使用案例进行研究及界定。从研究方法来看，本研究主要采用了多案例研究方法，主要原因在于：首先，本研究主要考察"放管服"改革、创新环境及科技中小企业创新绩效三者间关系，而多案例研究尤其有助于深入研究过程机制。其次，案例研究作为从丰富定性数据到主流演绎研究的重要"桥梁"之一,是一种构建及扩充理论的高效研究方法,尤其对于本研究这类论述逻辑基于"为什么"及"怎么样"的研究问题来说,案例研究是解释"为什么"及"怎么样"的首选研究策略。此外,相较于多案例研究,多案例研究的研究结果更为稳健及可信,因为多案例研究可以对研究的过程及结果进行多次验证,且每个案例也都可以进行独立的探索及研究,进而通过多案例研究证实或证伪研究过程中所总结出的结果。根据前文文献综述,现有研究缺乏对"放管服"改革、创新环境及企业创新绩效间关系的深入分析,因此本研究决定采用多案例研究方法开展探索性研究。

(二) 案例选择

本研究遵循理论抽样原则和多案例复制逻辑,从以上10个案例中筛选出典型案例进行多案例分析。从案例数量来说,多案例分析中的案例数量以4~8个最为合适。

根据研究问题,本节根据以下标准选择案例:(1) 选择的案例企业均为本土科技型中小企业,企业选取标准主要参照2015年科技部出台的《关于进一步推动科技型中小企业创新发展的若干意见》中对于"科技型企业"的定义和2011年由国家发改委、工信部、国家统计局、财政部共同研究制定的《中小企业划型标准规定》中对于"中小企业"的划型标准;(2) 选取的案例企业在行业类型上来看具有一定的分散性,涵盖生物技术、机械工业、服务业、电子元件等多个行业,并确保案例企业在其所在行业具有一定的代表性。根据以上选择标准,本研究选取了拓尔微电子有限责任公司、中科立德红外科技有限公司、四维图新信息技术有限公司(西安)、土豆数据科技有限公司、纽氏达特行星减速机有限公司、中科际联光电集成技术研究院有限公司、新华普阳生物技术有限公司、美氟科技股份有限公司作为研究样本(见表7-1)。

表 7 – 1 八家案例企业的基本情况

企业名称	简称	成立时间	所在行业	是否高企	业务领域	核心技术
拓尔微电子有限责任公司	拓尔微电子（TR）	2007 年	电子元件	是	半导体元器件、集成电路、软件及相关系统的设计研制、生产与销售	半导体元器件、集成电路
中科立德红外科技有限公司	中科立德（ZK）	2015 年	服务业	是	红外热像技术为核心的智能光电系统研制生产	红外热像技术
四维图新信息技术有限公司（西安）	四维图新（SW）	2011 年	服务业	是	智能交通系统、导航电子地图、地理信息系统、自动制图、测绘工程软件的开发及销售	数字地图、自动驾驶技术、汽车电子芯片
土豆数据科技有限公司	土豆数据	2017 年	服务业	是	基于云的空间大数据服务	倾斜摄影技术、三维建模软件平台
纽氏达特行星减速机有限公司	纽氏达特（NS）	2019 年	机械工业	是	齿轮减速器及机电传动设备的研究、开发、生产、销售及服务	齿轮减速器、机电传动设备
山东中科际联光电集成技术研究院有限公司	中科际联	2019 年	电子元件	是	光电器件研发、生产、销售；电子、通信与自动控制技术研究服务	光电器件；电子、通信与自动控制技术
山东新华普阳生物技术有限公司	普阳生物（PY）	2017 年	生物技术	是	体外诊断试剂和医疗器械的研发、生产、销售	体外诊断试剂
山东美氟科技股份有限公司	美氟科技（MF）	2015 年	新材料	是	高性能膜材料、塑料板、管及管材、棒材、聚四氟乙烯制品的生产与销售	有机氟塑料

注：根据调研资料整理。

（三） 数据收集

本研究通过多个渠道进行数据收集，以保证本次案例研究的可靠性及有效性。本节基于以下方法收集数据，并通过构建多个数据链进行三角验证，以提高研究信效度：（1）通过实地调研方式对每个案例企业的高层管理人员（如总经理、副总经理）及中层管理人员（运营主管、外联主管等）进行了半结构化访谈，收集关键一手资料。（2）为进一步丰富数据素材，本研究还通过各种非正式访谈途径进一步了解八家案例企业内部的发展历程及关键事件，并与半结构化访谈内容进行交叉验证。（3）二手资料收集，主要来源包括案例企业官网、搜索引擎数据、权威媒体报道及学术文献等，进而全面了解案例企业。结合上述一手及二手数据，本研究对每个企业进行了单独案例研究，并运用跨案例对比分析的方法进行进一步研究，最后根据单独案例分析与跨案例分析结果统一抽象与归纳，从而形成对理论的论证。

（四） 构念测度

清晰界定及测度构念是案例分析的基础。本研究聚焦 "放管服" 改革、创新环境及企业创新绩效这三个构念，具体测度如下：

"放管服" 改革的测度。根据前文对 "放管服" 改革内涵的分析，从 "放管服" 改革的核心要义，即 "简政放权" "政府监管" "公共服务" 三个维度进行衡量。其中，简政放权是指转变政府职能，精简行政管理程序，并减少政府对资源配置及经济活动的不当干预，释放市场主体活力。政府监管不是 "无所不包"，而是指在简政放权基础上，政府提高监管效能，加强事中事后监管，实现市场 "活而不乱"。最后，公共服务，即优化政府公共服务，指的是政，府要加快推进由管理者向服务者角色的转变，强化服务意识，便利企业公众办事创业，寓管理于服务。

创新环境的测度。结合前文对创新环境含义及维度的梳理，本研究从软环境及硬环境两个维度出发对创新环境进行衡量。其中，软环境指的是促进区域内企业不断创新的各类非物质环境因素，包括制度环境、文化环境、金融环境及人力资源环境等方面。硬环境则是指推动企业创新的创新环境中有形的物质环境部分，主要包括政府为区域内企业创新提供的各类良好基础性公共设施环境（通信、交通、电力、供水等）。

企业创新绩效的测度。根据国内外现有研究文献，企业创新绩效是企业研发创新活动及非研发创新活动结果的综合体现，可以从研发创新及非研发创新两个维度进行考察。其中，研发创新指的是企业技术创新过程的效率、产出成果及其对商业成果的作用。非研发创新则是指企业中除研发外的其他各类创新的统称，主要包括市场创新及组织创新等方面（见图7-2）。

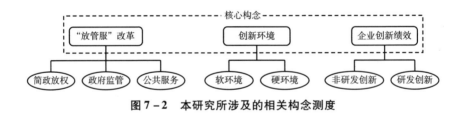

图7-2　本研究所涉及的相关构念测度

（五）数据处理与分析

本研究运用内容分析法对案例数据进行分析，主要借鉴许庆瑞等（2013）、谢康等（2016）的案例分析过程，对数据进行多集级编码。首先，在汇总本研究案例数据的基础上，运用 Nivio12 软件对每个案例进行一级编码（见表7-2）。其次，对案例中的"放管服"改革、创新环境、企业创新绩效进行二级编码，并将二级编码后的条目分配到各个构念条目库中。再次，在每个构念条目库中，根据构念测度变量完成三级编码。最后，对各个案例的编码结果进行提炼、比较与验证，并进行案例间对比分析，探索构念间的逻辑关系，提出研究命题。本研究的编码

过程采用了双盲方式,编码完成后,为确保结果的准确与客观,采用了
评分者间信度检验。

表 7-2　　　　　　　　　　　案例数据的一级编码

资料来源	数据分类	编码					
		TR	ZK	SW	NS	PY	MF
一手资料	与企业高层管理人员进行半结构访谈所获资料	TR1	ZK1	SW1	NS1	PY1	MF1
	与企业中层管理人员进行半结构访谈所获资料	TR2	ZK2	SW2	NS2	PY2	MF2
二手资料	通过企业网站、搜索引擎等获得的资料	STR	SZK	SSW	SNS	SPY	SMF

二、案例分析

1. TR 电子元件制造企业

TR 电子元件制造企业成立于 2007 年,2018 年被认定为高新技术企
业。TR 电子元件制造业企业是一家以半导体元器件、集成电路、软件及
相关系统的设计研制、生产与销售为主营业务的科技中小企业,主要办
公地点位于西安市高新区内,目前企业人员总数 60 人左右,其中研发人
员人数为 40 人左右,研发人员占比达 60% 以上。作为日益发展中的科
技中小企业,其近年来在知识产权申请、政府项目申报等方面与政府打
交道较多,对政府改革创新有明显感知。

从"放管服"改革感知情况来看。首先,在简政放权方面,TR 企业
对目前行政审批流程及事项精简感知较为明显,受访企业管理人员表示
"放管服"改革实施后,企业在报送材料过程中不需要多次提交,而是
一窗收集,报送方便。此外,在材料报送及审批方式上,大多是无纸化
的线上提交、线上审核的方式,减少了材料报送次数。其次,在政府监

管方面，受访管理人员均表示政府对企业日常经营活动无过多干预，且政府主动了解企业情况更多以了解企业发展困难及改善自己服务为目的，企业对此的态度比较积极，欢迎政府调查了解。在企业社会责任方面，政府虽然没有强制性要求，但会对企业所需承担的社会责任进行积极引导。最后，在公共服务方面，TR 企业受访管理人员均表示，政府近年来提供了一些科技公共服务平台，但在实际推广方面可能存在应用不足的问题。TR 企业负责人表示，目前企业更多借助高校提供的技术服务平台及仪器设备共享平台，与高校对接合作。

从创新环境感知状况来看。一方面，政府为企业提供了较为完备的各类基础性公共设施，TR 企业受访者对其企业所在园区的水、电等状况较为满意，且当公共设施出现问题时，政府会积极为企业解决，保障企业能够尽快恢复正常经营生产。另一方面，在软环境的营造上，政府通过定期举办宣讲会等形式，为企业宣传讲解最新的企业相关政策，有助于打造较为良好的创新软环境，如企业管理人员提到的不需要资产抵押的科技贷及信用贷，他表示此项政策就是在政府政策宣讲会上了解到的，政策在帮助 TR 企业这类中小微企业疏解融资困境方面发挥了重要作用。

从企业创新绩效情况来看。在研发创新绩效方面，企业注重自主创新与市场反馈，技术创新在集成电路芯片研发制造行业处于领先地位，行业市场份额名列前茅，同时年利润率也逐年攀升（近三年年营业收入增长率在 5% 以上），TR 企业研发绩效强。在非研发绩效方面，TR 企业在管理层面主要引入了绩效管理方法，属于较为普遍的管理创新运用，但 TR 企业重视企业文化的营造，企业凝聚力强，并且 TR 注重从薪酬、福利等方面保护老员工，使得 TR 企业核心团队成员人员流失少，因此非研发绩效也较好。具体的典型引用语句举例及编码结果如表 7 - 3 所示。

表 7 - 3   **TR 案例具体的典型引用语句举例及编码结果**

构念	测度变量	典型引用语句举例	来源	关键词	编码结果
"放管服"改革	简政放权	现在来说，无论是省级政策、市级政策还是区级政策，他都会归口到区级统一收取，交材料不需要一层层跑 基本上我们现在报项目都是线上的，审核也都是线上审核	TR1 TR2	材料报送统一、材料报送审批无纸化	简政效果明显
	政府监管	现在政府部门不会干预我们的政策经营活动，很多时候是政府部门给我们打电话，只是了解一下企业情况 申报相关政府时，政府会要求我们明确出项目完成所能带来社会效益，比如对就业的改善这一类的，但是没有强制的要求	TR1 TR2	政府不干预企业经营活动、政府引导企业承担社会责任	保障企业自主经营权、发挥引导作用
	公共服务	政府好像在支持（技术公共服务平台建设），而且有一些奖励政策，但我们目前跟高校合作较多，因此具体内容不是很了解	TR1 TR2	提供技术服务平台，但推广应用少	公共服务平台仍需推广
创新环境	软环境	政府每月会组织像安全、企业融资政策方面的宣讲活动，都是免费的	TR1 TR2	政府注重文化环境营造	企业创新软环境较好
	硬环境	前段时间园区老旧管道漏水，政府很快跟我们整个管道进行了维护，所以在基础设施上还是很不错的	TR1 TR2	基础设施环境较好	企业创新硬环境完善
企业创新绩效	研发创新	我们企业自主创新企业，在微电子领域属于一个前端领跑的状态 我们是做集成电路芯片的，我们的研发周期在这个领域算短的了，大概6个月 2020年TR企业成功进入集成电路产业发展的快车道，获评省级知识产权优势企业、省级"专精特新"企业，西安市高新区先进制造业优秀企业荣誉称号，入选西安硬科技企业之星TOP30、未来之星TOP100，成为首批西安市国际合作基地企业之一	TR1 TR2 STR	自主创新能力强、研发周期短、创新成果丰富	企业研发创新强

构念	测度变量	典型引用语句举例	来源	关键词	编码结果
企业创新绩效	非研发创新	我们管理创新和大部分公司相似，有绩效管理，也有绩效考评奖金 我们公司文化是比较好的，初创型企业老员工都是和公司一起成长的，我们很注重对老员工福利待遇的保障，虽然现在"抢人大战"激烈，但我们不会出现新老员工福利待遇差距很大，让老员工感到落差，这也是我们公司核心成员不会流失的原因	TR1 TR2	企业有绩效管理、企业文化好	企业注重非研发创新

2. ZK 红外科技企业

ZK 红外科技企业成立于 2015 年，总部位于西安市，2018 年被认定为高新技术企业。ZK 红外科技企业是一家以红外热像技术为核心的智能光电系统研制生产企业，其产品主要应用于政府装备，在民用领域（医疗大健康、辅助驾驶、智慧城市、工业测温、石油石化等行业）也有涉及。ZK 红外科技企业自成立以来发展迅速，承接了较多政府项目，且由于其产品更多面向政府，因此企业在近年来与政府交流相对其他科技中小企业更加频繁，对政府"放管服"改革实施状况感知更为强烈。

从"放管服"改革感知情况来看。首先，在简政放权方面，ZK 企业对目前行政审批事项办理的"事项集中、窗口集中、人员集中"感知比较明显，ZK 企业某主要负责材料提交的中层管理人员表示，在"放管服"改革实施后，尤其是近两年来，企业在去政府部门办理业务时手续明显精简，很多时候只需在一个窗口递交材料就能够完成办理。此外，ZK 企业还特别提到了政府政务信息化的发展，ZK 企业受访者均表示"互联网＋政务服务"的推行，有效提高了行政审批及业务办理的效率。其次，在政府监管方面，受访管理人员均表示政府对企业的经营活动无过多干预，企业有充足的自主经营权，像经营规划、思路、方向等企业核心发展方向都是企业内部自主决定，政府不会干涉。同时，受访者也提到，政府不干预不是放任不管，而是更多通过政策制定等方式发挥引导作用，如鼓励企业加强自主创新、知识产权创造等。公共服务方面，政府为企业提供了各类科技公共服务平台，如检测服务、企业孵化器等。此外，政府还为企业搭建了科技人才交流平台，ZK企业负责人表示，通过定期开展宣传、招聘会等形式，不仅有助于企业引进科技人才，还能帮助企业的品牌宣传，提高企业知名度。

从创新环境感知情况来看。首先从软环境来看，政府积极鼓励企业创新，并且出台了一系列创新项目及创新政策引导企业创新，为企业创新提供了较好的制度环境及文化环境。其次从硬环境来看，ZK企业管理人员表示企业所享受到水、电、网等基础公共设施比较方便，且出现供水、供电问题时，企业只要联系相关部门，政府都会较快回应企业诉求，积极解决问题，尽快恢复企业正常运营。ZK企业受访人员均表示，总体来看，近年来在政府引导下，企业的创新环境有明显改善。

从企业创新绩效情况来看。首先，研发创新方面，ZK企业研发创新绩效情况良好。ZK企业近年来发展迅速，年营业收入成倍增长。根据相关资料显示，ZK企业已获得知识产权数量达49项，企业自主创新能力强。其次，在非研发创新方面，企业非研发创新绩效情况也较好。ZK企业有绩效及创新激励机制鼓励员工创新，企业创新文化氛围营造比较好，团队成员凝聚力强。最后，在管理创新方面，受访管理人员特别提到了企业内部良好的上下级沟通，他们表示，有技术岗工作经历的管理人员更注重与企业核心技术研发人员的交流，并积极从研发人员的角度出发了解目前员工的诉求，使企业内部上下级交流顺畅、员工满意度高、创新积极性更强。具体的典型引用语句举例及其编码结果如表7-4所示。

表 7 - 4　　　　　　　ZK 案例具体的典型引用语句举例及编码结果

构念	测度变量	典型引用语句举例	来源	关键词	编码结果
"放管服"改革	简政放权	现在我们业务办理很多都是一个窗口办理，办事比较方便，而且现在基本上都是线上网络审核我们跑得不多，实际上现在基本上都已经集中（办理）了	ZK1 ZK2	实现行政事项集中审批、审批材料无纸化	简政效果明显
	政府监管	（政府）对企业的这种干预倒不是很多，因为他们也只是偶尔过来调研，如果企业有什么诉求，他们会帮忙出主意或者协调相关部门来处理，我觉得这一块还是挺好的	ZK1 ZK2	政府对企业生产经营活动不过多干预	保障企业自主经营权、发挥引导作用
	公共服务	政府建了一个很大的公共服务平台，可以提供检测服务，政府有整合资源的优势，因此这个检测服务平台的建设对改善检测服务供给的环境，对我们是很有益处政府时常会组织人才招聘，我们也都积极参与，对于公司宣传及吸引人才有很多帮助	ZK1 ZK2	政府提供科技服务平台、政府提供科技人才交流服务平台	公共服务供给良好
创新环境	软环境	政府非常鼓励创新，如果有我们行业相关的创新政策、创新项目等政策，他们都会主动把这些通知发过来让我们了解	ZK1 ZK2	创新文化环境良好	企业创新软环境较好
	硬环境	基础的水、电这一块，反正我们有诉求，政府很快会给解决，这块还是很不错的	ZK1 ZK2	基础性公共设施环境较好	企业创新硬环境完善
企业创新绩效	研发创新	我们去年（营业收入）都做到了接近一个亿元，所以我们这三年其实发展很快，我们（营业收入）不是按照百分之几增长，而是几倍的提高 ZK 企业 2016 年 11 月成功研制出首款智能医用红外热像仪。2017 年 4 月成功研制出首款冷型红外热像仪 ZK 企业获得国家高新技术企业及西安市高新技术企业认定称号，入选西安未来之星 TOP100、高新区潜在独角兽企业	ZK1 ZK2 SZK	利润增长率逐年提高、创新成果丰富	企业研发创新强

构念	测度变量	典型引用语句举例	来源	关键词	编码结果
企业创新绩效	非研发创新	我们公司企业文化氛围还是比较好，我们是主要面向军工企业，大家有很强的荣誉感，因此企业内部凝聚力强，而且（员工们）关系都很融洽 在薪酬上我们有竞争力，而且对创新也会有一定的奖励 我们的管理层主要是技术出身，能够更好地了解研发人员诉求，因此团队内部沟通也很顺畅	ZK1 ZK2	企业创新氛围好、有创新激励机制、企业内部沟通顺畅	企业注重非研发创新

3. SW 信息技术企业

SW 信息技术企业成立于 2011 年，2016 年被认定为高新技术企业。SW 信息技术企业是一家基于大数据技术研发制造高精度地图、高精度定位、云服务平台以及应用于 ADAS 和自动驾驶的车规级芯片的科技中小企业。目前 SW 企业的办公地点主要位于西安市高新区，员工接近 500 人，研发人员占比在 60% 以上。SW 企业近年来发展良好，知识产权申请、行政审批、证照办理等方面的需求日益增多，因此对政府"放管服"改革具体实施现状的感知明显。

从"放管服"改革感知情况来看。首先，在简政放权方面。SW 企业认为"放管服"改革实施后，简政放权效果明显，并且特别体现在行政审批的效率及便利性两部分。SW 企业相关管理人员指出，现在企业的材料报送都以网上提交办理为主，不能网上办理的部分，也会要求一次性提交全部材料，集中审批，尽力实现企业办事"一次办好"。受访企业人员进一步表示，简政放权推行后，行政审批的效率明显提高。其次，在政府监管方面。政府对企业日常生产经营活动没有过多的干预，政府赋予了企业较高的生产经营自主权，但这也并非表示政府放任不管，SW 企业管理人员表示，政府会对企业生产经营的生产安全性及保密项目的保密性进行监管，政府在放权的同时，会对企业所需承担的社会责任等进行有效监管。最后，在公共服务方面，SW 企业受访者表示，政府提供了各类科技人才交流服务平台，如人才交流论坛、人才既定认证等，为企业引进人才、企业宣传搭建了良好的平台。

从创新环境感知情况来看。一方面，从软环境层面来看，政府重视对企业知识产权的保护，为企业创新营造了良好的制度环境。此外，SW 企业受访人员还表示，政府会定期举办创新相关宣传活动，SW 企业及其所在园区内的其他企业（企业管理人员了解到的相关企业）都注重创新研发，园区创新氛围浓厚，政府为企业创新营造了良好的文化环境。另一方面，从硬环境层面来看，企业认为目前政府提供的基础设施环境较好，交通、水、电等都较为便利，此外，政府还会对符合相关政策规定的部分企业实施房租减免政策，减轻企业负担，为企业创新营造了良好的硬环境。

从企业创新绩效情况来看。首先，在研发创新方面，SW 企业研发创新绩效良好，其核心技术继承自北京总公司，SW 企业拥有世界先进的导航地图制作核心技术，同时也是全球第三家、中国首家通过 TS16949（国际汽车工业质量管理体系）认证的地图厂商，拥有很强的研发实力。此外，SW 企业产品研发周期也较快，系统更新换代周期为 2~3 月，系统全流程研发周期为 1 年，创新周期短。其次，在非研发创新方面，SW 企业注重非研发创新，并积极开展了多项管理创新举措。管理方式上，SW 企业内部管理已经实现了在线化，企业内部材料无纸化，员工每日工作绩效在线可视化呈现。激励机制上，企业内容部设立了"图新奖"，每年度根据员工的创新状况进行评选，以此提升员工创新积极性，并在企业内部营造了良好的创新氛围。具体的典型引用语句举例及编码结果如表 7-5 所示。

表7-5　　　SW 案例具体的典型引用语句举例及编码结果

构念	测度变量	典型引用语句举例	来源	关键词	编码结果
"放管服"改革	简政放权	我交材料感觉审批办事效率还是挺高的，（近几年）确实比以前好多了 能不让你多跑就不让你多跑，我是真切体会到的，能给你网上办理就网上办理，而且材料提交都是统一，"最多跑一次"真的不是口号	SW1、SW2	行政审批效率高、实现"最多跑一次"	简政效果明显

构念	测度变量	典型引用语句举例	来源	关键词	编码结果
"放管服"改革	政府监管	政府强制性的干预是完全没有必要的，也完全没有 政府更多是安全性检查、保密性检查等监管（措施），我们也是很配合的，因为这些（措施）还是起到一定作用的	SW1、SW2	政府不过多干预企业生产经营活动、政府监管企业社会责任履行	保障企业自主经营权、发挥社会责任监管作用
	公共服务	政府举办过一些活动，比如测绘人才高峰论坛，会邀请我们参会，有助于我们的人才交流 我们在航天基地还有一个政府提供的人才基地认证，对引进人才也是有很有帮助的	SW1、SW2	提供科技人才交流服务平台	公共服务供给良好
创新环境	软环境	政府对我们知识产权的保护还是很好的，从这个角度我感觉政府起到的作用很大 高新区（SW企业所在区域）创新氛围很好，政府定期有一些宣传，大家创新还是很积极的	SW1、SW2	政府保护企业知识产权、创新文化氛围好	企业创新软环境较好
	硬环境	我们这边地铁站也通了，交通还是很便利的 水、电这些也都很好，而且政府对一些认定的合规、有价值的企业，也会有一些场地租金方面的减免	SW1、SW2	基础设施环境较好	企业创新硬环境完善
企业创新绩效	研发创新	连续6年在中国车载导航地图市场份额超过65%，在手机导航地图市场份额超过50%，并在便携导航、LBS及互联网位置服务、动态交通信息服务领域全面领先 企业开发了具有100%自主知识产权的核心技术和工具软件，完成国家标准9个，获得专利两项、计算机软件著作权40项，并获得两个国家产业化专项和两个863专项支持	SSW	产品占市场份额大、创新成果丰富	企业研发创新强
	非研发创新	我们员工自己研发的平台，已经将我们所有的管理在线化，员工每日绩效完成情况，都能够可视化表达 我们公司内部设立了"图新奖"，每年针对员工创新进行评选，鼓励大家创新	SW1、SW2	管理方式创新、设立奖项激励创新	企业注重非研发创新

4. NS 机械工业企业

NS 机械工业企业成立于 2006 年，2018 年被认定为高新技术企业。NS 机械工业企业是一家拥有真空离子氮化技术及先进装配线，并主营精密行星减速机生产制造的科技中小企业。目前企业生产及研发基地主要位于淄博市高新技术产业开发区，企业员工 300 人左右，研发人员占比在 30% 以上。近年来由于 NS 企业各型号精密行星减速机产量不断增加，发展状况良好，因此企业在项目申报、证照办理等方面与政府行政审批等相关部门接触较多，对政府改革创新实际实施情况的感知更明显。

从"放管服"改革感知情况来看。在简政放权方面，NS 企业管理人员表示近年来简政放权成效显著。首先，企业办事手续进一步简化，目前企业办理相关业务所需步骤较改革实施前大幅精简。其次，NS 企业受访者指出，在材料报送方式上，淄博市已经基本实现了线上申报与材料无纸化，且政府工作人员会积极与企业沟通申报进展，行政审批效率较高。再次，在政府监管方面，在法律框架之内，政府不会干涉企业的生产经营权及投资自主权。政府更多对企业发展起到引导作用，如政府通过评奖评优方式等方式引导企业未来发展。最后，在公共服务方面，政府给企业提供了各类公共服务平台，政府公共服务供给良好。NS 企业管理人员表示，政府给提供了仪器设备检测平台，企业生产制作的相关设备检测方便。此外，企业受访者还表示，政府提供了科技人才交流平台、高校对接等方式帮助企业招聘，增加了企业人才引进渠道。

创新环境感知情况来看。首先是软环境方面，政府通过调研、来访等方式与企业沟通，了解企业需求并鼓励企业创新及研发，为企业创新营造了良好的创新氛围。此外，政府近年来帮助企业与外地高校对接，有助于企业吸引各类创新人才，营造了较好的人才环境。其次是硬环境方面，企业负责人表示，政府提供了配套的水、电、网等基础设施，便利了企业的经营及生产。并且企业还表示，政府还为符合条件的企业员工提供了人才公寓或租房补贴，在基础设施方面为企业创新提供了良好环境。

企业创新绩效情况来看。首先在研发创新方面,企业研发绩效较高。NS企业利润率及销售额逐年增长,年增长率分别达到了30%及40%以上。此外NS企业主要生产制作精密行星减速机产品的市场占有率达到10%,表明NS企业的研发产品在同行业具有一定竞争力。其次在非研发创新方面,企业较为重视非研发创新。在管理方式上,企业基于信息化技术,将企业的管理、生产、设计、销售、采购等各个模块都进行了线上整合,便于企业管理并提高管理效率。在企业氛围上,NS企业受访管理人员提到作为一个正在发展中的科技中小企业,其核心人才不流失的一个重要原因就是企业有良好的文化氛围,核心人员与企业是共同成长、共同进步的关系,员工的归属感及凝聚力强。具体的典型引用语句举例及编码结果如表7-6所示。

表7-6　　　　　　　　NS案例具体的典型引用语句举例及编码结果

构念	测度变量	典型引用语句举例	来源	关键词	编码结果
"放管服"改革	简政放权	现在手续办理很简便,确确实实比之前在手续方面减免了很多 我们现在项目申报,基本上实现了网上平台申报,并且(申报)要求也比较明确,我们按要求准备材料,按时上传系统,会很快得到反馈,而且成功与否都会给我们积极反馈	NS1、NS2	办事手续简化、材料报送无纸化	简政效果明显
	政府监管	企业生产经营还有投资自主权,政府其实是不干涉的,在法律框架之内,企业可以自主生产,自主决定产品和服务,政府的话,更多的只是一种服务	NS1、NS2	政府不过多干涉企业生产经营权利	保障企业自主经营权、发挥引导作用
	公共服务	政府有提供仪器设备检测平台,我们有需要就可以随时过去检测,这个很方便 政府会替我们引进一些招聘或者人才平台,帮助我们拿到优秀毕业生的第一资源	NS1、NS2	提供科学仪器设备服务平台、提供科技人才交流平台	公共服务供给良好

构念	测度变量	典型引用语句举例	来源	关键词	编码结果
创新环境	软环境	政府相关领导来我们企业参观时，询问了我们的需求并且也表示非常鼓励我们技术创新，对我们说了很多鼓励的话，也希望我们能够再接再厉取得更大成绩 政府经常带着我们企业"走出去"，去跟省外或者市外的一些高校进行对接，帮助我们吸引人才	NS1、NS2	创新氛围好、为企业营造良好人才环境	企业创新软环境较好
	硬环境	网、电、水基本现在都是配套的，都很不错，而且电的话是有优惠的，是在供电协议里给我们的优惠政策 政府会给我们提供一些人才公寓，或者有的是以租房补贴来代替，每年都会补贴给我们	NS1、NS2	基础设施环境好	企业创新硬环境完善
企业创新绩效	研发创新	我们的年利润都是逐年增长的，增长率在30%以上 企业获得发明专利27项，知识产权32项，精密行星减速机产品市场占有率近10% 企业销售额逐年增加，年增长率达40%以上	NS1、NS2、SNS	利润增长率和销售额逐年提高、产品市场占有率较高	企业研发创新强
	非研发创新	我们企业应用信息化程度比较高，企业的各个模块上我们采用了信息化技术进行管理，而且都是集成应用，我们每年也在完善，投入很多 企业的氛围还是比较好的，核心人才基本上和企业都是共同成长的，所以企业核心人才流失很少	NS1、NS2	管理方式创新、企业文化氛围好	企业注重非研发创新

5. PY 生物技术企业

PY 生物技术企业成立于 2017 年，是一家主营体外诊断产品、生产与销售的专业化 IVD（体外诊断）的科技中小企业，主要办公地点位于淄博市，目前企业人员共 30 人，其中研发人员人数为 15 人，研发人员占比达 50%。PY 企业自成立后发展迅速，科技创新知识产权申报、企业办证、项目审批等方面的需求增多，对政府"放管服"改革实际实施情况感知更加明显。

从"放管服"改革感知情况来看。首先,在简政放权方面,企业对审批手续精简及材料报送无纸化感知明显。PY企业受访者表示,现在企业在办事办证或业务办理的过程中,明显感觉到行政审批手续较以往精简了很多。另外,专门负责申报材料的相关人员进一步指出,材料报送方面已经基本实现了网上电子化申报,以往纸质材料要报送多份而现在只需上传电子版,企业项目申报更加便利。其次,在政府监管方面,一方面政府不会干预企业生产经营自主权,而更多以鼓励、奖励的方式引导企业发展。另一方面政府加强了公正监管,特别在知识产权保护、打击侵权方面监管日益严格。最后,在公共服务方面,政府出台了仪器设备服务共享平台,企业需要进行相关检测时可以通过设备共享平台使用这些仪器,企业不需要自行购买,减少了企业的研发成本。

从创新环境感知情况来看。首先在软环境的营造方面,PY企业表示近年来政府在税收减免方面力度较大,税收优惠及减免企业社保费等政策的推出减轻了企业税收压力,为企业创新提供了金融环境方面的支持。此外,政府帮助企业与外地高校对接并组织企业参观学习行业龙头企业,为企业创新营造了良好的人才环境及创新氛围。其次在硬环境方面,企业所在高新区水、网、电等基础设施都配套提供,且供给情况良好,企业负责人进一步表示,园区内偶尔发生断网、断水等问题,相关部门都会积极解决,保证企业尽快恢复生产及研发,企业创新基础设施环境完善。

从企业创新绩效情况来看。在研发创新方面,PY企业成立以来利润增长率及产品市场份额不断提高,企业发展迅速。另外,企业研制生产的蛋白分析仪、干式荧光免疫分析仪及双光子超分辨荧光分析仪部分项目填补了省内空白或国内空白,在国际上也处于领先水平,创新成果丰富,企业整体创新绩效情况良好。在非研发创新方面,企业重视非研发创新,企业出台了绩效奖励政策,每年度对具有研发贡献的人员进行额外奖励以激励员工创新。此外,与其他科技中小企业类似,PY企业强调员工与企业共同成长，企业员工具有较强的归属感，企业内部文化氛围良好。具体的典型引用语句举例及编码结果如表 7-7 所示。

表 7-7 　　　　　PY 案例具体的典型引用语句举例及编码结果

构念	测度变量	典型引用语句举例	来源	关键词	编码结果
"放管服"改革	简政放权	办理业务的时候，现在手续比以往确实是精简了很多 我现在主要负责申报项目这块，材料申报我感触很深的变化是无纸化，现在基本上都是网上申报，不像原来每次材料都要提交很多份	PY1、PY2	行政审批手续精简、材料申报无纸化	简政效果明显
	政府监管	政府现在不光不干涉企业的正常生产经营，还鼓励推动着咱们企业发展 现在知识产权这块法律已经比较完善了，政府近几年在保护知识产权这块做得也比较好	PY1、PY2	政府不干涉企业生产经营自主权、保护企业知识产权	保障企业自主经营权、发挥引导作用
	公共服务	现在政府出台了一系列政策主要是科技设备仪器共享，我们需要做一些实验或者研究就可以去使用那些设备，能减少我们企业的成本	PY1、PY2	提供仪器设备服务共享平台	公共服务供给良好
创新环境	软环境	税收这一块减免力度还是比较大的，减少了我们很大的压力 政府经常带我们去外地招聘人才，或去北京上海一些比较强的企业学习，对企业人才引进还有企业发展都很有好处	PY1、PY2	提供金融环境支持、为企业吸引科技人才、创新氛围好	企业创新软环境好
	硬环境	园区里水、电、网这些都很方便，都是配套设施，有时候比如说偶尔断网之类的，也会很快维修解决，保障我们正常的一个研发、生产	PY1、PY2	基础设施环境良好	企业创新硬环境完善
企业创新绩效	研发创新	PY 公司研制生产的双光子超分辨荧光分析仪拥有呼吸道九联检和消化道五联检 14 个检测项目，填补了国内空白，处于国际领先水平 PY 企业研发生产的特定蛋白分析仪，有拥有炎症、肾功能、风湿、免疫等 17 个检测项目，填补了山东省空白	SPY	创新成果丰富	企业研发创新强

构念	测度变量	典型引用语句举例	来源	关键词	编码结果
企业创新绩效	非研发创新	对企业技术研发人才,我们每年都会有一些奖励政策 企业的专利技术申请或者政府项目参与等,有贡献的研发人员也都会有相应的奖励,我们企业也刚刚起步,员工跟我们都是一起提升的,企业氛围比较好,大家都是一起进步的心态	PY1、PY2	有多项绩效奖励政策、企业文化氛围好	企业注重非研发创新

6. MF 新材料企业

MF 新材料企业成立于 2015 年,2020 年被认定为高新技术企业。MF 新材料企业是一家研发及生产有机氟塑料的科技中小企业,其产品主要应用于炼油、化工、机械、航空航天等领域,主要研发及制造地点位于淄博市,目前企业人员总数达 50 人,其中研发人员数量为 10 人左右,研发人员占比接近 20%。MF 企业发展迅速,已经成为全国前二,全球前四的有机氟塑料企业,其近年来承接了多项政府项目,与政府打交道较多,且企业在相关专利申请、证照办理方面需求也日益增多,因此企业对政府改革创新实际效果感知更为强烈。

从"放管服"改革感知情况来看。首先,在简政放权方面,报送材料更加方便,材料报送基本实现无纸化。MF 企业受访者表示,现在行政审批及材料申报已经基本实现了线上申请及"不见面审批"。相比以往"跑窗口"的材料报送方式,MF 企业表示,现在简政放权效果显著,节约了企业很多时间和人力物力。其次,在政府监管方面,企业管理人员均表示,政府对企业发展方向、日常生产经营等都没有过多的干涉,企业具有较大的经营自主权,但政府在环保标准、安全生产环境、员工工作条件等社会责任方面会对企业提出要求并进行定期监督。最后,在公共服务方面,政府提供了多种公共服务平台帮助企业获取各类资源。政府建立了科技信息平台,在定期组织行业交流活动的同时也会发布一些会议信息,MF 企业管理人员提到,平台建立前企业经常遗漏重要会议信息，现在各类会议信息资源企业更易获取，帮助企业交流与学习。此外，政府建设的研发中心及实验室给企业提供了配套仪器设备，也有助于企业开展各类研发活动。

从创新环境感知情况来看。首先在软环境方面，政府通过贷款、政府科技项目、税收减免等扶持政策，给予了企业资金方面的支持，为企业创新营造了较为良好的金融环境。其次在硬环境方面，MF 企业受访者表示，企业所在园区目前还在建设中，但水、电、气、网等基础设施现在都是配套提供的，并且企业使用上也很便利，基础性公共设施环境较好。

从企业创新绩效情况来看。在研发创新方面，企业研发创新绩效较强，MF 企业近年来利润增长率稳定，每年都有接近 100% 的增长。此外，MF 企业创新成果也较为突出，近年来企业获得了全国新材料行业重点推荐企业、技术创新创优质量品牌双承诺企业等多项国家级及省部级荣誉称号。在非研发创新方面，MF 企业对非研发创新重视程度较高，MF 企业设有绩效管理及绩效考评奖金，并且企业每年都会在内部设立创新奖项奖励年度具有突出创新贡献的员工以鼓励企业创新，营造创新的良好的企业氛围。具体的典型引用语句举例及其编码结果如表 7－8 所示。

表7-8 　　　　　　MF 案例具体的典型引用语句举例及编码结果

构念	测度变量	典型引用语句举例	来源	关键词	编码结果
"放管服"改革	简政放权	现在越来越多的材料都是网上申报了，这点很方便，以前交纸质材料特麻烦，而且要跑好几趟，现在不需要来回跑了，确实是给企业节省了很大的一个事	MF1、MF2	材料提交不用跑、报送材料无纸化	简政效果明显
	政府监管	政府从来都没有干涉过我们的发展方向，企业自身有很大的自主权。政府更多在安全、环保方面有一些要求，要监管我们是否符合要求，其他（干涉）地方是没有的	MF1、MF2	不干涉企业经营自主权、监管企业社会责任	保障企业自主经营权、发挥引导作用

构念	测度变量	典型引用语句举例	来源	关键词	编码结果
"放管服"改革	公共服务	政府建立科技信息平台，能让我们了解到一些会议信息，有时候政府也会组织一些活动，让我们能够与同行业其他企业、研究所交流，了解更多行业信息。 政府正在建设研发中心和实验室，里面都会有配套设施提供给我们，对我们研发还是很有帮助的	MF1、MF2	政府提供科技信息平台、提供仪器设备服务平台	公共服务供给良好
创新环境	软环境	特别从去年疫情之后，包括疫情贷，政府给企业了很多扶持政策，符合规定要求的企业都可以享受到，而且我们企业也享受到了，减轻了企业很大压力。 政府各种资金上的扶持，比如我们之前承接的各类重大科技项目，对我们企业的发展帮助是很大的，没有他们我们企业不会发展的这么快	MF1、MF2	政府为企业创新提供良好金融环境支持	企业创新软环境较好
	硬环境	虽然现在园区还在建设中，但我们现在的水、电、气，包括通信这些都是完善配套的，这一块是很好的	MF1、MF2	基础设施环境完善	企业创新硬环境完善
企业创新绩效	研发创新	近年来我们企业的利润增长率基本上每年都是有100%的增长，（增长情况）也比较稳定。 2020年，MF企业发展迅速，相继获得全国新材料行业重点推荐企业、技术创新创优质品牌双承诺企业等荣誉称号	MF1、MF2、SMF	企业利润率增长稳定、创新成果丰富	企业研发创新强
	非研发创新	企业有绩效管理和绩效考评奖金，也有很多激励机制奖励创新，对于创新的鼓励我们企业是很重视的	MF1、MF2	企业有绩效管理、奖励机制鼓励创新	企业注重非研发创新

第三节 "放管服"改革对企业创新绩效影响的实证检验

一、研究假设提出与理论模型构建

（一）研究假设提出

1. "放管服"改革与企业创新绩效

普遍认为，一个国家及企业的创新发展往往与其制度环境有着密不可分的关系。近年来，中国政府重视通过体制机制改革推动国家及企业创新，并着力形成适应创新驱动发展需求的制度环境。"放管服"改革作为当前中国制度创新的重要举措，主要包含"简政放权""政府监管"及"公共服务"三个维度。其至少能够通过以下三条路径提高企业创新绩效：首先，政府精简行政审批流程、赋予企业自主权等简政放权举措能够显著促进企业创新。现有研究表明，简政放权能够通过提升科技中小企业的创新活力，进而提高科技中小企业创新绩效。夏后学等（2017）研究指出，在简政放权与政府补贴存在互补效应的情况下，政府能够通过加大简政放权力度促进企业创新。其次，"放管服"改革中的政府监管指的是在合理放权的基础上，强化市场监管，为企业创新营造良好的市场秩序。虽然学界对政府监管对企业创新的影响效应存在正负两种不同的观点，但现有大多研究都验证了政府合理监管对企业创新的积极影响：杨震宁等（2010）指出，正确使用国家重要监管制度，能够提升企业创新绩效。蔡地等（2012）研究则是从放管结合的角度指出，政府降低干预水平，提高产权保护水平能够促进企业的创新研发活动。最后，政府提供的各类高效、健全的公共服务对于企业创新，特别是资源相对缺乏的科技型中小企业创新，具有十分有益的促进作用。有学者研究指出，"放管服"改革通过公共服务优化，特别是各类科技公共服务的优化，能够为中小企业创新提供大量创新资源,提升企业创新活力。此外,政府提供各类基础性公共服务在促进企业创新过程中也发挥了重要作用。例如,德维特和琼斯(Dewett & Jones)的研究指出,通信基础设施能够促进各类创新参与主体间的信息交互,从而提高企业创新效率。基于以上分析,结合"放管服"改革的三个子维度,提出以下假设:

H1:"放管服"改革对科技中小企业创新绩效有显著的正向影响

H1a:简政放权对科技中小企业创新绩效有显著的正向影响

H1b:政府监管对科技中小企业创新绩效有显著的正向影响

H1c:公共服务对科技中小企业创新绩效有显著的正向影响

2. "放管服"改革与创新环境

在创新环境形成的过程中,政府在基础设计和制度环境建设等方面发挥了其他主体无法取代的作用。根据政府与市场间关系的"双元机制",政府能够通过配置机制、平台建立等方式为企业营造创新环境。根据现有研究,"放管服"改革能够通过简政放权、合理监管、优化公共服务等方式,从制度、市场、基础设施、金融等方面为企业创新营造良好的创新环境:首先,简政放权能够建立行政服务中心实现集中审批,降低制度性交易成本,为企业创新发展提供良好的制度环境。还有许多学者研究指出,投融资改革简政放权及减税降费等简政放权举措,能够有效改善企业营商环境。此外,简政放权还能通过清理政府性基金及减少涉企收费,提高企业资金使用效率,为企业创新营造良好金融环境。其次,在政府监管方面,政府对市场秩序的监管能够减少非正规竞争,优化企业创新的市场环境。史红梅(2019)研究表明,政府加强知识产权保护,能够营造激励创新的公平竞争环境,优化企业营商环境。最后,在公共服务方面,完善的公共基础设施及服务设施,能够直接降低企业运营成本,提高营商环境水平。此外,社会性基础设施如学校、医院等直接影响了劳动力的流动,政府提供的良好社会性基础设施能够吸引更多高素质人才,为企业创新营造良好的人力资源环境。进一步地,还有学者的研究指出,政府提供的各类公共服务(基础性公共服务及科技创新平台服务），不仅解决了企业经营活动的后顾之忧，且通过平台建设为企业特别是初创阶段的中小企业创新提供了重要科技信息资源，为企业创新发展提供了良好创新环境。基于上述分析，本研究提出假设2：

H2："放管服"改革对科技中小企业的创新环境有显著正向影响

H2a：简政放权对科技中小企业的创新环境有显著正向影响

H2b：政府监管对科技中小企业的创新环境有显著正向影响

H2c：公共服务对科技中小企业的创新环境有显著正向影响

3. 创新环境与企业创新绩效

已有关于创新环境的研究，无论是创新要素论还是创新效率论，均认可创新环境对企业创新绩效的重要影响。此外，由欧洲创新环境研究小组（GREMI）提出的区域创新环境理论也强调了区域创新环境对创新企业成长的促进作用。区域创新环境为企业提供了各种关键资源（人才、基础设施、信息等），使得企业创新更易于实现。李玲等（2018）基于2011~2015年统计年鉴数据分析指出，良好创新环境能够帮助新产品的研发与推广，显著提高创新绩效。还有学者研究的进一步指出，创新政策实施、税收优惠等制度环境的营造能够帮助企业技术、知识等的获取，且政府监管还能通过防范创新过程中出现的机会主义行为，降低不确定风险，为企业创新营造良好市场环境，提高企业创新绩效。安德森等（Andersson et al.，2006）则是通过对影响创新的环境因素分析指出，文化、经济、政策制度等创新环境共同影响了区域创新。基于上述分析可以看出，良好创新环境对企业创新绩效的提升具有激励作用，本研究认为影响科技中小企业创新绩效的创新环境包括基础设施环境、金融环境、人力资源环境等，这些要素组合共同形成的创新环境对科技中小企业创新绩效有积极影响，据此提出假设3：

H3：创新环境对科技中小企业创新绩效有显著的正向影响

4. 创新环境的中介效应

前文分析已经表明，"放管服"改革对创新环境具有显著的正向影响，即简政放权、政府监管及公共服务能够显著正向影响创新环境。并且，良好创新环境的营造对提高科技中小企业创新绩效也能够产生积极影响。由此可以看出，一方面，"放管服"改革能够通过"简政放权""政府监管"及"优化服务"，为企业营造完善的基础设施环境、规范的制度环境、公平公正的市场环境等良好创新环境。另一方面，良好的创新环境不仅能通过硬环境的营造为科技中小企业创新提供基本物质和人才保障，还从软环境层面减少审批及许可对企业经营活动的约束，为企业创新营造了相对宽松、自由的环境，使得企业创新活动更加容易实现，对科技中小企业创新绩效进一步提升起到了积极作用。因此，创新环境可能在"放管服"改革与科技中小企业创新绩效之间发挥中介作用。在此，本研究提出假设4：

H4：创新环境在"放管服"改革与科技中小企业创新绩效间起中介作用

H4a：创新环境在简政放权与科技中小企业创新绩效间起中介作用

H4b：创新环境在政府监管与科技中小企业创新绩效间起中介作用

H4c：创新环境在公共服务与科技中小企业创新绩效间起中介作用

综上所述，基于对以往重要研究的整理和归纳，结合当前科技中小企业发展现状，本研究构建了"放管服"改革、创新环境与科技中小企业创新绩效间关系的概念模型，见图7-3。

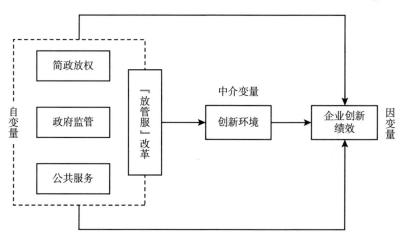

图7-3 "放管服"改革、创新环境与企业创新绩效三者间关系的初步理论模型

（二）问卷与样本

本研究以科技中小企业为研究对象，以单个企业为分析单元，在中国大陆广州、苏州市、西安、太原四地进行问卷发放。问卷来源于2019年8月修订完毕的"放管服"改革对科技中小企业创新绩效影响的调查问卷，主要包括基本信息、"放管服"改革对科技中小企业创新绩效的影响、开放性问题四部分，本研究的研究内容和变量主要选取于前两部分内容。此调查问卷设计的主要目的是了解当前科技中小企业的创新状况以及对"放管服"改革的感知情况。正式调研之前，选取西安市19家科技中小企业进行预调研，并结合个案访谈、专家咨询的意见，对问卷进行修订后确定最终问卷。为了确保问卷填答者能够较为准确地了解所在科技中小企业的创新状况，本节选取了科技中小企业的总经理、副总经理、财务负责人等企业高层管理人员作为问卷发放对象。正式调研开始于2019年9月，终于2020年4月，调研方式包括：（1）线上调研。通过相关负责人确认接受调查，以问卷在线链接或发送E-mail的方式对其进行问卷发放。（2）线下纸质调研。实地走访四地相关科技中小企业负责人并发放问卷。共发放正式调查问卷600份，回收568份，剔除重复、填答不完整及存在明显数据错误的样本后，最终获得481份有效问卷，整体有效回收率为80.17%。

进一步地，从回收的研究样本总体来看，本次调研的科技中小企业以高新技术企业为主，企业类型主要涵盖了电子信息、机械工业、生物技术、汽车制造、新材料、光电子、仪器仪表等行业，企业平均年龄在7年左右，问卷填答对象（企业负责人）以男性居多，受教育程度以本科居多，平均任职时长为5年左右。

（三）变量定义与测量

本研究的所有测量题项采用了李克特量表从1到5表示程度上由"非常不同意"到"非常同意"。主要研究变量的名称及测量指标、题项等具体包括：

因变量：本研究的因变量为企业创新绩效，主要借鉴了钱锡红等和焦等开发的测量量表，从企业利润率、市场份额、产品改进及创新、新技术应用、管理制度优化等五方面进行测量。

自变量：本研究自变量为"放管服"改革，包含简政放权、政府监管及公共服务三个维度及创新环境：（1）简政放权题项：简政放权主要借鉴了萨米纳和阿布杜（Samina & Abdu）及中国企业家调查系统中的相关测量题项，通过对相关量表题项进行整合，并结合中国简政放权的具体内涵及实践状况，最终形成4个测量题项，具体包括审批手续及流程简化、市场准入条件拓宽、市场主体责任强化、多头执法及重复执法情况减少等方面。（2）政府监管题项：政府监管的测量主要借鉴了杨震宁和李东红（2010）、拉姆，皮特罗和安德鲁（Ram，Pietro & Andrew，2013）的测量题项，最终从知识产权保护方面的法律法规的执行情况、专利申请的批复效率、政府对企业生产的产品/提供的服务标准的监管及政府对企业生产及经营活动对环境影响的监管等4个方面进行测量。（3）公共服务题项：公共服务的测量主要借鉴了范·拉辛（Van Ryzin）开发的地方公共服务质量测量量表和张立荣（2010）的测量题项，最终从市政工程服务、社会保障服务、技术服务平台、人才交流服务平台4个题项来反映公共服务情况。（4）创新环境题项：创新环境的测量综合了《中国区域创新能力报告》及现有研究，将创新环境分为制度环境、文化环境、人力资源环境、金融环境四个维度进行考察。

二、数据分析与实证检验

（一）信效度检验

采用当前学界使用较为广泛的 Cronbach's α 和 CITC 值作为本研究本书信度检验的标准，用 KMO 值、因子载荷和累计解释方差百分比作为效度检验的指标。一般来说，CITC 大于 0.3，Cronbach's α 系数大于等于 0.7 即表明量表具有较高的信度；在效度检验临界值方面，对变量各维度因子的取舍采用依泰森与布莱克的建议，取特征值大于 1，因子载荷大于 0.5，KMO 值大于 0.7 作为本研究的参考标准。本节的信度与效度检验结果具体如表 7 - 9 所示。从表 7 - 9 可以看出，量表信度方面，所有量表的 Cronbach's α 都在 0.8 以上，CITIC 值均保持在 0.6 以上，表明调查问卷中的量表具有较高的信度。采用探索性因子分析检验量表内部结构效度，结果表明所有变量题项的因子载荷值均保持在 0.5 以上，各量表的 KMO 值均大于 0.7，每个量表中的公因子累计方差解释百分比都在 60% 以上，说明调查问卷的结构效度通过了检验。进一步对整体观测模型进行验证性因子分析，来判断模型的整体效度及测量模型的内部一致性。表 7 - 9 的结果表明，所有题项的标准化因子载荷（Std.）均在 0.60 以上，多元相关平方（SMC）值均在 0.40 以上，5 个量表的组成信度（C.R.）均大于 0.80，聚敛效度（AVE）均大于 0.50，区分效度值也都在 0.70 以上，模型整体具备较高的效度。

表 7 - 9 　　　　　　　　　变量的信效度检验结果

变量 KMO 值	题项	因子载荷	累计解释方差%	CITC	删除题项后的 α	α	Std.	SMC	CR	AVE	区分效度
简政放权	JF1	0.797	69.035	0.710	0.801	0.850	0.791	0.791	0.851	0.588	0.767
	JF2	0.761		0.674	0.816		0.748	0.748			
	JF3	0.819		0.701	0.805		0.777	0.777			
	JF4	0.777		0.674	0.816		0.75	0.75			
政府监管	HJ1	0.784	68.974	0.665	0.777	0.826	0.751	0.751	0.858	0.614	0.784
	HJ2	0.824		0.776	0.727		0.909	0.909			
	HJ3	0.833		0.786	0.727		0.91	0.91			
	HJ4	0.621		0.457	0.89		0.485	0.485			

续表

变量 KMO 值	题项	因子 载荷	累计 解释 方差%	CITC	删除 题项 后的 α	α	Std.	SMC	CR	AVE	区分 效度
公共 服务	GF1	0.795	70.197	0.707	0.818	0.858	0.782	0.782	0.858	0.603	0.776
	GF2	0.811		0.693	0.824		0.762	0.762			
	GF3	0.806		0.724	0.811		0.804	0.804			
	GF4	0.802		0.688	0.826		0.758	0.758			
创新 环境	CH1	0.773	69.987	0.716	0.874	0.892	0.756	0.756	0.893	0.627	0.792
	CH2	0.833		0.792	0.855		0.859	0.859			
	CH3	0.823		0.779	0.859		0.845	0.845			
	CH4	0.754		0.660	0.884		0.697	0.697			
	CH5	0.798		0.736	0.868		0.792	0.792			
企业 创新 绩效	CJ1	0.772	74.830	0.796	0.891	0.914	0.855	0.855	0.917	0.692	0.832
	CJ2	0.882		0.876	0.874		0.931	0.931			
	CJ3	0.845		0.833	0.883		0.89	0.89			
	CJ4	0.832		0.78	0.895		0.801	0.801			
	CJ5	0.746		0.629	0.925		0.654	0.654			

（二）模型拟合度检验

将初始假设模型的修正指标临界值设定为 20，以此对最大的 M. L. 值分别建立联系进行修正，最终使所有的 M. L. 值小于 20。在此基础上，对模型的拟合度结果进行计算，得到表 7－10 的结果。从表 7－10 可以看出，模型的绝对拟合度指标、增量拟合度指标均符合评价标准，这表明本研究模型的整体拟合度效果较好。

表 7－10　　　　　　　模型拟合度检验结果

拟合度指标	CMIN	DF	CMIN/ DF	绝对拟合度指标				增量拟合对指标		
				RMSEA	GFI	RMR	AGFI	NFI	TLI	CFI
判断标准	—	—	<3－5	<0.08	>0.85	<0.10	>0.8	>0.9	>0.9	>0.9
模型结果	636.8	199	3.2	0.037	0.942	0.047	0.926	0.949	0.975	0.979

（三） 模型检验及结果

本节采用 AMOS 22.0 软件以及极大似然法（maxi-mum likelihood）和最小二乘法（generalized least squares）对模型中的影响路径进行验证。SEM 中各潜在变量之间的影响关系以及观测变量对潜在变量的影响程度可以通过标准化的参数估计值，即模型中的路径系数来体现，具体如图 7-4 所示。

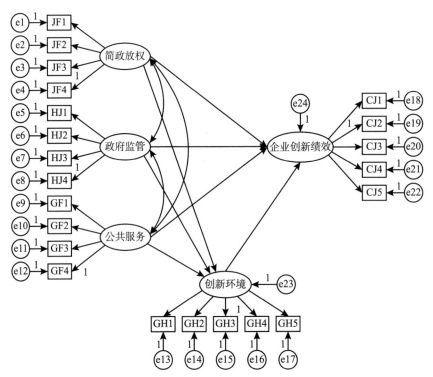

图 7-4 "放管服"改革、创新环境与企业创新绩效的结构方程模型

1. 模型的主效应检验

将图 7-4 中"放管服"改革、创新环境与企业创新绩效的结构方程模型结果进行梳理后得到表 7-11。表 7-11 数据分析结果表明：（1）"放管服"改革对企业创新绩效影响的路径中，简政放权、政府监管及公共服

务都对企业创新绩效具有显著的正向影响，标准化路径系数分别为0.208（P < 0.01）、0.275（P < 0.01）和0.180（P < 0.01），因此H1得到了支持，并且政府监管相比简政放权与公共服务对企业创新绩效的正向影响更显著；（2）在"放管服"改革对创新的影响路径中，简政放权显著正向影响创新环境（标准化路径系数 = 0.135，P < 0.05），政府监管对创新环境具有正向影响（标准化路径系数 = 0.261，P < 0.01）且公共服务显著促进了企业环境（标准化路径系数 = 0.252，P < 0.01），因此H2得到了支持，其中政府监管对创新环境的影响作用最为显著；（3）在创新环境对企业绩效的影响路径中，创新环境显著提高了企业创新绩效（标准化路径系数 = 0.368，P < 0.01）。因此，H3也得到了支持。

表 7 – 11　　　　　　　　　　　模型的主效应检验结果

路径	Estimate	S. E	C. R.	P 值	结果
企业创新绩效←简政放权	0.208	0.070	2.978	0.003	成立
企业创新绩效←政府监管	0.275	0.089	3.098	0.002	成立
企业创新绩效←公共服务	0.180	0.062	2.887	0.004	成立
创新环境←简政放权	0.135	0.057	2.363	0.018	成立
创新环境←政府监管	0.261	0.074	3.538	0.000	成立
创新环境←公共服务	0.252	0.051	4.941	0.000	成立
企业创新绩效←创新环境	0.368	0.068	5.444	0.000	成立

2. 中介效应检验

另外，从"放管服"改革、创新环境与企业创新绩效的概念模型中可以看出，"放管服"改革（自变量）到企业创新绩效（因变量）的作用效果包括了直接路径的影响，也包括了通过影响创新环境（中介变量）进而影响企业创新绩效的间接路径。因此，为了更加清楚地说明模型中的全部影响路径，进而对模型效应进行分解，同时对模型中的中介效应进行验证，本研究本书运用Bootstrap方法进行分析。其基本程序是：对数据样本（将数据样本视为总体）进行自抽样，进而产生了若干个子样本，用其估计模型的拟合状况并测算在子样本中的平均拟合状况，最终依据显著性水平来考察模型的整体拟合情况。该方法的最大优点是可以使得模型的参数估计变得更加稳健，结论也更加可信。Amos 软件中的 Bootstrap 方法提供了两种置信区间，一种是 Percentile Bootstrap 置信区间（简称 PC），另一种是 Bias-corrected Bootstrap 置信区间（简称 BC）。如果分析所得的间接效应的上下界之间不包含 0，则说明存在中介效应，反之则不存在中介效应。如果中介效应存在，且分析所得的直接效应的上下界之间不包含 0，则说明该种中介效应为部分中介，反之则说明该种中介效应为完全中介。表 7 – 12 是基于 Bootstrap 法计算生成的模型效应分解结果。可以看出，“放管服”改革的三个维度影响企业创新绩效的路径包括两三条直接路径和三条间接路径。（1）简政放权影响企业创新绩效路径的间接效应在 PC 和 BC 的上下界范围中均不包含 0，表明存在中介效应。具体地，其总效应是 0.204，直接效应是 0.165，间接效应是 0.039，这说明简政放权对企业创新绩效的正向影响作用，部分通过影响创新环境获取，进而影响企业创新绩效，因此中介效应 H4a 得到了支持。（2）政府监管影响企业创新绩效路径的间接效应在 PC 和 BC 的上下界范围中均不包含 0，表明中介效应存在。具体地，其总效应是 0.242，直接效应是 0.180，间接效应是 0.062，这说明政府监管对企业创新绩效的正向影响作用，部分通过影响创新环境获取，进而影响企业创新绩效，因此中介效应 H4b 也得到了支持。（3）类似地，公共服务影响企业创新绩效路径的间接效应在 PC 和 BC 的上下界中均不包含 0，表明存在中介效应，中介效应 H4c 得到了支持。

表 7 – 12　　　　基于 Bootstrap 法的模型中介效应检验结果

自变量	效应分解和路径	估计量	PC		BC	
			上界	下界	上界	下界
简政放权	直接效应：JF→CJ	0.165	0.252	0.075	0.27	0.059
	间接效应：JF→CH→CJ	0.039	0.07	0.011	0.083	0.01
	总效应	0.204				

续表

自变量	效应分解和路径	估计量	PC		BC	
			上界	下界	上界	下界
政府监管	直接效应：HJ→CJ	0.18	0.281	0.083	0.303	0.061
	间接效应：HJ→CH→CJ	0.062	0.103	0.03	0.111	0.027
	总效应	0.242				
公共服务	直接效应：GF→CJ	0.146	0.237	0.054	0.262	0.045
	间接效应：GF→CH→CJ	0.075	0.111	0.04	0.04	0.129
	总效应	0.221				

第四节 本章小结

近年来，政府支持行为与企业创新间关系的研究是中国政府改革创新与创新管理研究领域的重点议题，但是当前从"放管服"改革角度，特别是"放管服"改革整体视角出发探讨其对企业创新绩效影响机理的研究还相对缺乏。基于此，本研究基于现有研究成果，构建了"放管服"改革、创新环境与企业创新绩效间的概念模型，并以中国481家科技型中小企业为样本，实证分析了"放管服"改革对创新环境、企业创新绩效的影响，以及创新环境在"放管服"改革与企业创新绩效间的中介作用。

本章研究的结果表明，"放管服"改革是优化创新环境及提高科技中小企业创新绩效的重要手段，即简政放权、政府监管、公共服务均能为企业创新营造良好创新环境。并促进企业创新绩效的提升。但相比而言，政府监管相比简政放权及公共服务对企业创新绩效提升的正向影响更为显著，这表明，"放管服"改革过程中，通过政府管理转型，有效监管为企业创造公平的市场竞争环境，是激发科技中小企业创新热情，带动企业创新绩效提高的重要基础。同时，创新环境在"放管服"改革与企业创新绩效关系间发挥了部分中介作用，即"放管服"改革能够通过优化创新环境进而提高企业创新绩效，但相较而言，创新环境在公共服务、政府监管与企业创新绩效间发挥的中介作用比其在简政放权与企业创新绩效间的中介作用更显著。

本章的理论贡献及创新性体现在：基于政府改革与企业创新视角，系统提出并构建了"放管服"改革影响科技中小企业创新绩效的理论模型，弥补了以往研究中对企业外部政府支持对企业创新影响的关注不足，丰富了政府支持作用于企业创新绩效的传导机理的实证研究成果，同时从政府支持角度拓展了创新环境的前因变量。当前有关企业创新绩效影响因素的研究文献更多从企业内部出发探讨研发投入、吸收能力等因素对企业创新的影响，而对企业外部特别是政府改革创新对企业创新绩效影响的研究还相对缺乏。本研究从"放管服"改革这一近年来对企业影响显著的政府改革出发，在深入探讨"放管服"改革、创新环境与企业创新绩效内在关系的基础上，也揭示了研究变量间的相互关系和传导路径，为后续政府支持与企业创新间关系的相关研究奠定了一定的理论基础。

本章研究的结论也具有一定的实践启示作用。一方面，"放管服"改革对企业创新绩效的直接效应表明，政府首先要重视非科技领域政府部门的"瘦身"与"提效"，帮助企业减少在业务办理时花费的时间与精力，使企业能够将更多的人力物力投入企业经营与产品研发等方面，从而帮助企业提升创新绩效。其次政府在监管过程中要注重"适度放权"与"合理监管"相结合，在减少对企业不当干预的基础上，通过公平公正监管着力为企业创新营造良好营商环境，提高科技中小企业的创新活力。最后政府还应着力优化为科技中小企业提供的各类公共服务，在为企业创新提供良好"后勤保障"的同时，还可以通过各类科技创新平台的搭建，帮助初创期的科技中小企业更好地获取各类创新信息资源，推动企业做大做强与创新发展。另一方面，创新环境的中介效应表明，政府在实施改革的过程中，也应重视从基础设施、市场、人才等多个层面打造更好的创新环境，帮助科技力量还相对薄弱的科技中小企业维护自身的合法权益、吸引创新人才的加盟及获得更充裕的研发资金等，使企业愿意创新、敢于创新，逐步提高科技中小企业创新绩效。

第八章 "放管服"改革对企业持续创新的影响研究

第一节 理论基础与假设提出

一、理论基础

近年来，随着我国政府对企业创新活动的支持力度不断加大，一些学者深入研究了"放管服"改革与政府支持行为对企业持续创新的作用与意义。且根据近期国内研究表明，以制度理论和交易成本理论来为政府支持企业持续创新的研究提供理论基础更为合理。

一方面，制度理论主要关注于社会结构问题，探索多种元素的组合和排列方式以及其在社会体系中的中产生和变化，以此研究其在社会体系中的作用以及社会结构的构建过程。该理论揭示了社会结构的三大支柱分别是规制、规范和认知，提出社会结构富有弹性和多层次性，且不同元素在社会结构中会产生、碰撞、融合、消亡等动态过程。由于企业本身存在着改造和建立的过程，且具有管理活动的不确定性，因此正好可以借助制度理论来为企业持续创新的研究提供理论支持。制度理论认为，外部制度会给企业带来影响，并促进其产生创新行为，且外部制度变量包含各类政府的创新战略、政策支持以及各种治理措施等。企业在外部制度框架的帮助下，会对创新环境产生一定认知，并通过创新活动的行为和策略展现出来，最终形成创新产出。但是外部制度内容的差异也会导致企业对创新环境的认知以及创新产出的不同。

另一方面，不少学者在政治学与公共管理和政策领域使用交易成本理论，用于研究政府购买、服务外包等问题。例如，黄新华（2013）、李海明（2015）、蓝剑平等（2016）采用一般分析的方法探索了公共服务外包中所产生的交易成本，以及其构成、成因与治理措施。潘新美等（2016）则通过分析交易成本与激励结构的关系，研究"逆向合同外包"现象在公共服务中产生的原因。交易成本理论认为，可以借助外部制度来帮助企业实现创新活动的有效开展，减少企业在生产与创新过程中产生的交易成本。以此视角来看，通过政府"放管服"改革简化审批流程，节约审批程序的时间，可以帮助企业降低审批成本，使企业有更多的资金与时间用于创新活动。相反若政府监管条件过于严苛或公共服务供给不到位等，都会抬高企业在融资、用人、扩张等方面的成本，使企业创新活动开展困难。因此，以交易成本为理论基础，可以帮助探索"放管服"改革对企业持续创新的意义与作用。

二、研究假设提出

（一）"放管服"改革与企业持续创新

"放管服"改革是我国政府制度创新的重要举措，虽然"放管服"改革对企业持续创新关系影响的现有研究较少，但对"放管服"改革与企业创新关系的研究比较多，可以提供借鉴。根据现有文献，"放管服"改革主要包括"简政放权""政府监管""公共服务"三个维度，本章从这三个维度来研究"放管服"改革是否并如何促进企业持续性创新。首先，政府采取"简政放权"举措，简化行政审批流程、赋予企业自主权，从而为企业提供公平宽松的发展环境，帮助企业激发创新活力，进而促进企业创新。还有学者指出，简政放权与政府补贴互补的情况下，加大简政放权力度能够促进企业技术创新。其次，政府监管指的是在强化市场监管的同时，做到合理放权，从而营造良好的市场氛围和竞争秩序，为企业创新提供促进作用。然而学界对政府监管与企业创新的关系效应提出了正好相反的两种观点，但大部分研究都验证了政府合理监管对企业有正向的影响，科学合理的政府监管制度，能够提升企业创新绩效。最后，健全高效的公共服务对于企业创新具有积极的促进作用，"放管服"改革通过公共服务优化能够为企业创新提供大量创新资源，提升企业创新活力。政府提供各类基础性公共服务在促进企业创新过程中也发挥了重要作用，例如通信基础设施能够促进各类创新参与主体间的信息交互，从而提高企业创新效率。基于以上文献分析，结合"放管服"改革的三个子维度，在此提出以下假设：

H1："放管服"改革对企业持续创新有显著的正向影响

H1a：简政放权对企业持续创新有显著的正向影响

H1b：政府监管对企业持续创新有显著的正向影响

H1c：公共服务对企业持续创新有显著的正向影响

（二）"放管服"改革与资源拼凑

资源拼凑的维度分析可追溯至巴克和尼尔森（Baker & Nelson）的研究，通过对29家受资源限制制约的企业的分析，他们提出了"资源拼凑"的概念，认为这是一种运用现有资源进行重新组合以解决问题或抓住机遇的策略。即企业可以巧妙地充分利用现有资源，突破资源利用的局限，通过重新组织或创新性应用，开创更多资源的利用途径，有助于解决新问题或抓住新机遇的演进过程。当前学界已广泛接受资源拼凑被划分为探索式资源拼凑和利用式资源拼凑这两个维度，探索式资源拼凑主要侧重于通过获取新资源来拓展企业战略的覆盖面，而利用式资源拼凑则更多地依赖于既有资源，以完成企业生产与销售的发展性工作。根据当前研究观点，"放管服"改革通过简政放权、合理监管、优化公共服务等手段，能够为企业提供有利的创新环境，包括制度、市场、基础设施和金融等多个方面，从而帮助企业摆脱资源束缚所带来的挑战。首先，简政放权的实施具有积极的政策效应，可有效推动政府服务中心的建设，从而实现审批事项的集中处理，以降低体制内交易所带来的成本压力；通过投融资领域及减税降费领域的简政放权举措，能够有效降低企业的资金成本和时间成本；简政放权还能通过清理政府性基金及减少涉企收费，提高企业资金使用效率，有利于企业将资源更好的使用在创新活动中。其次，在政府监管方面，政府对市场秩序的监管能够减少非正规竞争，且通过市场监管可以促进市场资源的优化配置，增强市场资源的流动，有助于企业公平的享受和利用市场资源。最后，在公共服务方面，政府通过建设社会性基础设施，如学校、医院等直接影响了劳动力的流动，能够吸引更多高素质人才，有利于企业获得需要的人才资源，从而促进企业的持续创新。此外，政府提供的各类基础性公共服务及科技创新平台服务，为企业提供了重要信息资源和发展平台。基于上述分析，本研究本书提出假设2：

H2："放管服"改革对资源拼凑有显著正向影响

由于在上文中提出资源拼凑分为两类，因此进一步提出了h2的子假设：

H2a：简政放权对探索式资源拼凑有显著正向影响

H2b：简政放权对利用式资源拼凑有显著正向影响

H2c：政府监管对探索式资源拼凑有显著正向影响

H2d：政府监管对利用式资源拼凑有显著正向影响

H2e：公共服务对探索式资源拼凑有显著正向影响

H2f：公共服务对利用式资源拼凑有显著正向影响

(三) 资源拼凑与企业持续创新

在资源拼凑理论的框架下，企业在陷入资源约束的困境时，能够借助资源拼凑的策略重新思考探索目前资源的应用途径。这一方法透过打破和重构的手法，重新塑造既有资源的意义与用途，以帮助企业捕捉新兴机遇并迎接全新的挑战。本书认为，企业的资源拼凑行为对于推动企业的持续性创新具有积极作用。通过对资源的创新性应用和重新组合，企业能够发掘资源的独特性与难以模仿性等，进而获得具备异质性的资源。这些异质性资源的开发和有效运用有助于企业塑造独特的竞争优势，进而促进其创新能力的增强。一方面，企业通过利用式资源拼凑，以分解和重构的方式，将已有资源与新获得的创新网络资源相结合，从而创造出新的资源利用方案。这一方法极大地扩展了企业可利用资源，有效支撑了企业的创新活动。另一方面，探索式资源拼凑是一种即兴学习和创造的过程，其中企业通过其积累的经验，影响资源的创新性组合。这一过程进一步深化了企业对已有资源价值的理解，增强了企业资源组合的能力，从而有助于企业构建新知识或新技术，最终形成企业独特的竞争优势。据此，本研究提出假设3：

H3：资源拼凑对企业持续创新有显著正向影响

H3a：探索式资源拼凑对企业持续创新有显著正向影响

H3b：利用式资源拼凑对企业持续创新有显著正向影响

（四）资源拼凑的中介效应

前文分析已经表明，"放管服"改革对企业资源拼凑具有显著的正向影响，即简政放权、政府监管及公共服务能够显著正向影响资源拼凑，并且企业的资源拼凑对提高企业持续创新也能够产生积极影响。由此可以看出，一方面，"放管服"改革能够通过"简政放权""政府监管""公共服务"为企业营造完善的基础设施环境、规范的制度环境、公平公正的市场环境，以帮助进行企业资源拼凑等。另一方面，资源拼凑有助于企业扩展资源的多重应用和价值，提高资源有效利用的效率，从而促进连续性创新能力的增强。尽管"放管服"改革为企业创新提供了更多机遇和资源，但如果企业未能有效地运用其所拥有的资源，资源的价值将大幅下降，同时创新绩效的实现也将变得困难。资源拼凑鼓励企业在不同层面尝试多种资源利用方式，显著增强了资源的开发和创新运用能力，为中小企业提供了更多异质性资源价值和竞争优势的机遇，有助于提高创新绩效，以此进一步促进企业的持续性创新。基于以上分析，本研究提出假设4：

H4：资源拼凑在"放管服"改革与企业持续创新关系间发挥中介作用

H4a：探索式资源拼凑在简政放权与企业持续创新关系间起中介作用

H4b：利用式资源拼凑在简政放权与企业持续创新关系间起中介作用

H4c：探索式资源拼凑在政府监管与企业持续创新关系间起中介作用

H4d：利用式资源拼凑在政府监管与企业持续创新关系间起中介作用

H4e：探索式资源拼凑在公共服务与企业持续创新关系间起中介作用

H4f：利用式资源拼凑在公共服务与企业持续创新关系间起中介作用

综上所述，本研究通过综合整理和总结先前的理论研究文献，结合当前企业的发展状况，建立了、关于"放管服"改革、资源拼凑和企业持续创新之间关系的概念模型，详见图8-1。

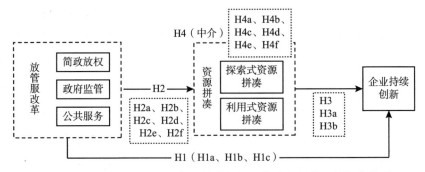

图8-1 "放管服"改革、资源拼凑与企业持续创新关系的概念模型

第二节 研究设计

一、问卷与样本

本研究以 S 省各企业为研究对象，以单家企业作为分析样本，在 X 市、Y 市、H 市三个城市进行问卷发放。S 省位于中国西部，拥有多样化的地理位置、经济环境和产业结构，具有丰富的煤炭、铝土矿、能源等自然资源，这些资源与中小企业的创新和发展密切相关。通过调研陕西省的企业，可以研究资源丰富地区中的中小企业如何通过"放管服"改革提高其持续创新能力，这使得研究更具代表性，对中国西部地区中小企业持续发展有重要意义，也可以为其他地区提供借鉴。且 X 市、Y 市、H 市这三个城市代表了 S 省的不同地理、经济和产业特点。X 市作为 S 省的省会和文化中心，拥有发达的高新技术产业，是全省的经济引擎。Y 市以资源开发为主要特点，而 H 市则有丰富的农业和农村经济。因此，选择这三个城市的企业可以更好地反映不同地区和产业的影响。并且这三个城市的企业涵盖了多个行业，包括制造业、服务业、高新技术、传统产业等，有助于研究不同行业的企业在"放管服"改革的影响下如何持续创新。此外，课题组与上述城市的科技、税务、行政审批等政府部门关系密切，有着长期合作交流，能够保障调查问卷的发放和有效回收。

本研究的问卷主体包括企业基本信息、受访者基本信息、"放管服"改革对企业创新的影响、资源拼凑对企业创新的影响、企业持续创新的状况以及开放性问题五部分，本节的研究内容和变量主要选取前四部分内容。为了保证问卷的信效度，在正式调研之前，本研究首先选取了 X 市 15 家企业进行预调研，并结合深度访谈、专家咨询建议，对问卷进行了三轮修订之后确定了最终问卷。为了确保问卷填答者能够较为准确地了解所在企业的运营和创新状况，本节借鉴了李（Li Yuan）等的抽样方法，选取了企业内部的总经理、副总经理、运营总监、R&D 主管等高管人员作为问卷发放对象。正式调研开始于 2023 年 1 月，终于当年 4 月。调研方式包括：（1）线上调研。通过问卷星平台制作电子版问卷链接，随后在上述四地政府部门工作人员的帮助下，在企业微信、QQ 群内进行电子版问卷发放以供回收；（2）线下调研。在政府部门工作人员的帮助和对接之下，研究团队实地走访了四地的高新区和工业园区，耗时 4 个多月向当地中小企业负责人发放并回收问卷。本次调研共回收正式调查问卷 608 份，剔除重复、填答不完整及存在明显数据错误的样本后，最终获得 441 份有效问卷，整体有效回收率为 72.53%。

为了尽可能保证本次问卷回收的信度和效度，本研究在样本质量控制方面做了以下工作：（1）在企业基本信息中专门设置了从业人数、研发人员比重、被试现任职务等题项，以帮助排除不符合要求的问卷。（2）设置个别问卷筛选规则，比如根据前期测试结果设置问卷填答时间，设置 12 个陷阱题用来清理随意填答问卷。（3）同源偏差（common variance）检验，由于本次调查问卷是个人进行独立填写，因此可能存在同源偏差问题。因此本研究在进行了访谈和预调研基础上开始进行正式调研，以确保问卷调查的有效性和结果的准确性。在调研程序的控制上，被调研企业的所属行业、企业规模、创业年限等信息分布合理，并且在问卷调研初始阐述了调查结果会进行保密处理，消除被调研者心理顾虑以保证调研结果的准确性。在对数据分析的处理上，本论文也采用了因子分析法，将所有 28 个题项纳入探索性因子分析中。通过分析的结果显示，累计方差贡献率为 78.612%。此外，各回归的 VIF 值均小于 10，表明本研究的结果并未受到共同方法偏差的严重影响。（4）此外，本研究对收集到的数据进行了正态分布检验。结果表明，数据的整体特征符合正态分布，因此可以继续进行后续的实证研究。

二、变量定义与测量

为了确保本研究中量表的信效度，本研究主要借鉴当前国内外经典文献中的成熟量表，进一步结合本研究的特点，通过前期对部分代表性中小企业的走访，以及政府行政审批、科技、财税等主要部门公务员的深度访谈，最终经过多轮修改之后确定了研究量表。本研究的量表所有测量题项采用了李克特量表从 1 到 5 表示程度上由"非常不同意"到"非常同意"。主要研究变量的名称及测量指标、题项等具体包括：

（1）本研究的因变量为企业持续创新，主要参考了钱锡红等以及焦等（Jiao et al.）开发的测量工具。本研究从五个方面对企业持续创新进行测量，包括企业的利润率、市场份额、产品改进和创新、新技术应用以及管理制度的优化。

（2）本研究的自变量为"放管服"改革，包含简政放权、政府监管及公共服务三个维度，具体而言，首先，简政放权主要借鉴了萨米纳和阿布杜（Samina & Abdu）及中国企业家调查系统中的相关测量题项，通过对相关量表题项进行整合，并结合中国简政放权的具体内涵及实践状况，最终形成 4 个测量题项，具体包括审批手续及流程简化、市场准入条件拓宽、市场主体责任强化、多头执法及重复执法情况减少等方面。其次，政府监管的测量主要借鉴了杨震宁和李东红（2010）的测量题项，最终从知识产权保护方面的法律法规的执行情况、专利申请的批复效率、政府对企业生产的产品/提供的服务标准的监管，及政府对企业生产及经营活动在环境影响方面的监管等 4 个方面进行测量。再次，对于公共服务的测量，本研究主要借鉴了范·拉辛（Van Ryzin）开发的地方公共服务质量测量工具以及张立荣（2010）开发的测量工具。最后，本节通过四个题项来反映公共服务情况，包括市政工程服务、社会保障服务、技术服务平台和人才交流服务平台。

（3）本研究的中介变量是资源拼凑，本研究的中介变量为资源拼凑，资源拼凑的测量主要借鉴了森雅德等（Senyard et al.，2009）和萨伦克（Salunke，2013）提出的测量题项，同时结合中国中小企业进行资源拼凑的现实情境，对该量表的题项稍加调整，最终本研究合成了资源拼凑的量表共包含6个题项，前三个题项为利用式资源拼凑，后三个题项为探索式资源拼凑。

（4）在借鉴以往研究思路和建议的基础上，本研究选择了企业类型、企业年龄、销售收入、研发人员数量、研发投入、负责人性别、负责人年龄、受教育程度以及任职时长9个变量作为控制变量。这些控制变量用于分别控制企业的基本特征和企业负责人的基本特征。

第三节 "放管服"改革对企业持续创新影响的实证检验

一、信效度检验

为确保调研问卷的信度与效度采用 Spss25.0 统计软件，对本节研究的"放管服"改革、资源拼凑、企业持续创新3个变量及其维度进行信度分析。由表8-1可知，"放管服"改革的3个维度简政放权、政府监管、公共服务的 Cronbach'α 值分别为 0.902、0.917、0.936；资源拼凑的2个维度利用式资源拼凑、探索式资源拼凑的 Cronbach'α 值分别为 0.948、0.958；企业持续创新的 Cronbach'α 值为 0.973，各维度 Cronbach'α 值均大于0.9表明本问卷信度良好。

在接下来的探索性因子分析中，首先，进行相关系数矩阵的计算，各题项的因子载荷值均 >0.5，符合标准。其次，利用 KMO 样本测度和 Bartlett 球体检验验证数据是否适合进行因子分析"放管服"改革各维度

表8-1 变量及信度、效度、因子分析结果

变量	维度	指标指向	CITC	删除项后的α	Cronbach'α	因子载荷	KMO	累计解释方差	AVE	C. R.	拟合指标
"放管服"改革	简政放权	JZFQ1	0.761	0.880	0.902	0.817	0.845	77.269	0.698	0.903	CFI: 0.969 IFI: 0.969 NFI: 0.959 RMR: 0.017
		JZFQ2	0.797	0.867		0.845					
		JZFQ3	0.811	0.862		0.862					
		JZFQ4	0.753	0.883		0.818					
	政府监管	FGJH1	0.816	0.889	0.917	0.854	0.837	80.065	0.708	0.906	
		FGJH2	0.826	0.887		0.843					
		FGJH3	0.805	0.893		0.835					
		FGJH4	0.791	0.898		0.833					
	公共服务	YHFW1	0.788	0.937	0.936	0.830	0.831	84.171	0.793	0.939	
		YHFW2	0.876	0.908		0.906					
		YHFW3	0.872	0.910		0.912					
		YHFW4	0.866	0.912		0.912					
资源拼凑	利用式资源拼凑	LYPC1	0.885	0.928	0.948	0.921	0.767	90.629	0.861	0.949	CFI: 0.988 IFI: 0.988 NFI: 0.986 RMR: 0.006
		LYPC2	0.912	0.908		0.948					
		LYPC3	0.878	0.934		0.914					
	探索式资源拼凑	TSPC1	0.916	0.934	0.958	0.949	0.775	92.242	0.884	0.958	
		TSPC2	0.921	0.930		0.953					
		TSPC3	0.895	0.950		0.918					

续表

变量	维度	指标指向	CITC	删除项后的 α	Cronbach'α	因子载荷	KMO	累计解释方差	AVE	C. R.	拟合指标
企业持续创新	企业持续创新	QYCX1	0.875	0.971	0.973	0.896	0.941	84.884	0.824	0.974	CFI: 0.908 IFI: 0.908 NFI: 0.904 RMR: 0.021
		QYCX2	0.900	0.970		0.921					
		QYCX3	0.911	0.969		0.932					
		QYCX4	0.900	0.970		0.919					
		QYCX5	0.894	0.970		0.903					
		QYCX6	0.900	0.969		0.901					
		QYCX7	0.896	0.970		0.895					
		QYCX8	0.892	0.970		0.893					

的 KMO 值分别为 0.845、0.837、0.831；资源拼凑两个维度的 KMO 值分别为 0.767、0.775；企业持续创新的 KMO 值为 0.941；各维度的累计解释方差均大于 70% 且显著性概率均为 0.000，表明各变量间相关性较强，适于进行深入分析。

此外，由表 8 - 1 验证性因子分析所得结果可以看出，"放管服"改革、资源拼凑以及企业持续创新的各个维度的路径载荷均大于 0.8，且各变量的 AVE 均大于 0.6，C. R. 均大于 0.9，完全符合标准，说明各维度对其对应变量的衡量具有有效性。

二、描述性统计与相关分析

(一) 研究变量的描述性统计分析

被调研者基础信息汇总结果如表 8 - 2 所示，在 441 份有效问卷中，企业所属行业中支柱产业、装备产业相对占比较高，分别为 31.5% 和 28.6%，都市产业占比最少 13.4%；企业规模在 20～300 人的占比最多，为 51%；高新企业在被调研企业中占比为 76.2%；2022 年营销收入在 2 000 万元以上占比 61%；企业研发投入占销售总收入占比大多在 5% 以下的有 57.8%；企业年限在 10 年以上的较多，占比为 48.1%。此外，绝大多数企业都认为自己对"放管服"改革有所了解，但并非完全了解，其中表示对"放管服"改革完全了解的企业仅占 14.7%。

表 8 - 2　　　　　　　　　　各研究变量描述性分析

样本特征	样本分布	频数	比例	样本特征	样本分布	频数	比例
所属行业	支柱产业类	139	31.5	企业规模	20 人以下	171	38.8
	装备产业类	126	28.6		20～300 人	225	51.0
	新兴产业类	117	26.5		301～1 000 人	33	7.5
	都市产业类	59	13.4		1 000 人及以上	12	2.7

样本特征	样本分布	频数	比例	样本特征	样本分布	频数	比例
所属地区	H 市	108	24.5	企业研发人员占比	10% 以下	94	21.3
	Y 市	102	23.1		11% ~ 15%	85	19.3
	X 市	231	52.4		15% ~ 20%	66	15.0
是否高新技术企业	是	336	76.2		21% ~ 25%	49	11.1
	否	105	23.8		25% ~ 30%	33	7.5
是否了解"放管服"改革	完全了解	65	14.7		30% 以上	114	25.9
	了解	376	85.3	企业研发投入占销售总收入	1% 及以下	113	25.6
					1% ~ 5%	142	32.2
2022 年的销售收入	300 万元以下	49	11.1		5% ~ 10%	144	32.7
	300 万 ~ 2 000 万元	127	28.8		10% 及以上	42	9.5
	2 001 万 ~ 4 亿元	148	33.6	企业年限	5 年及以下	74	16.8
	4 亿元以上	117	26.5		5 ~ 10 年	155	35.1
					10 年及以上	212	48.1

（二）研究变量的相关性分析

利用 SPSS25.0 对"放管服"改革、资源拼凑以及企业持续创新 3 个变量进行相关性分析。由表 8-3 可知，"放管服"改革、资源拼凑及企业持续创新等各变量均在 $P = 0.05$ 的水平下呈显著正相关，表明两两之间存在显著正相关。其中，"放管服"改革与资源拼凑之间的相关性最强，相关系数为 0.764，表明政府"放管服"改革的水平越好，企业资源拼凑能力越强。其次是"放管服"改革与企业持续创新的相关性系数是 0.648，表明政府"放管服"改革水平越好，企业持续创新能力越强。资源拼凑与企业创新绩效的相关性明显强于"放管服"改革举措，相关系数为 0.681。

表8-3

各研究变量相关性分析结果

维度	1	2	3	4	5	6	7	8	9	10	11	12	13
1. 所属行业	1												
2. 企业规模	0.056	1											
3. 是否高新产业	0.001	0.104*	1										
4. 销售收入	0.095*	0.677**	0.075	1									
5. 研发人员占比	0.084	0.036	0.339**	0.074	1								
6. 研发投入占比	0.053	0.099*	0.480**	0.205**	0.486**	1							
7. 性别	0.067	0.053	0.181**	0.092	0.123*	0.096*	1						
8. 年龄	0.025	0.039	0.093*	0.020	0.037	0.056	0.165**	1					
9. 学历	0.019	0.284**	0.247**	0.219**	0.253**	0.183**	0.002	0.130**	1				
10. 工作年限	0.056	0.136**	0.132*	0.146**	0.001	0.017	0.001	0.412**	0.004	1			
11. "放管服"改革	0.001	0.164**	0.082	0.178**	0.039	0.079	0.042	0.056	0.039	0.054	1		
12. 资源拼凑	0.071	0.148**	0.055	0.152**	0.032	0.067	0.053	0.085	0.062	0.100*	0.764**	1	
13. 企业持续创新	0.055	0.067	0.003	0.056	0.112*	0.155**	0.085	0.112*	0.129**	0.101*	0.648**	0.681**	1

注：*** $P<0.001$；** $P<0.01$；* $P<0.05$。

三、回归分析与假设验证

表8-4显示了多元回归分析的结果，对各研究变量之间的假设关系进行验证的情况。首先，模型1到模型4反映了添加控制变量后，再逐步添加简政放权、政府监管、公共服务对中介变量利用式资源拼凑的影响；其次，模型5到模型8报告了简政放权、政府监管、公共服务对中介变量探索式资源拼凑的影响；最后，模型9到模型18探索了利用式资源拼凑、探索式资源拼凑作为中介变量的检验结果以及简政放权、政府监管、公共服务对企业持续创新的影响效果。具体分析结果如下。

（1）"放管服"改革对企业持续创新的影响结果。从模型10到模型12的回归分析结果可以看出，在控制了企业与被试者基本信息特征后，"放管服"改革的三个维度简政放权、政府监管、公共服务对中小企业持续创新有显著正向影响，回归系数分别为0.615（$P<0.001$）、0.594（$P<0.001$）、0.472（$P<0.001$），H1、H1a、H1b、H1c得到了验证。这说明"放管服"改革的三个维度都能够有效促进中小企业持续创新的提升，但其中简政放权对企业持续创新的影响最显著。简政放权这一举措能够减少政府对企业的直接干预，降低市场准入门槛，简化审批程序，从而为中小企业提供更宽松的经营环境，降低中小企业创新成本，以激发企业的创新活力，为中小企业提供更多的创新机会。因此在促进中小企业持续创新方面，应更加注重促进相关政府部门简政放权，在为中小企业创新做好各类服务的同时，也要同时抓好相关的监管工作。

（2）"放管服"改革对利用式资源拼凑的影响结果。从模型1到模型4的分析结果可以看出，控制了企业与被试基本信息变量后，简政放权、政府监管、公共服务对利用式资源拼凑有显著促进作用，回归系数分别为0.645（$P<0.001$）、0.382（$P<0.001$）、0.413（$P<0.001$），H2、H2a、H2b、H2c得到了验证。此外，"放管服"改革对探索式资源拼凑的影响结果。模型5到模型8的分析结果表明，控制了企业与被试

表 8-4　假设检验分析结果

变量	利用式资源拼凑					探索式资源拼凑			
	M1	M2	M3	M4	M5	M6	M7	M8	M9
所属行业	0.062	0.074*	0.080*	0.067*	0.059	0.072*	0.078*	0.066*	0.068
企业规模	-0.086	-0.011	-0.020	-0.013	-0.128*	-0.049	-0.059	-0.052	-0.092
是否高新产业	0.105	0.039	0.022	-0.006	0.093	0.024	0.006	-0.022	0.113*
销售收入	-0.093	-0.050	-0.012	-0.013	-0.056	-0.010	0.029	0.029	0.033
研发人员占比	0.000	0.002	0.007	0.002	-0.020	-0.018	-0.013	-0.017	0.035
研发投入占比	0.058	-0.013	0.001	-0.010	0.082	0.008	0.022	0.012	0.168**
性别	0.055	0.036	0.004	0.004	0.079	0.059	0.024	0.024	0.071
年龄	-0.020	-0.012	-0.023	0.006	-0.049	-0.040	-0.052	-0.023	-0.066
学历	0.117*	0.035	0.029	0.045	0.120*	0.034	0.027	0.044	0.129**
工作年限	-0.070	-0.101*	-0.080*	-0.068	-0.030	-0.063	-0.041	-0.029	-0.058
简政放权		0.645***	0.344***	0.211***		0.677***	0.357***	0.228***	
政府监管			0.382***	0.157*			0.406***	0.186**	
公共服务				0.413***				0.402***	
利用式资源拼凑									
探索式资源拼凑									
F 值	2.720	32.516	36.516	40.960	2.775	38.331	44.191	49.228	3.426
R^2	0.059	0.455	0.506	0.555	0.061	0.496	0.553	0.600	0.074
调整后 R^2	0.038	0.441	0.492	0.541	0.039	0.483	0.541	0.588	0.052

续表

变量	企业持续创新								
	M10	M11	M12	M13	M14	M15	M16	M17	M18
所属行业	0.078*	0.087*	0.062	0.044	0.052	0.037	0.043	0.051	0.037
企业规模	-0.025	-0.050	-0.037	-0.020	-0.032	-0.027	0.000	-0.014	-0.007
是否高新产业	0.055	0.037	0.012	0.036	0.027	0.019	0.043	0.034	0.027
销售收入	0.072	0.126*	0.094	0.095*	0.123**	0.104*	0.077	0.104*	0.085
研发人员占比	0.037	0.045	0.034	0.036	0.040	0.035	0.046	0.049	0.044
研发投入占比	0.105**	0.137**	0.115*	0.111*	0.126	0.117**	0.102*	0.116**	0.107*
性别	0.054	0.004	0.030	0.037	0.011	0.027	0.025	0.003	0.016
年龄	-0.058	-0.078	-0.027	-0.053	-0.064	-0.039	-0.038	-0.050	-0.026
学历	0.057	0.058	0.091*	0.040	0.041	0.058	0.040	0.040	0.055
工作年限	-0.086*	-0.048	-0.045	-0.038	-0.023	-0.020	-0.054	-0.039	-0.038
简政放权	0.572***			0.267***	0.335***		0.233***		
政府监管		0.615***						0.304***	
公共服务			0.594***			0.272***			0.237***
利用式资源拼凑				0.472***	0.427***	0.458***			
探索式资源拼凑							0.501***	0.451***	0.490***
F值	24.343	29.272	26.095	36.522	39.663	35.931	37.270	40.016	36.850
R^2	0.384	0.429	0.401	0.506	0.527	0.502	0.511	0.529	0.508
调整后 R^2	0.369	0.414	0.386	0.492	0.513	0.488	0.497	0.516	0.494

注：*** $P<0.001$；** $P<0.01$；* $P<0.05$。

基本信息变量后，简政放权、政府监管、公共服务对探索式资源拼凑呈显著正相关，回归系数分别为 0.677（P < 0.001）、0.406（P < 0.001）、0.402（P < 0.001），H2d、H2e、H2f 得到了验证。即说明"放管服"改革三个维度都能够有效促进企业进行利用式资源拼凑和探索式资源拼凑，其中简政放权对企业利用式和探索式资源拼凑的影响最显著。简政放权政策减轻了企业的政府监管负担，降低了市场准入门槛，使企业更容易获取现有资源，如资金、土地、劳动力等。同时也为企业提供了更多的自主权和自由度，鼓励企业探索新的资源获取方式，帮助企业开发新的供应链合作伙伴、积极进行研发或技术创新，以及进一步扩大市场份额。因此应通过促进政府的简政放权，为中小企业资源拼凑提供更好的帮助和环境。

（3）利用式资源拼凑的影响作用及中介效应检验。模型 10 到模型 15 表明，"放管服"改革的三个维度简政放权、政府监管、公共服务以及利用式资源拼凑与企业持续创新显著正相关，在模型 13 到模型 15 中，加入中介变量利用式资源拼凑后，回归系数分别下降为 0.267（P < 0.001）、0.335（P < 0.001）以及 0.272（P < 0.001），表明利用式资源拼凑在"放管服"改革的三个维度简政放权、政府监管、公共服务与企业持续创新之间发挥部分中介作用。H3a、H4a、H4b、H4c 均通过验证。探索式资源拼凑的影响作用及中介效应检验，在模型 16 到模型 18 中，加入中介变量探索式资源拼凑后，回归系数分别下降为 0.233（P < 0.001）、0.304（P < 0.001）以及 0.237（P < 0.001），且模型 16 到模型 18 表明，探索式资源拼凑与企业持续创新显著正相关，表明探索式资源拼凑在"放管服"改革的三个维度简政放权、政府监管、公共服务与企业持续创新之间发挥部分中介作用。H3b、H4a、H4b、H4c 均通过验证。这说明资源拼凑在"放管服"改革不同维度影响中小企业持续创新的路径中都发挥了积极的传导作用，但资源拼凑在政府监管与中小企业持续创新间发挥的中介作用比其在简政放权、公共服务与中小企业持续创新的中介作用更显著。中小企业在创新过程中需要各种资源，包括财

务资源、人力资源、技术资源和市场资源。政府监管和政策环境可以影响中小企业获取这些资源的方式和条件。资源拼凑作为中介连接政府监管和创新，可以帮助中小企业在政府监管的框架内寻找适当的资源，建立技术创新联盟、合作伙伴关系或获取专业技术资源，以绕过监管限制，推动技术创新的发展，同时帮助它们建立市场网络和合作伙伴，以便更好地满足市场需求。

四、稳健性检验

为证明上述回归分析结果的稳健性，验证"放管服"改革在不同区域、不同企业年限以及不同行业的企业实施效果的差异。本研究进行了区域异质性、年限异质性以及行业异质性检验，具体结果如表 8 − 5 ~ 表 8 −7 所示。

表 8 −5 　　　　　　　　不同区域分组各变量的影响作用结果

影响路径	H 市 （N = 108）	Y 市 （N = 102）	X 市 （N = 231）
简政放权→利用式资源拼凑	0. 580 ***	0. 653 ***	0. 659 ***
放管结合→利用式资源拼凑	0. 642 ***	0. 743 ***	0. 590 ***
优化服务→利用式资源拼凑	0. 635 ***	0. 804 ***	0. 650 ***
简政放权→探索式资源拼凑	0. 614 ***	0. 687 ***	0. 718 ***
放管结合→探索式资源拼凑	0. 715 ***	0. 777 ***	0. 636 ***
优化服务→探索式资源拼凑	0. 667 ***	0. 795 ***	0. 708 ***
简政放权→企业持续创新	0. 428 **	0. 591 ***	0. 611 ***
放管结合→企业持续创新	0. 549 ***	0. 626 ***	0. 615 ***
优化服务→企业持续创新	0. 569 ***	0. 581 ***	0. 601 ***
利用式资源拼凑→企业持续创新	0. 610 ***	0. 594 ***	0. 675 ***
探索式资源拼凑→企业持续创新	0. 619 ***	0. 633 ***	0. 685 ***

注：*** P < 0. 001。

表 8 - 6　　　　　　　不同行业分组各变量的影响作用结果

影响路径	支柱产业类 (N = 139)	装备产业类 (N = 126)	新兴产业类 (N = 117)	都市产业类 (N = 59)
简政放权→利用式资源拼凑	0.739 ***	0.519 ***	0.617 ***	0.721 ***
政府监管→利用式资源拼凑	0.789 ***	0.576 ***	0.649 ***	0.614 ***
公共服务→利用式资源拼凑	0.804 ***	0.623 ***	0.614 ***	0.781 ***
简政放权→探索式资源拼凑	0.727 ***	0.606 ***	0.662 ***	0.760 ***
政府监管→探索式资源拼凑	0.783 ***	0.635 ***	0.709 ***	0.653 ***
公共服务→探索式资源拼凑	0.784 ***	0.693 ***	0.651 ***	0.820 ***
简政放权→企业持续创新	0.692 ***	0.543 ***	0.508 ***	0.523 ***
政府监管→企业持续创新	0.685 ***	0.636 ***	0.560 ***	0.576 ***
公共服务→企业持续创新	0.659 ***	0.591 ***	0.516 ***	0.617 ***
利用式资源拼凑→企业持续创新	0.718 ***	0.579 ***	0.629 ***	0.666 ***
探索式资源拼凑→企业持续创新	0.726 ***	0.588 ***	0.677 ***	0.670 ***

注：*** $P < 0.001$。

表 8 - 7　　　　　　不同企业年限分组各变量的影响作用结果

影响路径	5 年以下 (N = 74)	5 ~ 10 年 (N = 155)	10 年以上 (N = 212)
简政放权→利用式资源拼凑	0.722 ***	0.618 ***	0.646 ***
政府监管→利用式资源拼凑	0.779 ***	0.696 ***	0.606 ***
公共服务→利用式资源拼凑	0.803 ***	0.693 ***	0.685 ***
简政放权→探索式资源拼凑	0.727 ***	0.642 ***	0.697 ***
政府监管→探索式资源拼凑	0.781 ***	0.729 ***	0.646 ***
公共服务→探索式资源拼凑	0.788 ***	0.693 ***	0.741 ***
简政放权→企业持续创新	0.612 ***	0.528 ***	0.600 ***
政府监管→企业持续创新	0.630 ***	0.587 ***	0.619 ***
公共服务→企业持续创新	0.554 ***	0.572 ***	0.615 ***
利用式资源拼凑→企业持续创新	0.667 ***	0.638 ***	0.656 ***
探索式资源拼凑→企业持续创新	0.641 ***	0.657 ***	0.683 ***

注：*** $P < 0.001$。

（1）区域异质性检验。根据现有研究，本研究将企业所在的区域划分为 X 市、Y 市、H 市三个区域，进一步探索"放管服"改革对资源拼凑以及企业持续创新影响的区域效应。表 8-5 的结果表明，在 X 市、Y 市、H 市三个区域"放管服"改革及各维度对资源拼凑以及企业持续创新的正向影响作用均显著。进一步比较而言，由于 X 市和 Y 市的创新企业的数量更多，且当地的创新资源和政府支持强于 H 市，因此 X 市和 Y 市的"放管服"改革三个维度的影响效果要明显强于 H 市。此外，"放管服"改革举措能更好地帮助三地企业进行资源拼凑，提升企业创新绩效，其中简政放权这一举措的正向影响更加明显。

（2）行业异质性检验。根据现有研究，本研究将企业所在的行业划分为支柱产业类、装备产业类、新兴产业类以及都市产业类四个大类，进一步探索"放管服"改革对资源拼凑以及企业持续创新影响的行业效应。其中支柱产业包括电子信息、化工和汽车等类型产业；装备产业主要包括机械工业、仪器仪表、发电与输变电设备等领域；新兴产业则主要包括生物技术、制药、新材料和光电子等领域；以及都市产业主要包括印刷包装、纺织、轻工、食品和农产品加工等。表 8-6 的结果表明，在所有行业"放管服"改革及各维度对资源拼凑以及企业持续创新的正向影响作用均显著。同时发现，"放管服"改革在支柱产业类别中产生的激励效应尤为显著。当前，支柱产业类别，例如电子电器等领域的企业，面临的主要发展障碍之一是高昂的交易成本和繁杂的各类监管要求，这些因素严重制约了企业的活力。然而，通过深化改革举措，降低了许可、审批和认证等多重门槛，并鼓励公平竞争，为支柱产业类别企业创造了更有利的创新环境，有助于提升其创新绩效，从而推动了支柱产业类别企业的持续创新。

（3）企业年限异质性检验。根据现有研究，本研究将企业按其经营年限划分为 5 年以下、5~10 年、10 年以上三个大类，进一步探索"放管服"改革对资源拼凑以及企业持续创新影响的年限效应。表 8-7 的结果表明，经营年限不同的企业其"放管服"改革及各维度对资源拼凑及企业持续创新的正向影响作用均显著。同时发现，"放管服"改革对于经营 5 年以下的企业所产生的激励作用最为明显。政府通过简政放权、政府监管、公共服务等"放管服"改革举措减少政府审批程序和准入门槛，简化融资审批程序、拓宽融资渠道，使初创企业更容易获得资金支持，也为中小企业提供了一系列支持措施，包括创新基金、技术支持、研发补贴等。有助于企业推动创新和产品研发，扩大业务和进行创新投资，有效提升了处于创建初期的企业资源拼凑能力和企业持续创新，推动了企业的创新发展。

第四节 本章小结

一、主要研究结论

"放管服"改革作为当前中国政府部门职能转变的重要抓手及激发市场主体活力、推动企业发展的关键一招，其是否及如何促进企业持续创新，学界对此问题缺乏系统探讨和研究。鉴于此，本章基于现有理论研究文献，构建了"放管服"改革、企业资源拼凑与企业持续创新间关系的理论模型，并以中国 441 家中小企业为样本，实证检验了"放管服"改革对企业资源拼凑、企业持续创新的影响，以及资源拼凑在"放管服"改革与企业持续创新关系间发挥的中介作用。在此基础上，进一步揭示了"放管服"改革实施效果的"区域效应""行业效应""年限效应"等。本章得出的主要研究结论包括：

（1）"放管服"改革是提高企业资源拼凑及促进企业持续创新的重要手段，"放管服"改革的三个维度皆与企业资源拼凑及企业持续创新显著正相关，即简政放权、政府监管、公共服务均能对企业的利用式资源拼凑和探索式资源拼凑能力产生积极影响，并能有效促进企业持续创新能力的提升。但相比而言，简政放权比起政府监管及公共服务对企业资源拼凑、企业持续创新的正向影响更显著。这表明，"放管服"改革过程中，通过政府精简机构，下放经营管理权是营造良好创新环境提升企业资源拼凑能力、促进企业持续创新的重要制度基础。

（2）资源拼凑在"放管服"改革与企业持续创新关系间发挥了部分中介作用，即利用式资源拼凑与探索式资源拼凑在"放管服"改革的三个维度简政放权、政府监管、公共服务与企业持续创新之间发挥部分中介作用，即"放管服"改革能够通过提升企业资源拼凑能力进而促进企业持续创新。但比较而言，资源拼凑在政府监管与企业持续创新间发挥的中介作用比其在简政放权、公共服务与企业持续创新的中介作用更显著。这就说明，资源拼凑在"放管服"改革不同维度影响企业持续创新的路径中发挥出了不同程度的传导作用。

（3）通过对"放管服"改革的区域效应、行业效应和企业年限效应进行分析，表明在 X 市、Y 市、H 市三个区域"放管服"改革及各维度对资源拼凑以及企业持续创新的正向影响作用均显著，且三个区域差异不明显；在所有行业"放管服"改革及各维度对资源拼凑以及企业持续创新的正向影响作用均显著，但"放管服"改革对于支柱产业类所产生的激励作用最为明显，对装备产业类、新兴产业类及都市产业类企业的影响相对较弱一些；经营年限不同的企业其"放管服"改革及其各维度对资源拼凑以及企业持续创新的正向影响作用均显著，但"放管服"改革对于经营 5 年以下的企业所产生的激励作用最为明显。

二、理论贡献与实践启示

本章的理论贡献及创新性体现在：从制度理论和交易成本理论视角，系统提出并构建了"放管服"改革影响企业持续创新的理论模型，揭示了"放管服"改革影响企业持续创新的中间过程及路径效果，并深入探索了"放管服"改革实施效果的"区域效应""行业效应""年限效应"。本章研究成果弥补了以往研究更多是从"放""管""服"单一维度出发，探讨其对企业创新的直接影响效应，缺乏将"放管服"改革视为一项整体内容来揭示其影响效果的不足，为后续研究政府改革与企业创新间关系拓宽了研究视角并奠定了一定的理论基础。

本研究为相关政府部门促进企业持续创新的精准施策也提供了实践启示。首先，"放管服"改革影响企业持续创新的直接效应表明：(1) 政府部门应重视精简机构、下放经营管理权，通过促进政府部门的"瘦身""提效"营造良好创新环境，提升企业资源拼凑能力，帮助企业更好地探索资源、利用资源。同时政府应着力精简企业的业务办理流程，避免企业在业务办理过程中耗费不必要的时间精力，将更多的人力物力财力投入业务创新与企业经营管理中，从而帮助企业持续创新。(2) 政府部门应做好"合理监管"，对企业的业务活动进行依法监视、督促和管理，营造良好的市场竞争环境和创新环境。同时在监管活动中也要注重"适度放权"，实现政府监督与行业自律等多方面同时并举，政府监督与多主体监督相互补充。在减少对企业不当干预的基础上，通过有效监管着力为企业创新营造良好环境，提高中小企业的创新产出。(3) 政府部门应优化为企业提供的各类公共服务，在为企业创新提供良好"后勤保障"的同时，还可以通过各类科技创新平台的搭建，帮助初创期企业获取各类创新信息资源，更好地利用整合资源，推动企业度过创立初期并促进后续创新发展。同时政府部门应为企业提供相应的政策及制度支持，帮助企业自主探索市场资源，从而促进企业可持续的创新。

其次，企业资源拼凑发挥的中介效应表明：一方面政府应通过"简政放权""政府监管""公共服务"为企业营造完善的基础设施环境、规范的制度环境、公平公正的市场环境，以帮助企业资源拼凑等。企业通过利用式资源拼凑，积极地搜索吸收包括本行业和跨行业的各种类多样化的新资源，提升各类型资源的转化率和应用率，从而构建更为科学化的新型商业模式以及打造更广范围的创新领域。另一方面，资源拼凑是企业获取资源和重组资源的前提与手段，能使企业拥有探索不同的领域与创新方向的机会，也会为之匹配不同的资源帮助企业进行持续的创新。因此政府应帮助企业通过开发资源的更多用途和价值，提升企业的资源利用效率，从而促进持续性创新能力的提高。"放管服"改革为企业创新提供了更多机会和资源。同时，资源整合的方式也通过激发企业在多个方面尝试不同方法来利用资源，提高了企业资源开发和创新利用的能力。这为企业增加了获取更多异质资源价值和竞争优势的机会，从而协助企业实现从资源到创新的转变。

最后，"放管服"改革对企业持续创新的影响在不同区域、不同企业年限以及不同行业的企业实施效果存在差异，这启示政府部门在支持中小企业创新发展时要因地制宜、精准施策，不要"一刀切"。要根据区域发展特征、行业类型及企业所处的发展阶段等，提供多层次的制度支持体系和梯度培育战略，通过强化指导和服务来帮助中小企业不断发展创新。取消或放宽企业行政审批和监管制约，采取科学的监管方式，有效压缩企业的时间和运营成本，帮助企业减轻负担，提高效率，更加专注地发展自身业务，提高自身的创新效益和持续创新能力。

第九章 "放管服"改革对区域营商环境的影响研究

第一节 概念界定与假设提出

一、理论与内涵

（一）整体性政府理论

整体性政府理论源于英国佩里·希克斯在 1997 年所著的《整体性政府》（*Holistic Government*）一书。它是在反思新公共管理运动带来的"碎片化"问题的基础上提出的，旨在通过协调、合作、整合或整体性运作来解决碎片化治理中的问题。长期以来，我国条块分割的治理结构导致了政府碎片化的治理倾向。整体性政府理论对改善我国治理结构中的碎片化问题具有重要的理论意义，尤其是为当前"放管服"改革的实施提供了理论支撑。在当前深化"放管服"改革进程中，既需要部门间的无缝对接以简化公共服务流程，使行政系统趋于集中整合，也需要多方协作治理和多部门联动来增强政府部门工作的透明度，通过发挥市场和社会的作用，实现政府部门间的互联互通。

（二）"放管服"的内涵界定

"放管服"改革是简政放权、放管结合、优化服务三者协同推进的一套"组合拳"。从"放管服"改革的政策意蕴出发，"放"包括"简政"和"放权"两个维度，即通过精简机构来提高行政效率，通过下放不属于政府的权力来赋予企业自主性；"管"的核心在于，在推进政府管理转型的过程中需同时加强监管，以适应新形势下社会对政府的要求；"服"是指优化服务，主要是政府为公众、企业等提供的各类公共服务，它是在"放"和"管"的基础上形成的治理能力现代化的重要体现。

二、研究假设提出

（一）"放管服"改革与区域营商环境

营商环境作为经济发展软实力的重要体现，通过深化"放管服"改革可以起到优化营商环境的目的，从根本上说就是解放和发展生产力。"放管服"改革实施的核心在于重构政府与市场的关系，政府对审批制度改革的优化和市场准入的逐渐放开，释放了大量的政策红利，有效促进了企业发展活力，改善了区域营商环境。此外，建设实体政务服务中心和政务服务平台作为推进"放管服"改革的重要载体，能够促进政府部门之间的协同与合作，给市场主体带来了极大的办事便利，直接减少了时间成本和机会成本，有利于营造更加稳定、公平、透明的区域营商环境。据此，提出以下假设：

H1："放管服"改革对区域营商环境有显著的正向影响

H1a："放管服"改革实施对区域营商环境有显著的正向影响

H1b：政务服务中心建设对区域营商环境有显著的正向影响

（二）政府透明度在"放管服"改革实施和区域营商环境间的调节作用

政府透明度是政府和民众在互动过程中，民众对政府所提供的信息和服务是否合理有效的结果评价。政府透明度可以分解为政府信息公开程度和政府网站在线服务能力两个维度。实践中政府信息公开和网站在线服务做得较好的城市,其"放管服"改革促进区域营商环境的效果也更加明显。如杭州市不断创新数字治理、提升在线服务质量,通过深化"最多跑一次"改革逐步打造政务环境最优城市。此外,为提高公众的信息可获得性,进一步简化企业审批手续,郑州市推进企业登记全程电子化改革,不仅有效降低了市场运营成本,而且更加促进了区域营商环境的优化。基于上述分析,本研究提出以下假设:

H2:政府透明度会正向调节"放管服"改革实施与区域营商环境间的关系

H2a:政府信息公开会正向调节"放管服"改革实施与区域营商环境的关系

H2b:政府在线服务会正向调节"放管服"改革实施与区域营商环境的关系

(三)"放管服"改革对区域营商环境影响的区域效应

区域营商环境是商事活动主体在经营过程中,对所处区域现有的各种外在制度和环境的重要参考因素。受到资源禀赋、经济发展水平和城市规模等各种因素的影响,不同区域推动"放管服"改革的进程和力度也存在明显差异,这也会直接影响到区域营商环境的营造效果。从《中国城市竞争力蓝皮书》近三年的排名结果中可以发现,我国东部地区城市营商环境的整体排名要明显优于中部地区和西部地区的城市。具体而言,像北京、上海、杭州、广州等经济发展水平较高、规模较大的城市,"放管服"改革实施得较早,一直走在全国前列,而且区域营商环境排名长期以来保持国内领先水平。据此,本研究提出如下假设:

H3:"放管服"改革对区域营商环境的影响存在明显的区域效应

H3a:城市经济发展越强,"放管服"改革对区域营商环境的正向影响越显著

H3b：城市规模越大，"放管服"改革对区域营商环境的正向影响越显著

（四）"放管服"改革对区域营商环境影响的时间效应

2015年"放管服"改革提出后，中央和地方政府积极探索、大胆实践，国务院多次提出修改意见，大力推进改革议程，从试点推进到示范推广，改革的持续性不断增强，政府职能转变取得了显著成效，区域营商环境也得到了持续改善。根据世界银行发布的数据，2018年我国营商环境排名大幅提升32位，2019年又跃升15位，营商环境优化成效显著，"放管服"改革实现阶段性目标。由此可见，随着时间的推移和改革经验的不断积累，"放管服"改革提升区域营商环境的效果会变得愈加显著。基于此，本章提出以下假设：

H4："放管服"改革对区域营商环境的影响存在明显的时间效应，即"放管服"改革对区域营商环境的优化会随着时间的推移而递增

本研究构建"放管服"改革、政府透明度和区域营商环境间关系的理论模型如图9－1所示。

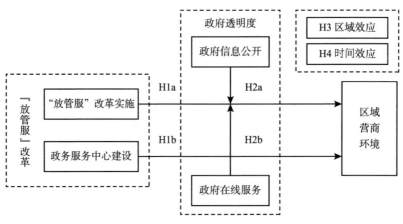

图9－1　本章的理论模型

第二节 研究设计

一、研究样本与数据来源

本节聚焦于"放管服"改革对区域营商环境的影响，选取了我国35个地级及以上城市①2015～2018年的面板数据。由于"放管服"改革是在2015年正式提出的，因变量的营商环境数据目前只更新到2018年，因此本研究选择2015～2018年的数据进行分析。此外，通过对出台"放管服"改革文件的245个地级及以上城市与营商环境排名前100的城市进行数据匹配，最终选取了35个城市。以35个城市为研究对象主要有两方面的考虑：（1）这些城市处于次高的行政层级，是"放管服"改革中贯彻落实中央相关精神和举措的关键环节，也是地方行政体制改革的先行者；（2）这35个城市基本涵盖了我国31个省、自治区和直辖市（不含港澳台地区），范围涉及我国东、中、西部地区，代表性较强。

对于变量数据获取而言，因变量区域营商环境的相关数据来源于《中国城市竞争力蓝皮书》，自变量"放管服"改革和政务服务中心建立时间相关数据通过检索政府官网、政务服务中心官网以及政府相关文件和工作报告、官方新闻媒体报道等途径获取，调节变量政府透明度的相关数据来源于《中国政府透明度年度报告》《中国电子政务蓝皮书》《中国城市电子政务发展水平调查报告》。本节所用数据均来自公开二手数据，因此可确保其真实性和客观性。

---

① 35个城市：（东部）广州、北京、深圳、上海、天津、南京、杭州、宁波、青岛、大连、沈阳、福州、济南、厦门、石家庄、海口；（中部）武汉、长春、太原、南昌、长沙、郑州、合肥、哈尔滨；（西部）重庆、西安、成都、呼和浩特、昆明、南宁、贵阳、乌鲁木齐、西宁、银川、兰州。

二、研究变量测量

本研究的变量测量、定义及数据来源信息等如表 9 – 1 所示。具体而言，（1）自变量："放管服"改革。主要包括两个指标：①"放管服"改革实施。②政务服务中心建设。（2）因变量：区域营商环境。主要基于《中国城市竞争力蓝皮书》中的营商环境竞争力排名，对区域营商环境进行测量。（3）调节变量：政府透明度。测量主要包括两个指标：①政府网站信息公开指数，其数据来源于《中国政府透明度年度报告》，反映了政府网站信息公开程度；②政府网站在线服务指数，其数据来源于《中国电子政务发展报告——电子政务蓝皮书》和《中国城市电子政务发展水平调查报告》，反映的是政府网站在线服务能力。（4）控制变量。具体包括三类：一是区域和时间效应的控制。按照研究惯例，把东部（east）地区设为参照组，中部（mid）和西部（west）作为两个虚拟变量。同时，以 2015 年为参照组，设置 2016 ~ 2018 年 3 年为虚拟变量。二是参考现有研究，选取四个社会经济变量，具体包括人均 GDP、人口规模、城市人口密度、城市二产占 GDP 比重。三是政府层面的变量，参考现有研究主要选取了政府管理效益和政府规模两个指标。

表 9 – 1　　　　　　　　　　研究变量与数据来源

变量类型	变量名称	变量代码	变量定义与测量	编码方式	数据来源
因变量	区域营商环境	business	营商环境竞争力排名	实际排名	城市竞争力蓝皮书
自变量	"放管服"改革实施	fgf	官方在当年是否出台"放管服"改革实施文件	1 – 是 0 – 否	作者检索
	政务服务中心建设	center	该市在当年是否建立实体政务服务中心和网上政务服务平台	1 – 都建立 0 – 都没建立或建立其中一个	作者检索

续表

变量类型	变量名称	变量代码	变量定义与测量	编码方式	数据来源
调节变量	政府透明度	Trans_1	政府网站信息公开	实际数值	中国政府透明度年度报告、中国电子政务发展报告
		Trans_2	政府网站在线服务		
控制变量	人均GDP	aveGDP	GDP/人口规模	取自然对数	城市统计年鉴和统计公报
	人口规模	population	城市年末常住人口		
	城市人口密度	pop_density	城市年末常住人口总数/城市总面积	实际数值	
	城市二产占GDP比重	second	城市第二产业/GDP		
	政府管理效益	effect	财政收入/GDP		
	政府规模	Scale_1	政府消费支出/GDP		
		Scale_2	政府消费支出/最终消费		
区域			虚拟变量以东部为参照组		
时间			虚拟变量以2015年为参照组		

三、研究方法

由于本节的研究变量数据来源属于历年纵贯数据，并且因变量属于有序多分类变量，因此本节采用有序 probit 回归模型和面板数据分析方法对理论模型进行实证检验。首先，基于国内 35 个城市 2015～2018 年的面板数据，采用面板数据分析方法，通过 Hausman 检验选择固定效应模型或随机效应模型进行估计；然后进行有序 probit 回归分析，验证"放管服"改革对区域营商环境的影响，以及政府透明度的调节效应、"放管服"改革的区域效应和时间效应。

第三节 "放管服"改革对区域营商环境影响的实证结果分析

一、描述性统计分析

表9-2报告了研究变量的描述性统计分析结果。结果表明，2015~2018年35个城市中45.7%左右的城市已经出台了"放管服"改革的实施文件，66.4%左右的城市都已经同时建立了实体政府务中心和网上政务服务平台。此外，不同城市政府透明度存在较大差距，政府网站在线公开指数的均值为68.667，小于政府网站在线服务指数的均值80.148，这反映出样本城市的政府网站在线服务要明显优于政府网站信息公开。进一步地，采用方差膨胀因子（variance inflation factor，VIF）来判断自变量是否多重共线性问题。从表9-2结果来看，各变量的VIF值均保持在小于10的水平，尤其是自变量的VIF值都在2以下，因此可以认为各变量之间不存在多重共线性，可以直接对数据进行后续回归分析。

表9-2 变量的描述性统计分析结果

变量	Obs	Mean	Std. Dev.	Min	Max	Skew.	Kurt.	VIF
business	140	18	10.136	1	35	0	1.798	——
fgf	140	0.457	0.5	0	1	0.172	1.03	1.30
center	140	0.664	0.474	0	1	−0.696	1.484	1.58
trans_1	140	68.667	12.191	30.402	88.15	−0.81	3.469	1.53
trans_2	140	80.148	7.584	62.04	95.33	−0.366	2.604	1.57
aveGDP	140	11.394	0.324	10.795	12.153	0.027	2.104	2.49

续表

变量	Obs	Mean	Std. Dev.	Min	Max	Skew.	Kurt.	VIF
population	140	6.623	0.642	5.377	8.04	−0.095	2.759	1.63
pop_density	140	6.544	0.782	4.934	8.783	0.495	3.631	2.56
second	140	0.42	0.326	0.181	4.114	10.526	120.212	1.08
effect	140	0.158	0.063	0.06	0.299	0.443	2.135	1.55
scale_1	139	0.06	0.023	0.024	0.124	0.712	2.963	5.47
scale_2	127	0.232	0.092	0.091	0.607	1.111	4.942	5.18

注：scale 1、scale 2 面板数据存在缺失值。

二、研究假设验证

（一）"放管服"改革对区域营商环境影响的主效应

本节通过 Hausman 检验来判断使用固定效应模型还是随机效应模型，结果显示 Hausman 检验结果不显著，即不适用固定效应模型，因此采用随机效应模型进行分析。表 9－3 报告了"放管服"改革对区域营商环境影响的直接效应结果。模型 1、模型 2、模型 3 分别代表在控制人均 GDP、人口规模、城市人口密度、城市二产占 GDP 比重、政府管理效益和政府规模之后，"放管服"改革对区域营商环境的影响。

表 9－3　　　　　"放管服"改革对区域营商环境影响的主效应

变量	m1（模型 1）	m2（模型 2）	m3（模型 3）
center	0.354 ** （0.145）		0.365 ** （0.142）
fgf		0.173 ** （0.0867）	0.201 ** （0.088）
aveGDP	0.378 ** （0.581）	0.247 ** （0.543）	0.459 ** （0.556）

变量	m1（模型1）	m2（模型2）	m3（模型3）
population	0.193 * (0.825)	0.154 * (0.799)	0.125 * (0.790)
pop_density	0.106 * (0.663)	0.088 (0.595)	0.103 * (0.623)
second	0.0233 * (0.097)	0.092 * (0.092)	0.086 * (0.093)
effect	0.146 ** (0.243)	0.301 ** (0.241)	0.085 * (0.230)
scale_1	0.185 ** (0.814)	0.631 ** (0.790)	0.624 ** (0.794)
scale_2	0.078 * (0.158)	0.015 * (0.150)	0.0515 * (0.151)
Observations	127	127	127
Pseudo R^2	0.404	0.398	0.411
LR chi^2（44）	362.39	357.55	369.10
Prob > chi^2	0.000	0.000	0.000
Area FE	YES	YES	YES
Year FE	YES	YES	YES

注：** 、* 分别表示在 5% 、10% 水平下的显著性；括号内为标准误差。

表 9 - 3 结果表明，模型 1 中政务服务中心建设对区域营商环境具有显著的正向影响，政务服务中心建设和区域营商环境之间的回归系数为 0.354，且在 0.05 的水平下显著正相关，这表明建立实体政务服务中心和网上政务服务平台确实能显著推动区域营商环境的优化，因此 H1b 得到了支持。模型 2 表明，"放管服"改革实施对区域营商环境同样具有显著的正向影响，二者之间的回归系数为 0.173，在 0.05 的水平下显著正相关，因此 H1a 也得到了支持。进一步地，模型 3 的结果表明，在同时纳入政务服务中心建设、"放管服"改革实施变量之后，二者仍然会对区域营商环境产生显著的正向影响。但相比之下，政务服务中心建设的正向影响更显著。这也进一步反映出政府服务中心建设作为当前各地

"放管服"改革的重要抓手,是提升区域营商环境的重要前因。此外,人均 GDP、人口规模、城市人口密度等七个控制变量也会对区域营商环境产生不同程度的显著正向影响。总之,近年来各地"放管服"改革有效提升了区域营商环境,但这种效应是否会随着时间推进和区域差异而体现出异质性,仍需进行后续检验。

(二) 政府透明度的调节效应检验

表 9 - 4 是政府透明度对"放管服"改革实施和区域营商环境间关系的调节效应的回归分析结果。从表 9 - 4 中可以看出,在控制其他变量的条件下,政府网站信息公开和政府网站在线服务在"放管服"改革实施影响区域营商环境的关系间发挥出了显著的正向调节作用,回归系数分别为 0.150 和 0.212,显著性水平为 0.05。这表明当前强化政府网站信息公开建设,提高政府网站在线服务水平,能够显著推动"放管服"改革实施对区域营商环境的正向影响,并且相比之下,提高政府网站在线服务发挥的正向调节作用更显著。在此,H2 和 H2b 得到了支持。

表 9 - 4 调节效应回归结果

变量	M1	M2
fgf	0.322 ** (1.148)	0.390 ** (2.063)
trans_1	0.140 ** (0.014)	
trans_2		0.145 ** (0.019)
Fgf × trans_1	0.150 ** (0.016)	
Fgf × trans_2		0.212 ** (0.026)
Observations	127	127
控制变量	YES	YES

变量	M1	M2
Area FE	YES	YES
Year FE	YES	YES
LR chi2	254.45	249.56
Prob > chi2	0.000	0.000
Pseudo R-squared	0.283	0.278

注：** 分别表示在5%水平下的显著性；括号内为标准误差。

（三）"放管服"改革对区域营商环境影响的区域效应

根据前文假设，为了验证"放管服"改革的区域效应，在此拟采用分组回归分析的方法。依据已有相关研究做法，以人均 GDP 和人口规模作为衡量地区经济发展水平和区域城市规模的重要指标，分别将样本组设为"低人均 GDP 组和高人均 GDP 组""低人口规模组和高人口规模组"。区域效应的检验结果如表 9-5 和表 9-6 所示。

表 9-5　　　　　按经济发展水平分类的区域效应回归分析结果

变量	低 aveGDP 组			高 aveGDP 组		
	m1	m2	m3	m4	m5	m6
center	0.026* (0.017)		0.023* (0.017)	0.039** (0.030)		0.030** (0.028)
fgf		0.004* (0.014)	0.003* (0.012)		0.040** (0.020)	0.038** (0.020)
aveGDP	0.143* (0.077)	0.145* (0.079)	0.143* (0.077)	0.499*** (0.138)	0.457*** (0.133)	0.459*** (0.131)
population	0.093* (0.042)	0.100* (0.044)	0.093* (0.042)	0.220* (0.050)	0.216* (0.053)	0.214* (0.050)
pop_density	0.054* (0.027)	0.059* (0.029)	0.054* (0.027)	0.006 (0.018)	0.006 (0.017)	0.007 (0.017)

续表

变量	低 aveGDP 组			高 aveGDP 组		
	m1	m2	m3	m4	m5	m6
second	0.146 * (0.111)	0.205 * (0.130)	0.146 * (0.112)	0.010 (0.018)	0.002 (0.017)	0.003 (0.017)
effect	0.120 (0.127)	0.185 (0.148)	0.120 (0.131)	0.090 (0.182)	0.143 (0.173)	0.135 (0.172)
scale_1	1.623 * (0.919)	1.929 * (1.056)	1.622 * (0.933)	3.438 *** (1.281)	3.511 *** (1.230)	3.671 *** (1.225)
scale_2	0.282 (0.190)	0.334 (0.211)	0.282 (0.193)	0.840 *** (0.295)	0.801 *** (0.282)	0.825 *** (0.278)
Observations	61	61	61	66	66	66
LR chi2	88.29	84.95	88.29	136.72	139.04	140.22
Prob > chi2	0.000	0.000	0.000	0.000	0.000	0.000
Pseudo R-squared	0.227	0.219	0.227	0.326	0.332	0.335
Year FE	YES	YES	YES	YES	YES	YES

注：***、**、*分别表示在0.01、0.05和0.1水平下的显著性；括号内为标准误差。

表9-6　　　　按城市规模分类的区域效应回归分析结果

变量	低 population 组			高 population 组		
	m1	m2	m3	m4	m5	m6
center	0.019 (0.023)		0.017 (0.023)	0.026 (0.026)		0.025 (0.023)
fgf		0.024 (0.020)	0.023 (0.020)		0.037 (0.016)	0.038 (0.017)
aveGDP	0.157 ** (0.077)	0.147 ** (0.071)	0.159 ** (0.076)	0.344 *** (0.0792)	0.291 *** (0.0641)	0.310 *** (0.071)
population	0.088 * (0.052)	0.093 * (0.051)	0.087 * (0.051)	0.179 * (0.043)	0.177 * (0.039)	0.175 (0.040)
pop_density	0.083 (0.041)	0.091 * (0.042)	0.091 * (0.042)	0.009 (0.016)	0.016 * (0.014)	0.018 * (0.015)

续表

变量	低 population 组			高 population 组		
	m1	m2	m3	m4	m5	m6
second	0.168 (0.130)	0.196 (0.130)	0.172 (0.130)	0.011 (0.017)	0.007 * (0.015)	0.005 (0.016)
effect	0.142 (0.162)	0.200 * (0.174)	0.181 (0.173)	0.032 (0.172)	0.072 * (0.154)	0.040 * (0.159)
scale_1	0.843 * (1.119)	0.897 (1.102)	0.238 * (1.228)	2.889 ** (0.918)	2.888 ** (0.770)	3.143 ** (0.839)
scale_2	0.132 * (0.217)	0.139 (0.214)	0.092 * (0.218)	0.687 ** (0.216)	0.646 ** (0.175)	0.714 ** (0.193)
Observations	59	59	59	68	68	68
LR chi2	79.05	80.03	80.63	124.48	128.36	129.54
Prob > chi2	59	59	59	68	68	68
Pseudo R-squared	0.216	0.219	0.221	0.287	0.296	0.299
Year FE	YES	YES	YES	YES	YES	YES

注：*** 、** 、* 分别表示在1%、5%和10%水平下的显著性；括号内为标准误差。

从表9-5中的模型1、模型2可以看出，在低人均GDP情况下，政务服务中心建设、"放管服"改革实施对区域营商环境影响的回归系数分别为0.026、0.004，且在0.1的水平上显著正相关，影响效果比较微弱；而模型4和模型5结果显示，在高人均GDP情况下，政务服务中心建设、"放管服"改革实施对区域营商环境影响的回归系数分别为0.039、0.040，且在0.05的水平上显著正相关。这表明无论是在经济发展水平较低的城市，还是在经济发展水平较高的城市，"放管服"改革都能提升区域营商环境，然而在经济发展水平较高的城市，这一影响效果会更加显著。因此本研究的H3a得到了支持。进一步地，从表9-6中可以看出，无论是在低城市规模还是在高城市规模条件下，政务服务中心建设、"放管服"改革实施对区域营商环境均不产生显著影响作用，因此H3b没有得到支持。

（四）"放管服"改革对区域营商环境影响的时间效应

为了测量"放管服"改革的时间效应，将 2015 年设为参照组，进而
分年度产生回归结果（见表 9 - 7）。结果表明，在"放管服"改革前三
年，政务服务中心建设、"放管服"改革实施等对区域营商环境的影响
作用不显著，直到 2018 年（"放管服"改革提出的第四年）以上自变量
对区域营商环境产生了微弱的显著正向影响，且政务服务中心建设的影
响作用略强。这一研究发现表明，"放管服"改革会随着时间的推移而
逐步体现成效，即改革具有累积效应。在此，H4 得到了验证。

表 9 - 7　　　　　　　　分年份的回归分析结果

变量	2015 年			2016 年		
	m1	m2	m3	m4	m5	m6
center	0.013 (0.013)		0.014 (0.013)	0.010 (0.012)		0.010 (0.012)
fgf		0.004 (0.010)	0.006 (0.010)		0.002 (0.013)	0.002 (0.013)
Observations	33	33	33	33	33	33
LR chi2	96.78	95.73	97.09	85.45	84.72	85.47
Prob > chi2	0.000	0.000	0.000	0.000	0.000	0.000
Pseudo R2	0.419	0.415	0.421	0.370	0.367	0.370
Area FE	YES	YES	YES	YES	YES	YES
center	0.015 (0.019)		0.018 (0.020)	0.036* (0.040)		0.011* (0.040)
fgf		0.007 (0.015)	0.011 (0.016)		0.021* (0.014)	0.018* (0.017)
Observations	34	34	34	27	27	27
LR chi2	50.92	50.37	51.44	83.48	84.28	84.37
Prob > chi2	0.000	0.000	0.000	0.000	0.000	0.000
Pseudo R2	0.212	0.210	0.215	0.469	0.474	0.474
Area FE	YES	YES	YES	YES	YES	YES

注：＊分别表示在 0.1 水平下的显著性。

第四节　本　章　小　结

　　本章的理论贡献在于：一方面基于整体性政府理论视角，揭示了"放管服"改革对区域营商环境的影响效果，同时验证了"放管服"改革影响区域营商环境存在地区效应和时间效应，在一定程度上弥补了当前"放管服"改革效果实证研究的空白。另一方面，在当前国家推动大数据和"互联网＋"的实践背景下，本研究揭示了政府透明度在"放管服"改革与区域营商环境关系间发挥的调节作用，识别了政府网站信息公开和政府网站在线服务的调节作用强度，在一定程度上丰富了政府透明度的相关研究成果，拓展了"放管服"改革影响区域营商环境的情境因素。

　　本章研究的实践启示包括：（1）市级政府部门要重视"放管服"改革的顶层设计，因地制宜、精准施策，不断修订和完善适合本区域发展特色的"放管服"改革实施文件，明确改革的目标和抓手，将责任落实到部门和个人，着力构建改革监督问责体系，充分保障改革的实施效果。（2）以创新政务服务中心建设为主抓手，扎实推进城市"放管服"改革。一方面，要不断改进市政服务大厅朝向融行政权力运行、政务公开、便民服务、法制监督、效能监察、政民互动等于一体的综合性、治理现代化的平台迈进；另一方面，要充分运用互联网＋、大数据技术、区块链技术、人工智能等工具手段创新和优化政务服务网络系统，提高统筹层级与集约化效果。（3）强化市级政府透明度建设，最大限度促进"放管服"改革对区域营商环境的优化。一方面要完善市政部门网站信息公开功能，及时、充分回应市场主体的现实诉求，创新和拓展信息发布渠道，加强官民高效互动；另一方面也要完善网络在线服务功能与分类引导，整合各类资源，提高门户网站在线服务便捷度和实用率。

第十章 "放管服"改革对城市竞争力的影响研究

第一节 概念界定与假设提出

一、城市竞争力的内涵界定

城市是人类聚居的一种高级形态，从其一出现开始就处在不断的生长演进过程中，所以对于城市的研究，应该用战略动态的眼光审视其发展能力。对于城市竞争力的定义和内涵，国内外学者基于要素判断、目标判断、价值判断等不同视角提出了自己的观点，例如，英国学者克雷斯尔（Paul Cheshire）认为，城市竞争力是一个城市能比其他城市创造更多财富和收入的能力。韦伯斯特（Douglas Webster）采用生产销售能力和出口能力等标准，将城市竞争力定义为一个城市能生产销售更好产品的能力。倪鹏飞博士认为，城市竞争力是相较于其他城市，能够多快好省地创造更多财富、价值收益和提高居民生活水平的能力。对于城市竞争力的评价指标体系，国内外学者也进行了广泛的研究，并基于不同定义提出了不同的城市竞争力评价模型。例如，韦伯斯特将城市竞争力的决定因素分为四个方面，即经济结构、区域禀赋、人力资源、制度环境。倪鹏飞提出了城市竞争力弓弦剑模型和飞轮模型两个解释框架，分别从硬竞争力（包括人才、基础设施等）、软竞争力（包括文化、制度等）以及本体竞争力（人才等）、城市内部环境竞争力（商务环境等）、外部环境竞争力（城市所在区域等）等维度进行了研究。

综合不同学者的观点和相关研究，本章认为：城市竞争力是一种比较优势，即一个城市如何优化配置资源以改善其发展，并获得相对竞争优势的能力，具体包括城市潜在竞争力、城市核心竞争力、城市综合竞争力和城市未来竞争力等。根据既有研究中的城市竞争力评价指标体系，本章在兼顾中国城市发展特点的同时选择最常用的评价指标，将主要从人才竞争力、基础设施竞争力、文化竞争力和制度竞争力四个维度对城市竞争力进行实证分析。

二、研究假设提出

（一）"放管服"改革与区域营商环境

营商环境既反映着一个国家或地区的经济软实力，也集中体现其综合竞争力。政务环境是影响营商环境的关键因素之一，"放管服"改革作为推动我国政府职能转变的制度创新，其本质在于厘清政府与市场、社会等多重关系。实践中，各级政府及相关部门以"放管服"改革为抓手，推进实体政务服务中心和网上政务服务平台一体化建设，通过简政放权、优化服务、减税降费等举措，不断提升政府服务水平和治理效能，促进资源合理配置和企业的市场化水平，从而优化区域营商"软环境"。例如，浙江省通过"最多跑一次"的改革全面优化审批流程，提升政务服务标准化、透明化、法治化水平，有效降低了企业运行成本，为浙江省经济社会发展创造了稳定透明、可预期的营商环境。此外，在持续推进"放管服"改革进程中，国务院出台《优化营商环境条例》，从制度层面为区域营商环境的优化提供有力保障。因此，本研究提出以下假设：

H1："放管服"改革对区域营商环境具有显著的正向影响

H1a："放管服"改革实施对区域营商环境具有显著的正向影响

H1b：政务服务中心建设对区域营商环境具有显著的正向影响

(二) 区域营商环境与城市竞争力

区域营商环境和城市竞争力都在一定程度上反映着城市对企业、资本和人才的吸引程度，其主要目标都是促进区域经济发展，但两者在覆盖范围上有显著差异。其中区域营商环境是指某一区域内直接或间接影响企业等经济主体的外部环境。而城市竞争力所涵盖的范围更广，综合体现了城市经济、文化、制度、生态环境等整体竞争力。优化营商环境能有效提升企业获得感和体验感，激励企业提高科研投入和创新，发挥各类投资主体在人力资本、基础设施、产业体系等方面的吸引力和竞争优势，从而提升城市竞争力水平。近年来，北京、上海、深圳、厦门等城市持续投入营造与提升营商环境的质量水平，积极推动5G、人工智能、大数据等新技术的融合应用，促进经济社会高质量发展的同时，其城市竞争力水平也显著提高。据此，本节提出如下假设：

H2：区域营商环境对城市竞争力具有显著的正向影响

(三) "放管服"改革与城市竞争力

城市竞争力是城市综合实力的体现，其本质是为城市创造更多的福利与价值，不同类型的城市其竞争力影响因素也存在显著差异，毋庸置疑，政府方面的因素对于城市竞争力有重要影响。近年来，我国"放管服"改革的深入推进对于促进城市发展发挥了积极作用。一方面，通过政务服务中心建设能够优化各部门职能，合理设置办事流程，改进政务服务水平和公务员工作态度，降低市场经济主体与政府打交道时的成本，从而促使城市经济社会高质量发展和市场主体利益最大化，提高城市产业竞争力。另一方面，"放管服"改革实施在完善绩效评估管理、激发市场活力等方面提供了制度保障，能够进一步提升城市的人才吸引力、制度竞争力等，为增强城市综合竞争力和可持续发展能力营造了良好的制度环境。基于此，提出如下假设：

H3："放管服"改革对城市竞争力有显著的正向影响

H3a："放管服"改革实施对城市竞争力具有显著的正向影响

H3b：政务服务中心建设对城市竞争力具有显著的正向影响

（四）区域营商环境在"放管服"改革与城市竞争力间的中介作用

根据前文分析，"放管服"改革的两个维度："放管服"改革实施和政务服务中心建设会对区域营商环境以及城市竞争力产生显著的正向影响，且区域营商环境对城市竞争力具有显著的正向影响，由此可见，区域营商环境在"放管服"改革与区域营商环境之间可能存在中介作用。实践中，2015年实施"放管服"改革以来，通过建设全国一体化在线政务服务平台畅通政企沟通机制，发挥公共产品对私人资本的溢出效应，从而提高要素生产率，降低企业成本，对优化营商环境具有显著作用。进一步地，营商环境优化能提高政府招商引资的吸引力，形成资本增值、产业聚集和人才聚集等，从而提升城市综合竞争力。因此，区域营商环境是"放管服"改革影响城市竞争力的重要枢纽。据此，提出以下假设：

H4：区域营商环境在"放管服"改革与城市竞争力关系间发挥中介作用

H4a：区域营商环境在"放管服"改革实施与城市竞争力关系间发挥中介作用

H4b：区域营商环境在政务服务中心建设与城市竞争力关系间发挥中介作用

（五）区域营商环境在"放管服"改革与城市竞争力间的调节作用

优化营商环境是为经济发展赋能的重要举措，其总体导向是"便企利民"。面对复杂多变的国内外经济形势以及新冠疫情的影响，市场主体亟须减负纾困。推进"放管服"改革实施和政务服务中心建设，能够进一步提高行政审批效率、政务服务水平等，对激发市场主体活力、创造就业岗位，尤其是改善中小企业经营困境有积极作用，进而为推动城市经济发展和城市竞争力提升注入新活力。实践中，广州、上海、苏州等区域营商环境较好的城市，政府更加注重强化顶层设计和制度创新，在率先垂范中树立"营商环境就是生产力"的先进理念，在深化改革中加快社会化、市场化要素配置，其"放管服"改革的推进力度更大，其城市综合竞争力提升效果也愈加明显。由此看来，随着区域营商环境的持续优化，"放管服"改革对城市竞争力的作用效果会更加明显。基于此，提出如下假设：

H5：区域营商环境在"放管服"改革与城市竞争力关系间发挥调节作用

H5a：区域营商环境在"放管服"改革实施与城市竞争力关系间发挥调节作用

H5b：区域营商环境在政务服务中心建设与城市竞争力关系间发挥调节作用

基于以上分析和研究假设，本章构建"放管服"改革、区域营商环境与城市竞争力之间关系的理论模型，如图 10 - 1 所示。

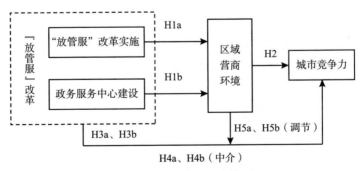

图 10 - 1　本章的理论模型

第二节　研　究　设　计

一、研究样本与数据来源

本节依旧采用 2015～2018 年我国 35 个城市的面板数据，就"放管服"改革、区域营商环境与城市竞争力之间的关系进行实证分析。选取 2015～2018 年数据的主要原因在于：2015 年我国首次提出"放管服"改革，而区域营商环境和城市竞争力的数据只更新到 2018 年。35 个城市的选取主要是通过数据匹配获得，即对 245 个出台"放管服"改革文件的城市与城市竞争力综合排名指数、营商环境排名前 100 的城市进行匹配。以这 35 个城市为研究对象，主要是因为这些城市处于次高行政层级，其"放管服"改革政策的出台既是对上级精神的落实，也是对下级区县改革的指导，其实施力度直接影响下级区县的改革力度；同时，所选取的 35 个城市可代表性强，涵盖了我国东部、中部、西部 31 个省、自治区、直辖市。

在变量数据获取上，本节采用官方公开的二手数据，自变量"放管服"改革、政务服务中心建立的数据主要通过检索城市政府官网、政务服务中心官网、政府工作报告和相关文件以及官方新闻等途径获取；而因变量城市竞争力和中介变量、调节变量区域营商环境的数据以及控制变量的相关数据来源于城市统计年鉴和统计公报等。

二、研究变量测量

表 10 - 1 反映了本节涉及的变量、测量方式及其数据来源等信息。

表 10 - 1　　　　　　　　　　变量与数据来源

变量类型	变量名称	变量定义与测量	编码方式	数据来源
因变量	城市竞争力	城市竞争力综合排名指数	自行测算	城市竞争力蓝皮书
中介/调节变量	区域营商环境	营商环境竞争力排名	将排名转换为分数	城市竞争力蓝皮书
自变量	"放管服"改革实施	官方在当年是否出台"放管服"改革实施文件	1 - 是 0 - 否	作者检索
	政务服务中心建设	该市在当年是否建立实体政务服务中心和网上政务服务平台	1 - 都建立 0 - 都没建立或建立其中一个	作者检索
控制变量	人均 GDP	GDP/人口规模	取自然对数	城市统计年鉴和统计公报
	人口规模	城市年末常住人口		
	城市人口密度	城市年末常住人口总数/城市总面积	实际数值	
	城市二产占GDP 比重	城市第二产业/GDP		
	政府管理效益	财政收入/GDP		
	政府规模	政府消费支出/GDP		
		政府消费支出/最终消费		
区域		虚拟变量东部为参照组		
时间		虚拟变量 2015 年为参照组		

　　（1）因变量：城市竞争力。根据《中国城市竞争力蓝皮书》中的人才竞争力、基础设施竞争力、文化竞争力和制度竞争力排名，计算其均值得到城市竞争力综合排名指数测算结果。

　　（2）自变量："放管服"改革，主要包括"放管服"改革实施、政务服务中心建设两个指标。"放管服"改革实施测量主要通过检索官方在当年是否出台"放管服"改革实施文件来进行测量，若出台了实施文件则记为1，否则记为0；政务服务中心建设以 2015～2018 年某城市在当年是否建立实体政务服务中心和网上政务服务平台为依据进行测量。若该市在某年两者都建立了则记为1，若两者都没建立或者只建立了其中一个则记为 0。

（3）中介/调节变量：区域营商环境。我国不同区域之间营商环境差异较大，虽然国家尚未出台统一的区域营商环境评价体系，但一些研究机构和媒体已经对我国区域营商环境进行了系统评价。2002 年开始，中国社会科学院倪鹏飞博士牵头形成的《中国城市竞争力蓝皮书》丛书，是国内城市竞争力方面较为权威的研究。本节根据《城市竞争力蓝皮书》将营商环境竞争力排名转换为分数对区域营商环境进行测量。

（4）控制变量：具体包括三类：一是选取 4 个社会经济变量，具体而言，人均 GDP 反映的是区域经济发展水平，人口规模反映我国东中西部不同城市规模的差异，城市人口密度用来衡量城市人口和城市空间关系，城市二产占 GDP 比重用来反映不同资源禀赋条件下的产业结构状况。二是参考现有的研究，选取政府管理效益、政府规模两个指标作为政府层面的变量。三是控制区域和时间效应，根据以往研究惯例，区域中的东部地区（east）为参照组，中部地区（mid）和西部地区（west）为虚拟变量。时间上把 2015 年设为参照组，将 2016～2018 年作为虚拟变量。

三、研究方法

本节研究变量为 2015～2018 年 35 个城市的面板数据，由于因变量为有序多分类变量和连续性数值变量，因此主要采用面板数据分析和有序多元逻辑回归以及多元线性回归模型进行实证检验。首先，估计固定效应模型或随机效应模型并进行 Hausman 检验；其次，进行有序多元逻辑回归和多元线性回归分析，验证"放管服"改革、区域营商环境对城市竞争力的直接效应分析，运用多元线性回归分析验证区域营商环境在"放管服"改革与城市竞争力之间的中介效应和调节效应等；最后，进一步检验"放管服"改革、区域营商环境对城市竞争力具体维度的影响以及区域异质性。

第三节 "放管服"改革对城市竞争力
影响的实证结果分析

一、描述性统计分析

主要变量的描述性统计分析结果如表 10-2 所示。

表 10-2 主要变量描述性统计分析

变量	样本量	平均值	方差	最小值	最大值	VIF
城市竞争力	140	18	8.138	2.25	34	——
"放管服"改革实施	140	0.457	0.5	0	1	1.30
政务服务中心建设	140	0.664	0.474	0	1	1.58
区域营商环境	140	18	10.136	1	35	3.62
人均 GDP	140	11.394	0.324	10.795	12.153	2.49
人口规模	140	6.623	0.642	5.377	8.04	1.63
城市人口密度	140	6.544	0.782	4.934	8.783	2.56
城市二产占 GDP 比重	140	0.42	0.326	0.181	4.114	1.08
政府管理效益	140	0.158	0.063	0.06	0.299	1.55
政府规模 1	139	0.06	0.023	0.024	0.124	5.47
政府规模 2	127	0.232	0.092	0.091	0.607	5.18

注：scale 1、scale 2 面板数据存在缺失值。

由表 10-2 可知，2015~2018 年 35 个城市中 45.7% 的城市已经出台"放管服"改革实施文件，66.4% 的城市同时建立了实体政务服务中心和网上政务服务平台。城市竞争力综合指数存在较大差距，最大值为 34，而最小值为 2.25，这反映出样本城市的城市竞争力强弱差异显著，需要进一步的解释。此外，通过方差膨胀因子（variance inflation factor, VIF）对自变量是否多重共线性作出判断。结果显示，各变量的 VIF 值均保持在小于 10 的水平，自变量的 VIF 值均在 2 以下。因此，可以判断变量间不存在多重共线问题，可以进行后续的回归分析。

进一步地对自变量"放管服"改革实施和政务中心建设、因变量城市竞争力以及中介变量和调节变量区域营商环境进行分区域分析，得到分区域主要变量描述性统计分析图（见图 10 - 2）。由图可知，35 个城市中城市竞争力综合指数和区域营商环境均呈现东部地区优于中部地区，中部地区优于西部地区的现象。就官方"放管服"改革实施文件的出台结果来看，西部地区最多，东部地区次之，中部地区最少，而政务服务中心建设却呈现出东部地区和中部地区一致，西部地区较少的情况，说明不同区域之间"放管服"改革实施情况存在较大差异，区域营商环境和城市竞争力水平也表现出明显差距。

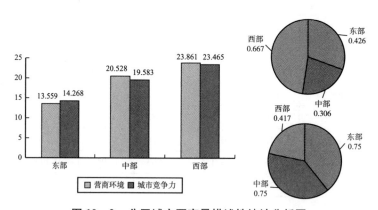

图 10 - 2 分区域主要变量描述性统计分析图

二、相关性分析

表 10 - 3 报告了各研究变量之间的关系。从表中可以看出，一方面，"放管服"实施、人均 GDP、政府规模与区域营商环境在 0.1 水平上显著正相关；而政务服务中心建设、人口规模、城市人口密度和区域营商

表 10 - 3　　主要变量相关性分析结果

变量	(1)	(2)	(3)	(4)	(5)	(6)	(7)	(8)	(9)	(10)	(11)
(1) 区域营商环境	1.000										
(2) "放管服"改革实施	0.150*	1.000									
(3) 政务服务中心建设	0.286**	0.228**	1.000								
(4) 城市竞争力	0.312**	0.191*	0.265**	1.000							
(5) 人均GDP	0.647*	0.118	0.513**	0.302**	1.000						
(6) 人口规模	0.764**	0.109	0.252*	0.163*	0.311**	1.000					
(7) 城市人口密度	0.658**	0.164*	0.218**	0.081	0.555**	0.449**	1.000				
(8) 城市二产占GDP比重	0.029	0.057	0.054	0.127	0.049	0.026	0.004	1.000			
(9) 政府管理效益	0.046	0.209	0.008	0.076	0.071*	0.098	0.332**	0.118	1.000		
(10) 政府规模1	0.007	0.356**	0.153*	0.066*	0.017	0.100*	0.346**	0.098*	0.299**	1.000	
(11) 政府规模2	0.028*	0.245*	0.044	0.089*	0.184*	0.052*	0.380**	0.018*	0.128*	0.847**	1.000

注：**、*分别表示在5%、10%水平下的显著性；括号内为标准误差。

环境在 0.05 水平上显著正相关；人均 GDP、人口规模、城市人口密度和"放管服"改革实施在 0.1 水平上显著正相关，与政务服务中心建设在 0.05 水平上显著正相关。另一方面，"放管服"改革实施与城市竞争力在 0.1 水平上呈正相关关系，区域营商环境、政务服务中心建设与城市竞争力在 0.05 的水平上显著正相关。

三、研究假设验证

（一）直接效应分析

首先，本节用 Hausman 检验判断面板数据随机效应模型或固定效应模型的选择，结果显示 Hausman 检验不显著，不适用固定效应模型，所以选择随机效应模型进行回归分析。表 10 - 4 报告了"放管服"改革、区域营商环境对城市竞争力影响的直接效应结果。其中，模型 1、模型 2 分别反映出政务服务中心建设、"放管服"改革实施对区域营商环境的影响，而模型 3 反映了区域营商环境对城市竞争力的影响。

表 10 - 4　　　　　　　　　　直接效应分析结果

变量	因变量：区域营商环境		因变量：城市竞争力
	模型 1	模型 2	模型 3
政务服务中心建设	0.354 ** (0.145)		
"放管服"改革实施		0.173 ** (0.0867)	
区域营商环境			0.369 ** (0.146)
人均 GDP	0.378 ** (0.581)	0.247 ** (0.543)	0.401 ** (0.521)
人口规模	0.193 * (0.825)	0.154 * (0.799)	0.113 * (0.688)

续表

变量	因变量：区域营商环境		因变量：城市竞争力
	模型 1	模型 2	模型 3
城市人口密度	0.106 * (0.663)	0.088 (0.595)	0.093 * (0.582)
城市二产占 GDP 比重	0.0233 * (0.097)	0.092 * (0.092)	0.067 * (0.813)
政府管理效益	0.146 ** (0.243)	0.301 ** (0.241)	0.072 * (0.261)
政府规模 1	0.185 ** (0.814)	0.631 ** (0.790)	0.227 ** (0.324)
政府规模 2	0.078 * (0.158)	0.015 * (0.150)	0.108 * (0.158)
Observations	127	127	127
Pseudo R^2	0.404	0.398	0.416
LR chi^2 (44)	362.39	357.55	367.23
Prob > chi^2	0.000	0.000	0.000
Area FE	YES	YES	YES
Year FE	YES	YES	YES

注：** 、* 分别表示在5%、10%水平下的显著性；括号内为标准误差。

从表 10-4 分析结果可以看出，区域营商环境为因变量时，政务服务中心建设和"放管服"改革实施对区域营商环境显著正相关。其中模型 1 显示，政务服务中心建设对区域营商环境在 0.05 的水平上有显著正向影响，且回归系数为 0.354，表明政务服务中心建设对优化区域营商环境确实具有显著的推动作用。模型 2 表明，"放管服"改革实施与区域营商环境在 0.05 的水平上显著正相关，两者的回归系数为 0.173，这说明近年来推进的"放管服"改革对区域营商环境的优化发挥了显著成效，因此 H1b 和 H1a 都得到支持。城市竞争力为因变量时，区域营商环境对城市竞争力具有显著正向影响。模型 3 表明，区域营商环境与城市竞争力在0.05的水平上显著正相关，回归系数为0.369，表明优化区域营商环境对提升城市竞争力具有显著成效，H2得到支持。此外，人均GDP、城市人口密度、政府管理效益等控制变量对区域营商环境、城市竞争力也会产生不同程度的显著正向影响。由此看来，"放管服"改革有效促进了区域营商环境的优化，而区域营商环境又显著推动了城市竞争力的提升，但"放管服"改革是否对城市竞争力有显著的正向影响，以及区域营商环境是否在"放管服"改革和城市竞争力间发挥了中介效应和调节效应还需进一步检验。

（二）区域营商环境的中介效应

进一步对"放管服"改革与城市竞争力的关系及区域营商环境是否在"放管服"改革和城市竞争力间发挥中介效应进行分析，得到表10-5的分析结果。

表10-5　　　　　　　　区域营商环境中介效应分析结果

变量	因变量：城市竞争力				
	模型1	模型2	模型3	模型4	模型5
政务服务中心建设	0.288 ** (0.103)			0.167 ** (0.076)	
"放管服"改革实施		0.196 ** (0.074)			0.112 ** (0.062)
区域营商环境			0.369 ** (0.146)	0.318 ** (0.129)	0.287 ** (0.113)
人均GDP	0.314 ** (0.523)	0.268 ** (0.361)	0.401 ** (0.521)	0.283 ** (0.362)	0.279 ** (0.388)
人口规模	0.167 * (0.659)	0.133 * (0.461)	0.113 * (0.688)	0.138 * (0.469)	0.131 * (0.492)
城市人口密度	0.092 * (0.447)	0.089 (0.575)	0.093 (0.582)	0.083 (0.499)	0.089 (0.513)

变量	因变量：城市竞争力				
	模型1	模型2	模型3	模型4	模型5
城市二产占GDP比重	0.107* (0.093)	0.101* (0.094)	0.067* (0.813)	0.094* (0.089)	0.097* (0.095)
政府管理效益	0.113* (0.208)	0.178* (0.267)	0.072* (0.261)	0.288* (0.292)	0.199* (0.236)
政府规模1	0.161** (0.791)	0.452** (0.568)	0.227** (0.324)	0.371** (0.662)	0.411** (0.698)
政府规模2	0.098* (0.133)	0.099* (0.132)	0.108* (0.158)	0.011* (0.172)	0.014* (0.166)
Observations	127	127	127	127	127
Pseudo R2	0.364	0.337	0.416	0.397	0.388
LR chi2 (44)	337.67	311.18	367.23	351.44	346.79
Prob > chi2	0.000	0.000	0.000	0.000	0.000
Area FE	YES	YES	YES	YES	YES
Year FE	YES	YES	YES	YES	YES

注：**、*分别表示在5%、10%水平下的显著性；括号内为标准误差。

由表10-5中的模型1可知，政务服务中心建设对城市竞争力在0.05水平下具有显著的正向影响，两者间的回归系数为0.288，这表明实体政务服务中心和网上政务服务平台的建设有效促进了城市竞争力的提升。H3b得到验证。"放管服"改革实施与城市竞争力在0.05水平上显著正相关，这说明出台"放管服"改革实施文件对城市竞争力提升提供了制度保障，H3a得到支持。此外，从模型4中可以看出，在加入区域营商环境后，自变量政务服务中心建设对城市竞争力的影响明显减弱，在0.05的显著性水平下由模型1中的0.288降到0.167，说明区域营商环境在政务服务中心建设与城市竞争力之间发挥部分中介作用。同样地，模型5显示在加入区域营商环境后，自变量"放管服"改革实施与城市竞争力间的回归系数由0.196下降到0.112，表明区域营商环境在"放管服"改革实施与城市竞争力间发挥部分中介作用，H4b、H4a 得到验证。这说明"放管服"改革通过影响区域营商环境的营造进而起到提升城市竞争力的作用。同时，研究结果也反映出区域营商环境在政务服务中心建设与城市竞争力间的中介作用相对于区域营商环境在"放管服"改革实施与城市竞争力间的中介作用更强。

（三）区域营商环境的调节效应

表 10-6 为区域营商环境在"放管服"改革与城市竞争力之间调节效应的回归分析结果。从表中可知，在控制其他变量情况下，区域营商环境在"放管服"改革与城市竞争力关系之间有显著的正向调节效应。其中，区域营商环境在"放管服"改革实施、政务服务中心建设与城市竞争力之间发挥正向调节作用，且都在 0.05 水平下显著正相关，回归系数分别为 0.163 和 0.207，这反映出优化区域营商环境，可以增强"放管服"改革对城市竞争力提升的效果，因此，H5a 和 H5b 也得到了支持。

表 10-6　　　　　区域营商环境调节效应分析结果

变量	模型1	模型2
"放管服"改革实施	0.268** (1.162)	
政务服务中心建设		0.302** (1.873)
区域营商环境	0.136** (0.067)	0.141** (0.018)
"放管服"改革实施×区域营商环境	0.163** (0.049)	
政务服务中心建设×区域营商环境		0.207** (0.028)
Observations	127	127
控制变量	YES	YES

续表

变量	模型1	模型2
Area FE	YES	YES
Year FE	YES	YES
LR chi2	217.63	243.81
Prob > chi2	0.000	0.000
Pseudo R-squared	0.269	0.283

注：** 分别表示在5%水平下的显著性；括号内为标准误差。

四、稳健性检验

（一）城市竞争力的分解效应

为了进一步检验"放管服"改革、区域营商环境对城市竞争力的影响，本研究还基于城市竞争力的四个维度指标进行了分解效应检验，分析"放管服"改革、区域营商环境对于人才竞争力、基础设施竞争力、文化竞争力和制度竞争力的影响，结果如表10-7所示。

表10-7　　　　　　　　城市竞争力的分解效应分析结果

变量	模型1 （人才）	模型2 （基础设施）	模型3 （文化）	模型4 （制度）
政务服务中心建设	0.124 ** (0.069)	0.107 ** (0.047)	0.113 ** (0.077)	0.126 ** (0.082)
"放管服"改革实施	0.127 ** (0.070)	0.099 ** (0.058)	0.125 ** (0.074)	0.129 ** (0.085)
区域营商环境	0.133 ** (0.078)	0.125 ** (0.070)	0.122 ** (0.075)	0.131 ** (0.081)
政务服务中心建设 × 区域营商环境	0.097 ** (0.056)	0.065 ** (0.041)	0.078 ** (0.048)	0.098 ** (0.059)

续表

变量	模型 1 （人才）	模型 2 （基础设施）	模型 3 （文化）	模型 4 （制度）
"放管服"改革实施 × 区域营商环境	0.086 ** (0.058)	0.058 ** (0.039)	0.072 ** (0.044)	0.084 ** (0.057)
控制变量	YES	YES	YES	YES
Observations	127	127	127	127
Pseudo R^2	0.372	0.312	0.334	0.384
LR chi^2 （44）	331.46	314.68	319.78	341.57
Prob > chi^2	0.000	0.000	0.000	0.000
Area FE	YES	YES	YES	YES
Year FE	YES	YES	YES	YES

注：** 分别表示在 5% 水平下的显著性；括号内为标准误差。

结果表明，在 0.05 的显著性水平下，政务服务中心建设、"放管服"改革实施、区域营商环境均对人才竞争力、基础设施竞争力、文化竞争力和制度竞争力具有显著的正向影响。同时，政务服务中心建设、"放管服"改革实施与区域营商环境的交互项也与人才竞争力、基础设施竞争力、文化竞争力和制度竞争力显著正相关，这说明"放管服"改革、区域营商环境对城市竞争力的各维度均会产生影响显著。具体来看，"放管服"改革实施、政务服务中心建设对制度竞争力的影响最显著，回归系数分别为 0.129、0.126，表明深化"放管服"改革、加强政务服务中心建设有利于提升城市制度竞争力；而区域营商环境对人才竞争力的影响最显著，回归系数为 0.133，说明优化营商环境能够吸引人才集聚，增强城市人才竞争力。总之，上述结果表明，"放管服"改革、区域营商环境与城市竞争力间的关系均为显著正相关，中介效应和调节效应依然存在，研究结果具有稳健性。

（二）区域异质性检验

前文的描述性统计分析初步发现：不同区域的"放管服"改革、区域营商环境和城市竞争力之间存在显著差异,为进一步探讨区域差异对变量之间关系的影响并评估研究结论的稳健性,本节对不同区域的"放管服"改革、区域营商环境及其交互项对城市竞争力的影响效果进行了区域异质性检验,回归结果如表 10-8 所示。

表 10-8　　　　　　　　　区域异质性检验的分析结果

变量	模型 1(东部)	模型 2(中部)	模型 3(西部)
政务服务中心建设	0.096 ** (0.057)	0.063 ** (0.048)	0.057 ** (0.044)
"放管服"改革实施	0.092 ** (0.054)	0.059 ** (0.045)	0.053 ** (0.048)
区域营商环境	0.102 ** (0.060)	0.097 ** (0.051)	0.091 ** (0.049)
政务服务中心建设 × 区域营商环境	0.083 ** (0.051)	0.052 ** (0.044)	0.044 ** (0.039)
"放管服"改革实施 × 区域营商环境	0.077 ** (0.052)	0.048 ** (0.038)	0.041 ** (0.036)
控制变量	YES	YES	YES
Observations	59	30	38
Pseudo R2	0.184	0.145	0.167
LR chi2(44)	217.38	186.52	193.21
Prob > chi2	0.000	0.000	0.000
Year FE	YES	YES	YES

注:** 分别表示在 5% 水平下的显著性;括号内为标准误差。

从表 10-8 中可以看出,在 0.05 的显著性水平下,不同区域的政务服务中心建设、"放管服"改革实施、区域营商环境对城市竞争力均有显著的正向影响,且不同区域政务服务中心建设、"放管服"改革实施与区域营商环境的交互项也对城市竞争力有显著的正向影响。同时,从模型 1、模型 2、模型 3 中可以看出,不同区域"放管服"改革、区域营商环境及其交互项对城市竞争力的影响存在显著差异。具体地，东部地区相较于中西部地区来说，影响效果更为明显，其次影响效果排序为中部地区和西部地区，实践中，东部地区城市在"放管服"改革和营商环境优化，以及城市竞争力培育方面一直走在全国前列。概而言之，"放管服"改革、区域营商环境和城市竞争力之间存在明显的区域效应。

第四节 本 章 小 结

一、主要研究结论

全面深化"放管服"改革是当前推动经济社会持续健康发展的重要战略举措，对于加速国家治理体系和治理能力现代化建设具有重大战略意义。本章主要基于 2015～2018 年国内 35 个城市的面板数据，重点探索了"放管服"改革、区域营商环境对城市竞争力的直接影响效果，与此同时，也揭示了区域营商环境发挥出的中介作用和调节作用。具体而言，本章研究的主要结论和发现包括以下几个方面：

首先，"放管服"改革、区域营商环境对城市竞争力有显著的正向影响。一方面，"放管服"改革实施能够显著促进区域营商环境，另一方面，"放管服"改革对促进城市竞争力的提升有显著的正向影响，即"放管服"改革相关文件的出台为城市发展提供了重要政策支持。此外，政务服务中心建设也能显著提升城市竞争力，说明政务服务中心作为"放管服"改革深入推进的重要平台，通过"互联网＋政务服务"等优化制度软环境，能够很好地起到提升城市竞争力的作用。同时，区域营商环境对城市竞争力具有显著的正向影响，推进营商环境持续优化对城市竞争力提升有积极作用。

其次，区域营商环境在"放管服"改革与城市竞争力间发挥部分中介作用。具体而言，一方面，区域营商环境在政务服务中心建设与城市竞争力之间发挥部分中介作用，政务服务中心建设为企业等市场主体提供一站式服务，精简办事流程，促进区域营商环境优化，从而提高城市在基础设施建设、人才吸引等方面的优势；另一方面，区域营商环境在"放管服"改革实施与城市竞争力间也发挥部分中介作用，改革文件的出台为营商环境优化提供了良好的制度保障，从而吸引更多人才、资本的聚集，有利于城市竞争力的持续提升。同时，区域营商环境在政务服务中心建设与城市竞争力间的中介作用相较于区域营商环境在"放管服"改革实施与城市竞争力之间的中介作用更强。

再次，区域营商环境会正向调节"放管服"改革与城市竞争力之间的关系。其中，区域营商环境在"放管服"改革实施与城市竞争力、政务服务中心建设与城市竞争力之间均有正向调节作用。这一结果说明要充分发挥"放管服"改革对城市竞争力的促进作用，就必须着重在优化区域营商环境上下功夫，充分发挥政府、市场、社会等不同主体在优化营商环境中的作用，从而提升城市整体实力和竞争力。

最后，"放管服"改革、区域营商环境及其交互项均对人才竞争力、基础设施竞争力、文化竞争力和制度竞争力均具有显著的正向影响。其中，"放管服"改革实施、政务服务中心建设对制度竞争力的影响最显著，而区域营商环境对人才竞争力的影响最显著。此外，不同区域的政务服务中心建设、"放管服"改革实施、区域营商环境及其交互项对城市竞争力均有显著的正向影响，同时，"放管服"改革、区域营商环境对于城市竞争力的影响存在明显的区域效应，东部地区更为显著，中部地区次之，最后是西部地区。

二、政策启示

基于以上分析和探讨，本章研究的政策启示主要包括以下几方面：

（1）"放管服"改革在提升区域营商环境和城市竞争力方面都发挥

着重要作用。在推进"放管服"改革过程中，既要重视"放管服"改革相关文件的出台，强化顶层设计，指明改革具体实践目标和方向，也要注重把实体政务服务中心和网上政务服务平台建设作为改革推进的重要抓手。要充分发挥大数据、区块链等技术手段作用，不断提高硬件设施与管理机制的协调性，提高统筹层级和集约化效果，实现线上线下无缝衔接、合一通办。同时，"放管服"改革并不是一蹴而就的，要坚持改革定力，切实将改革目标、举措与企业等市场主体的现实利益挂钩，持续不断优化区域营商环境和城市竞争力。

（2）优化区域营商环境是提升城市竞争力的有效途径，要继续深化"放管服"改革，打造"亲清"融合的政务服务环境和企业创新环境，为企业等经济主体提供更加广阔的市场空间。同时要贯彻落实依法治国总方略，完善法律法规和各项制度，加强对企业的合法保护，提高政府服务效能，营造法治化、国际化、便利化的营商环境，更多助力制度体系、科技创新、人力资本、金融服务、基础设施、产业体系等城市要素建设，使区域营商环境成为促进城市高质量发展的重要突破口和提升城市竞争力的有效途径。

（3）有效激发城市创新活力，持续提升城市竞争力。城市竞争力的提升离不开政府的参与，要充分发挥政府"裁判员"作用，将公权力更多放在强化公共服务职能、维护市场规则、加强监管等方面，降低制度性交易成本。同时要重视区域性差异，积极学习借鉴改革有益经验，重点着眼于人才竞争力、基础设施竞争力、文化竞争力和制度竞争力的提升。创新是引领发展的第一动力，要加快构建具有全球竞争力的人才制度体系，发挥人才优势，提升城市管理精细化水平，积极发挥政府、企业、社会等多方主体力量，不断提升制度环境软实力，打造营商环境新高地，为城市可持续发展和竞争力提升注入新活力。

附录一 国内九省推进"放管服"改革的政策文本

广东省人民政府转发国务院2016年推进简政放权放管结合优化服务改革工作要点的通知

粤府〔2016〕70号

各地级以上市人民政府,各县(市、区)人民政府,省政府各部门、各直属机构:

现将国务院《2016年推进简政放权放管结合优化服务改革工作要点》(国发〔2016〕30号)转发给你们,并结合我省实际提出以下意见,请一并贯彻执行。

一、认真抓好工作落实。各地、各部门要按照国发〔2016〕30号文部署要求,结合《广东省人民政府办公厅转发省推进职能转变协调小组关于2016年广东省推进简政放权放管结合优化服务转变政府职能工作要点》(粤办函〔2016〕105号)有关安排,建立改革重点任务台账,细化工作措施、目标要求和时间节点,切实抓好各项任务的落实。各地政府要进一步健全推进职能转变协调机制,建立主要领导亲自抓协调和抓落实的工作制度,加强对已出台改革措施实施情况的督查。各责任部门要主动加强与法制部门的衔接,同步做好改革涉及法规和政策的修订工作。

二、扎实推进重点领域改革。加快推动政府决策和执行环节以及管理、服务等领域的信息公开,做到权力公开透明、群众明白办事、社会参与监督。大力推行"互联网＋政务"，重点推进"一门式、一网式"政务服务模式改革，探索向社会开放政府信息平台数据资源，及时回应社会关切，增进社会各方对政府工作的理解支持。围绕压缩企业申办时间、提高投资项目审批速度、便利群众办事的目标，坚持问题导向，量化政务服务工作相关指标，以硬约束倒逼工作落实，增强改革实效。要围绕推进全省高水平大学建设，扩大高校和科研院所自主权，取消或修改束缚教学科研人员发挥积极性、创造性的不合理规定，下放高校和科研院所能够自主管理的权限，完善支持教学科研人员创业创新相关激励政策。

三、深入推进监管方式创新。全面推广监管工作"双随机、一公开"，县级以上政府部门要在年底前制定出台随机抽查事项清单和监管细则，建立市级市场主体名录库和执法检查人员名录库。随机抽查事项要达到本部门市场监管执法事项的70％以上、其他行政执法事项的50％以上，力争2017年实现全覆盖，并与信用监管、智能监管联动。加快推进市县两级市场监管领域综合行政执法改革，强化基层监管力量，建立跨地区、跨部门执法联动和协同机制。探索审慎监管，对新技术、新产业、新业态、新模式，要区分情况积极创新监管方式，营造公平竞争、健康发展的市场环境。

广东省人民政府

2016 年 7 月 19 日

国务院关于印发 2016 年推进简政放权放管结合优化服务改革工作要点的通知

国发〔2016〕30 号

各省、自治区、直辖市人民政府，国务院各部委、各直属机构：国务院批准《2016 年推进简政放权放管结合优化服务改革工作要点》，现予印发，请认真贯彻落实。

中华人民共和国国务院

2016 年 5 月 23 日

2016 年推进简政放权放管结合优化服务改革工作要点

2016 年是"十三五"规划开局之年，也是推进供给侧结构性改革的攻坚之年。今年推进简政放权、放管结合、优化服务改革的总体要求是：全面贯彻党的十八大和十八届二中、三中、四中、五中全会精神，认真落实中央经济工作会议和《政府工作报告》部署，按照创新、协调、绿色、开放、共享的发展理念，紧紧扭住转变政府职能这个"牛鼻子"，在更大范围、更深层次，以更有力举措推进简政放权、放管结合、优化服务改革，使市场在资源配置中起决定性作用和更好发挥政府作用，破除制约企业和群众办事创业的体制机制障碍，着力降低制度性交易成本，优化营商环境，激发市场活力和社会创造力，与大众创业、万众创新和发展壮大新经济紧密结合起来，进一步形成经济增长内生动力，促进经济社会持续健康发展。

一、持续简政放权，进一步激发市场活力和社会创造力

（一）继续深化行政审批改革。继续加大放权力度，把该放的权力放出去，能取消的要尽量取消，直接放给市场和社会。今年要再取消 50 项以上国务院部门行政审批事项和中央指定地方实施的行政审批事项，再取消一批国务院部门行政审批中介服务事项，削减一批生产许可证、经营许可证。对确需下放给基层的审批事项，要在人才、经费、技术、装备等方面予以保障，确保基层接得住、管得好。对相同、相近或相关联的审批事项，要一并取消或下放，提高放权的协同性、联动性。对确需保留的行政审批事项，要统一审批标准，简化审批手续，规范审批流程。所有行政审批事项都要严格按法定时限做到"零超时"。继续开展相对集中行政许可权改革试点，推广地方实施综合审批的经验。（国务院审改办牵头，国务院各有关部门按职责分工负责）

（二）深入推进投资审批改革。进一步扩大企业自主权，再修订政府核准的投资项目目录，中央政府层面核准的企业投资项目削减比例累计达到原总量的90%以上。出台《企业投资项目核准和备案管理条例》。制订中央预算内投资审批制度改革方案。出台整合规范投资建设项目报建审批事项实施方案。保留的投资项目审批事项要全部纳入全国统一的投资项目在线审批监管平台，实行"一站式"网上审批，大幅缩短审批流程和审批时间，推进投资审批提速。（国家发展改革委牵头，国土资源部、环境保护部、住房城乡建设部、交通运输部、水利部、国务院法制办等相关部门按职责分工负责）

（三）扎实做好职业资格改革。再取消一批职业资格许可和认定事项，国务院部门设置的职业资格削减比例达到原总量的70%以上。全面清理名目繁多的各种行业准入证、上岗证等，不合理的要坚决取消或整合。建立国家职业资格目录清单管理制度，清单之外一律不得开展职业资格许可和认定工作，清单之内除准入类职业资格外一律不得与就业创业挂钩。严肃查处职业资格"挂证""助考"等行为，严格落实考培分离。（人力资源社会保障部牵头，工业和信息化部、住房城乡建设部、交通运输部、国务院国资委、质检总局、安全监管总局、食品药品监管总局等相关部门按职责分工负责）

（四）持续推进商事制度改革。进一步放宽市场准入，继续大力削减工商登记前置审批事项，今年再取消三分之一，削减比例达到原总量的90%以上，同步取消后置审批事项50项以上。在全面实施企业"三证合一"基础上，再整合社会保险登记证和统计登记证，实现"五证合一、一照一码"，降低创业准入的制度成本。扩大"三证合一"覆盖面，推进整合个体工商户营业执照和税务登记证，实现只需填写"一张表"、向"一个窗口"提交"一套材料"，即可办理工商及税务登记。加快推进工商登记全程电子化、名称登记、放宽住所条件、简易注销登记等改革试点。加快推行电子营业执照。抓好"证照分离"改革试点，切实减少各种不必要的证，解决企业"准入不准营"的问题，尽快总结形成可复制、可推广的经验。（工商总局、国务院审改办牵头，人力资源社会保障部、税务总局、国务院法制办、国家统计局等相关部门和上海市人民政府按职责分工负责）

（五）积极开展收费清理改革和监督检查。严格落实已出台的各项收费清理政策，防止反弹或变相收费。全面清理和整合规范各类认证、评估、检查、检测等中介服务，有效解决评审评估事项多、耗时长、费用高等问题。重点整治各种涉企乱收费，完善涉企收费监督检查制度，强化举报、查处和问责机制。组织对涉企收费专项监督检查，切实减轻企业负担。（财政部、国家发展改革委、工业和信息化部牵头，民政部、质检总局等相关部门按职责分工负责）

（六）扩大高校和科研院所自主权。凡是束缚教学科研人员积极性创造性发挥的不合理规定，都要取消或修改；凡是高校和科研院所能够自主管理的事项，相关权限都要下放，特别是要扩大高校和科研院所在经费使用、成果处置、职称评审、选人用人、薪酬分配、设备采购、学科专业设置等方面的自主权。落实完善支持教学科研人员创业创新的股权期权激励等相关政策，促进科技成果转化。为教学科研人员从事兼职创业积极创造宽松条件。（教育部、科技部牵头，国务院审改办、财政部、人力资源社会保障部、海关总署、工商总局、税务总局、国家知识产权局、中国科学院、中国社科院、中国工程院等相关部门、单位按职责分工负责）

（七）以政务公开推动简政放权。以更大力度推进政务公开，让人民群众和企业了解放权情况、监督放权进程、评价放权效果，做到权力公开透明、群众明白办事。全面公布地方各级政府部门权力清单和责任清单。抓紧制定国务院试点部门权力清单和责任清单；在部分地区试点市场准入负面清单制度，进一步压缩负面清单；加快编制行政事业性收费、政府定价或指导价经营服务性收费、政府性基金、国家职业资格、基本公共服务事项等各方面清单，并及时主动向社会公开。坚持"公开为常态，不公开为例外"，全面推进决策、执行、管理、服务、结果公开和重点领域信息公开。落实行政许可、行政处罚等信息自作出行政决定之日起 7 个工作日内上网公开的要求。加大政府信息数据开放力度，除涉及国家安全、商业秘密、个人隐私的外，都应向社会开放。及时公开突发敏感事件处置信息，回应社会关切。（国务院办公厅牵头，国务院审改办、国家发展改革委、教育部、公安部、民政部、财政部、人力资源社会保障部、住房城乡建设部、商务部、国家卫生计生委、工商总局、国家统计局等相关部门按职责分工负责）

二、加强监管创新，促进社会公平正义

（一）实施公正监管。推进政府监管体制改革，加快构建事中事后监管体系。全面推开"双随机、一公开"监管，抓紧建立随机抽查事项清单、检查对象名录库和执法检查人员名录库，制定随机抽查工作细则，今年县级以上政府部门都要拿出"一单、两库、一细则"。随机抽查事项，要达到本部门市场监管执法事项的 70% 以上、其他行政执法事项的 50% 以上，力争 2017 年实现全覆盖，充分体现监管的公平性、规范性和简约性，并与信用监管、智能监管联动，加强社会信用体系建设，充分发挥全国信用信息共享平台作用，推进实施守信联合激励和失信联合惩戒工作，加大"信用中国"网站对失信行为的曝光力度。推进企业信用信息归集公示工作。积极运用大数据、云计算、物联网等信息技术，建立健全市场主体诚信档案、行业黑名单制度和市场退出机制。（国家发展改革委、人民银行、工商总局牵头，海关总署、税务总局、质检总局、食品药品监管总局等相关部门按职责分工负责）

（二）推进综合监管。按照权责一致原则，继续推进市县两级市场监管领域综合行政执法改革，强化基层监管力量，落实相关领域综合执法机构监管责任。建立健全跨部门、跨区域执法联动响应和协作机制，实现违法线索互联、监管标准互通、处理结果互认，消除监管盲点，降低执法成本。加强行业自律，鼓励社会公众参与市场监管，发挥媒体监督作用，充分发挥社会力量在强化市场监管中的作用。（国务院审改办、国务院法制办牵头，国家发展改革委、工业和信息化部、民政部、交通运输部、文化部、海关总署、工商总局、质检总局、新闻出版广电总局、食品药品监管总局等相关部门按职责分工负责）

（三）探索审慎监管。对新技术、新产业、新业态、新模式的发展，要区分不同情况，积极探索和创新适合其特点的监管方式，既要有利于营造公平竞争环境，激发创新创造活力，大力支持新经济快速成长，又要进行审慎有效监管，防范可能引发的风险，促进新经济健康发展。对看得准的基于"互联网＋"和分享经济的新业态，要量身定制监管模式；对一时看不准的，可先监测分析、包容发展，不能一下子管得过严过死；对潜在风险大的，要严格加强监管；对以创新之名行非法经营之实的，要坚决予以打击、加强监管。（国家发展改革委、工业和信息化部、民政部、交通运输部、文化部、人民银行、海关总署、工商总局、质检总局、新闻出版广电总局、食品药品监管总局、银监会、证监会、保监会等相关部门按职责分工负责）

（四）促进各类市场主体公平竞争。要在同规则、同待遇、降门槛上下功夫，做到凡是法律法规未明确禁止的，一律允许各类市场主体进入；凡是已向外资开放或承诺开放的领域，一律向民间资本开放；凡是影响民间资本公平进入和竞争的各种障碍，一律予以清除。研究制定促进民间投资的配套政策和实施细则，在试点基础上，抓紧建立行业准入负面清单制度，破除民间投资进入电力、电信、交通、石油、天然气、市政公用、养老、医药、教育等领域的不合理限制和隐性壁垒，坚决取消对民间资本单独设置的附加条件和歧视性条款。加快建设统一开放、竞争有序的市场体系，打破地方保护。组织实施公平竞争审查制度。依法严厉打击侵犯知识产权、制售假冒伪劣商品等行为，完善知识产权保护措施，防止劣币驱逐良币，营造诚实守信、公平竞争的市场环境。（国家发展改革委、工商总局牵头，教育部、科技部、工业和信息化部、公安部、民政部、住房城乡建设部、交通运输部、商务部、文化部、国家卫生计生委、海关总署、质检总局、体育总局、食品药品监管总局、国务院法制办、国家知识产权局、国家能源局等相关部门按职责分工负责）

三、优化政府服务，提高办事效率

（一）提高"双创"服务效率。因势利导，主动服务、跟踪服务，打造"双创"综合服务平台，为企业开办和成长"点对点"提供政策、信息、法律、人才、场地等全方位服务，砍掉束缚"双创"的繁文缛节，为扩大就业、培育新动能、壮大新经济拓展更大发展空间。建立新生市场主体统计调查、监测分析制度，密切跟踪新生市场主体特别是小微企业的经营发展情况，促进新生市场主体增势不减、活跃度提升。（国家发展改革委、工商总局牵头，教育部、科技部、司法部、人力资源社会保障部、国家统计局等相关部门按职责分工负责）

（二）提高公共服务供给效率。坚持普惠性、保基本、均等化、可持续的方向，加快完善基本公共服务体系。创新机制，推广政府和社会资本合作模式，调动社会各方面积极性，增加基本公共服务。大幅放开服务业市场，促进民办教育、医疗、养老、健身等服务业和文化体育等产业健康发展，多渠道提高公共服务共建能力和共享水平，满足群众多层次、多样化公共服务需求。（财政部、国家发展改革委牵头，教育部、民政部、文化部、国家卫生计生委、工商总局、体育总局等相关部门按职责分工负责）

（三）提高政务服务效率。大力推行"互联网＋政务服务"，推进实体政务大厅向网上办事大厅延伸，打造政务服务"一张网"，简化服务流程，创新服务方式，对企业和群众办事实行"一口受理"、全程服务。抓紧制定政府部门间数据信息共享实施方案，明确共享平台、标准、目录、管理、责任等要求，打破"信息孤岛"和数据壁垒，实现数据信息互联互通和充分共享，建设高效运行的服务型政府。坚决取消各种不必要的证明和手续，让企业和群众办事更方便、更快捷、更有效率。（国务院办公厅、国家发展改革委牵头，国务院审改办、工业和信息化部、公

安部、民政部、人力资源社会保障部、住房城乡建设部、工商总局、质检总局、国家统计局等相关部门按职责分工负责）

（四）加快推动形成更有吸引力的国际化、法治化、便利化营商环境。围绕企业申请开办时间压缩了多少、投资项目审批提速了多少、群众办事方便了多少等，提出明确的量化指标，制订具体方案并组织实施。以硬性指标约束倒逼减环节、优流程、压时限、提效率，激发改革动力，增强改革实效。（国务院办公厅、国家发展改革委、国家统计局、国务院审改办牵头，国务院各有关部门按职责分工负责）

各地区各部门要把深化简政放权、放管结合、优化服务改革放在突出位置，主要领导要亲自抓，鼓励地方积极探索创新，一项一项抓好改革任务的落实。要加强对已出台措施和改革任务落实情况的督查。对改革涉及的法律法规立改废问题，责任部门要主动与法制部门加强衔接、同步推进。要做好改革经验总结推广和宣传引导工作，及时回应社会关切，营造良好改革氛围。要充分发挥各级政府推进职能转变协调机构的作用，加强统筹协调和指导督促。改革中的重要情况要及时向国务院报告。

河北省人民政府关于深化"放管服"改革加快转变政府职能的意见

各市（含定州、辛集市）人民政府，各县（市、区）人民政府，雄安新区管委会，省政府各部门：

为全面贯彻全国深化"放管服"改革转变政府职能电视电话会议精神，深入推进"放管服"改革，促进政府治理体系和治理能力现代化，加快新时代经济强省、美丽河北建设，现就今后一个时期的"放管服"改革工作提出如下意见。

一、充分认识深化"放管服"改革的重大意义

（一）深化"放管服"改革，是践行"四个意识"、落实中央重大决策部署的具体行动。党的十八大以来，以习近平同志为核心的党中央着眼于实现国家治理体系和治理能力现代化，把转变政府职能摆在重要位置，作出一系列重大决策部署。习近平总书记在党的十九大报告中指出，要转变政府职能，深化简政放权，创新监管方式，建设人民满意的服务型政府。李克强总理连续 6 年主持召开全国会议部署"放管服"改革。这充分体现了党中央、国务院深化"放管服"改革、转变政府职能的坚定决心。各级各部门必须把"放管服"改革作为维护党中央权威和集中统一领导的现实检验，作为坚决贯彻党中央、国务院重大决策部署的具体实践，以强有力的举措积极推进。

（二）深化"放管服"改革，是推动河北高质量发展、深化供给侧结构性改革的关键举措。我国经济已由高速增长阶段转向高质量发展阶段，我省正处于新旧动能转换的重要关口，转型升级的爬坡过坎期。只有不断深化"放管服"改革，降低各类制度性交易成本，提升政府制度供给水平，充分释放供给侧动力，为企业松绑减负，激励创新创业，才能有效地推进去产能、调结构、转动能，进一步加速新旧动能转换，保持经济运行在合理区间，实现更有质量、更有效益的发展。

（三）深化"放管服"改革，是优化营商环境、打造河北竞争新优势的迫切需要。当前，优化营商环境已经成为竞争的焦点，抓得早、抓得实、抓出成效，就能赢得先机、赢得未来发展的主动权。"放管服"改革是破解发展环境中各种"痛点""堵点"的利器。我省正面临京津冀协同发展、雄安新区规划建设、冬奥会筹办等重大历史机遇，迫切需要通过深化"放管服"改革，优化营商环境，吸引国内外创新资源和高端要素聚集，在国际竞争中赢得主动、赢得未来。

（四）深化"放管服"改革，是落实以人民为中心发展思想、建设服务型政府的内在要求。政府的重要职责是为人民群众提供优质高效的公共服务，推进"放管服"改革的成效最终体现在提升政府办事效率、服务水平上。面对人民群众日益增长的多样化、个性化需求，坚持以人民为中心的发展思想，及时完善工作举措、丰富服务手段，增加公共服务和有效供给，最大限度便民利企，切实解决群众和企业办事创业中的困难和问题，不断提升群众的获得感和满意度。

二、推进简政放权，"放"出活力和动力

（一）进一步精简下放行政审批事项。全面梳理现有行政审批和许可事项，除关系国家安全和重大公共利益等项目外，能取消的坚决取消、能下放的尽快下放，市场机制能有效调节的经济活动不再保留审批和许可。根据雄安新区建设发展需要，分期分批下放权力，赋予雄安新区相应的经济社会管理权限。对取消下放的行政审批事项持续开展跟踪评估，加大对基层业务部门和工作人员的培训指导力度，确保基层接得住、管得好。规范、完善清单管理制度，根据国家政策变化对清单实时动态调整。及时修订清理与"放管服"改革要求不一致的政府规章和规范性文件。

（二）进一步深化商事制度改革。压缩企业开办时间，减并工商、税务、刻章、社保等流程，5年内将企业开办时间压减至5个工作日以内。推行企业登记全程电子化，试行并推广企业名称自主申报改革，实施市场主体简易注销改革。全面落实公章刻制备案纳入"多证合一"改革，对已领取加载统一社会信用代码营业执照的企业不再单独进行税务登记，也不再单独核发社会保险登记证。加快"证照分离"改革，重点做好照后减证工作，各类证照能减尽减、能合则合，切实解决"准入不准营"问题。深化工业产品生产许可证制度改革，全面清理各类许可，加快向产品认证转变，全面强化产品质量监管。

（三）进一步推进投资审批改革。分类清理投资项目审批事项，细化工程建设项目审批时限，优化审批流程，实行"一家牵头、并联审批、限时办结"工作制度，推行联合勘验、联合测绘、联合审图、联合验收，5年内企业投资的工程建设项目从立项到竣工验收全流程审批时间压减至80个工作日以内。积极推广区域评估，省、市政府组织专业力量对区域内地质灾害、水土保持等进行统一评估，不再对区域内的企业单独提出评估要求。加强投资项目在线审批监管平台应用，推行投资项目网上申报、审批、办理、监管和信息反馈制度。在雄安新区、北戴河生命健康产业创新示范区核心区、河北定州经济开发区、威县等地实施企业投资项目承诺制试点，扩大企业投资决策自主权，提高投资审批效率。

（四）进一步降低市场准入门槛。按照国家统一部署，全面实施市场准入负面清单制度，不断缩减清单事项，除国家政策和法律法规禁止、限制外都要放开，营造公平竞争的市场环境。创新准入方式，畅通"大数据"等新技术、新产业、新业态、新模式的高效快捷准入渠道。进一步放宽准入标准，大力推广政府和社会资本合作模式，引导社会资本进入基础设施、医疗养老、教育文化、体育等重点领域。大力清理废除妨碍统一市场和公平竞争的各种规定和做法，保障不同所有制主体在资质许可、政府采购、科技项目、标准制定等方面的公平待遇，制定政策要进行公平竞争审查评估。推行外资商务备案与工商登记"一套表格、一口办理"，做到"无纸化""零见面""零收费"，大幅压减办理时间。

（五）进一步推进减税降费。组织开展减税降费专项行动，以国税地税征管体制改革为契机，全面加强依法治税，减少征税自由裁量权、增加透明度，落实国家减税政策，重点降低制造业、交通运输等行业税率，提高小规模纳税人年销售额标准。巩固省级设立涉企行政事业性收费"清零"成果，及时修订行政事业性收费和政府性基金目录清单；继续清理规范涉企经营服务性收费，动态调整收费目录清单；编制行政许可中介服务收费目录清单，进一步明确收费项目、标准，做到清单之外无收费。全面推开行业协会商会与行政机关脱钩改革，开展行业协会商会涉企收费专项治理工作，全面清理规范协会商会强制或变相强制企业付费参加考核、评比、表彰、赞助等违法违规行为。加快水电气暖、银行、公证等服务机构改革步伐，完善价格听证、举报投诉等制度，降低企业融资、物流、用能等成本。5年内将电力用户办电平均时间压减到30个工作日以内，大幅压缩办水办气时间，取消申请费、手续费等收费，进一步减轻企业和群众负担。

三、创新市场监管，"管"出公平和秩序

（一）改革市场监管体系。按照国家机构改革统一部署，改革和理顺市场监管体制，整合工商、质监、食品药品监管等部门职能，扎实做好资源整合等工作，实行统一的市场监管。强化事中事后监管，改变重审批、轻监管的行政管理方式，推动监管理念由"严进宽管"向"宽进严管"转变，把更多资源和力量放到监管一线，培养"一专多能"的监管人员，提升监管能力和水平。健全审管衔接机制，严格落实"谁审批谁监管、谁主管谁监管"的原则，切实做到权责一致。

（二）推行"双随机、一公开"监管。推动市场监管日常检查"双随机"方式全覆盖，动态管理"一单、两库"，加强业务培训力度，提升执法水平和抽查质量，构建以"双随机、一公开"监管为基本手段、以重点监管为补充、以信用监管为基础的新型监管机制。进一步健全随机抽查系统，完善各项抽查、公示制度，5年内抽查比例达到5%以上，确保监管公平公正。充分发挥"双随机、一公开"行政执法监督平台作用，实现省、市、县三级"双随机、一公开"监管全域推开、事项全项进入、执法全程留痕、结果全部公开，不断提高信用监管和联合惩戒力度。

（三）推进综合执法改革。整合执法机构、职责和队伍，深化市、县政府市场监管领域综合行政执法改革，加强交通、农业、资源环境等重点领域综合行政执法改革，进一步推动执法力量下沉、重心下移。梳理行政处罚、行政强制、行政征收、行政检查等执法类职权事项，规范程序、行为和自由裁量权，推进严格公正规范文明执法。

（四）加强公共资源交易监管。完善全省统一的公共资源交易平台，推动药品集中采购、河流和海洋资源交易、林权交易、农村集体产权交易等纳入统一交易平台，做到应进必进。2018年底，实现省级平台全流程电子化，初步建立大数据分析系统；到2020年，市、县平台实现全流程电子化，推动公共资源交易平台与电子行政监管系统对接，逐步实现各行政监督管理部门的远程、实时、在线监督。推动行政监督管理部门联动执法，依法查处违法违规行为，促进交易活动规范有序、公平公正。

（五）持续创新监管方式。探索实施包容审慎监管，对新技术、新产业、新业态、新模式采取既具弹性又合规范的管理措施，量身定制适当的监管模式和标准规范，坚守安全质量底线。加强政务、商贸、金融、司法等重点领域和关系国计民生的重点行业社会信用体系建设，加大信用信息共享力度，推进跨地域、跨部门、跨行业"守信联合激励""失信联合惩戒"机制落地实施。推进"互联网＋监管"，实现综合监管、"智慧监管"，做到"一次检查、全面体检"。建立营商环境评价指标体系，营造依法保护市场主体合法权益的法治环境、公平竞争的市场环境、鼓励创业的社会环境。

四、优化服务方式，"服"出便利和品质

（一）推动政务服务"一网通办"。加快河北政务服务网建设，构建"横向部门联通，纵向四级联动"的电子政务服务体系，实现全省"一平台、一张网、一个库"。除有特殊保密要求外，业务部门原则上不再单独建设审批服务业务平台系统。推动各级各部门网上政务服务平台标准化建设，实现政务服务同一事项、同一标准、同一编码，让企业和群众网上办事"一次认证、全省漫游"。拓展网上办事广度和深度，除法律、法规规定外，实现从网上咨询、网上申报到网上预审、网上办理、网上反馈的"应上尽上、全程在线"。

（二）推动企业和群众办事"只进一扇门"。健全省级政务服务管理体制和运行机制，尽快构建网上平台、实体大厅、管理机构"三位一体"的政务服务管理模式。优化提升各级政务服务大厅"一站式"功能，推动更多审批服务事项进驻大厅。探索实施单一窗口、综合受理、部门协同的机制，推行"前台综合受理、后台分类审批、综合窗口出件"，实现审批服务事项集中办理、集中监管。依托网上政务服务平台，实时汇入网上申报、排队预约、事项受理、审批（审查）结果和审批证照等信息，推动线上线下功能互补、无缝衔接，全面实现全城通办、就近能办、异地可办。

（三）实现企业和群众办事"最多跑一次"。制定并公布省、市、县政府"马上办、网上办、就近办、一次办"审批服务事项目录，完善基层综合便民服务平台功能，推动实现省、市、县、乡、村"最多跑一次"全覆盖。整合涉及多部门事项的共性材料，推广多业务申请表信息复用，通过"一表申请"将企业和个人基本信息材料一次收齐、后续反复使用，减少重复填写和重复提交。聚焦不动产交易登记、企业投资项目、住房公积金贷款等与企业生产经营、群众生产生活密切相关的重点领域和办理量大的高频事项，进一步优化流程、简化材料、精简环节，实现符合法定受理条件、申报材料齐全的情况下一次办结。

（四）精准服务大众创业、万众创新。深入开展"双创双服"活动，服务创新主体，建强平台载体，激发全社会创新创业活力。建设"双创"示范基地，支持众创空间提升品质，推动众创空间向专业化方向发展，鼓励龙头骨干企业、高校、科研院所建设专业化众创空间。推动大中小企业、科研机构、社会创客融通创新，缩短创新周期，提高创新成果转化效率。健全"众创空间—孵化器—加速器—科技园区"企业孵化育成体系，实施孵化器和众创空间（星创天地）倍增计划，构建较为完善的全链条科技企业孵化育成体系。

（五）持续开展"减证便民"行动。清理无法律法规依据的证明事项，全面清理部门规章和规范性文件等设定的各类证明事项，积极推动市、县清理自行设定的证明事项。互认共享必要的证明，减少不必要的重复举证。全面落实各级《保留证明事项清单》和《取消或调整证明事项清单》，坚决清理清单外的"奇葩证明""循环证明"、重复证明，减少盖章、审核、备案、确认、告知等各种烦琐环节和手续。

（六）推进政务服务规范化标准化。编制全省统一的政务服务事项目录，推动实现同一政务服务事项基本要素"五统一"，即统一名称、统一类别、统一依据、统一编码、统一实施主体。全面梳理教育、医疗、住房、社保、民政、扶贫、公共法律服务等与群众日常生产生活密切相关的公共服务事项，规范和完善办事指南，列明依据条件、流程时限、收费标准、注意事项等，推进公共服务事项规范化、标准化。

五、强化组织保障，确保各项改革有力有序推进

（一）加强组织领导。各级各部门是推进"放管服"改革的责任主体，要以对党和国家事业高度负责的态度，把"放管服"作为全面深化改革的重要内容，主要负责同志自觉扛起改革重任，分管负责同志认真研究、精心谋划、周密组织，推动各项改革扎实有序实施。结合新形势、新情况、新问题，优化完善推进机制，及时调整推进职能转变协调小组组成人员及分组安排，抓好改革政策的统筹协调，推动工作任务落实。

（二）强化协调配合。各级推进政府职能转变和"放管服"改革协调小组办公室发挥牵总和枢纽作用，加强对"放管服"改革的统筹谋划和组织协调，及时解决改革过程中遇到的困难和问题。各专题组、功能组要按照中央和省确定的目标任务，研究制订具体工作方案，明确时间进度，不断完善改革举措，合力推动工作开展。省直各部门要加强与国家对口部委的沟通汇报，加强与相关部门的协调配合，加强对市、县的业务指导，形成上下联动、左右协同的工作格局。

（三）鼓励探索创新。充分尊重基层首创精神，支持各级各部门在重点领域和关键环节先行先试、大胆实践，谋划实施一批具有突破性、含金量高的改革举措，为全省改革探索经验、摸索路子。及时总结基层的好经验好做法，进一步提炼完善并复制推广。建立容错纠错机制，及时总结经验，查找问题和不足，完善改革举措，推动改革向纵深发展。

（四）严格督导检查。省推进政府职能转变和"放管服"改革协调小组办公室、省政府督查室要把"放管服"改革作为督查重点，建立常态化、长效化的督查机制，不定期进行专项督查和"回头看"，督促各地各有关部门按时保质完成改革任务。严格考核问责，对工作不力、不作为乱作为的，严肃追责问责。省政府参事室要充分发挥专家评审作用，适时开展第三方评估，强化跟踪问效，实地检验各地的改革成果，形成评估报告报省政府。

（五）营造良好氛围。充分利用电视、报纸、网络等媒体，大力宣传各地"放管服"改革的典型经验，加大政策解读特别是涉及群众切身利益的改革举措的解决力度，及时回应社会关切和群众诉求，推动形成全社会关注改革、参与改革、推动改革的良好氛围。

河北省人民政府

2018 年 8 月 13 日

浙江省人民政府关于印发加快推进 "最多跑一次"改革实施方案的通知

各市、县（市、区）人民政府，省政府直属各单位：

现将《加快推进"最多跑一次"改革实施方案》印发给你们，请认真贯彻执行。

浙江省人民政府

2017 年 2 月 20 日

加快推进"最多跑一次"改革实施方案

为贯彻落实省十二届人大五次会议通过的《政府工作报告》提出的加快推进"最多跑一次"改革工作要求，深化简政放权、放管结合、优化服务各项工作，加快政府职能转变，特制订本实施方案。

一、总体要求

（一）指导思想

认真贯彻以人民为中心的发展思想，按照群众和企业到政府办事"最多跑一次"的理念和目标，深化"四张清单一张网"改革，从与群众和企业生产生活关系最紧密的领域和事项做起，充分运用"互联网＋政务服务"和大数据，全面推进政府自身改革，倒逼各地各部门简政放权、放管结合、优化服务，促进体制机制创新，使群众和企业对改革的获得感明显增强、政府办事效率明显提升、发展环境进一步改善，不断增强经济社会发展活力。

（二）基本原则

——全面推进，重点突破，示范引领。省市县乡四级全面推进"最多跑一次"改革，在一些重点地区、重点部门，包括重点项目率先突破，部分基础条件较好的市、县（市、区）和省级部门起到示范引领作用。

——全面梳理，分类要求，分步快走。对群众和企业到政府办事事项进行全面梳理，制订清单，因地制宜、因事制宜、分类施策，对各类办事事项分别提出具体要求，分批公布。

——条块结合，重在基层，加大指导。注重条块结合，省级部门要勇于担当、率先垂范，加大对基层的指导力度。基层政府直接面向群众和企业，要不等不靠，切实抓好落实。坚持上下齐抓联动，形成合力。

——功能互补，优化流程，提升服务。坚持网上网下结合，通过功能互补、不断优化办事流程，切实提升政务服务水平。以浙江政务服务网为平台，全面深化"互联网＋政务服务"，推动实体办事大厅与浙江政务服务网融合发展，提高政府办事事项和服务事项网上全流程办理率，通过让数据"多跑路"，换取群众和企业少跑腿甚至不跑腿。

（三）工作目标

全面梳理公布群众和企业到政府办事"最多跑一次"的事项，成熟一批、2017年底基本实现群众和企业到政府办事"最多跑一次是原则、跑多次是例外"的要求。

（四）实施范围

各市、县（市、区）政府及其部门、承担行政职能的事业单位，乡镇（街道）政府（办事处），省级有关单位包括承担行政职能的事业单位。

二、职责分工

省政府办公厅负责协调各地、各部门加快推进"最多跑一次"改革中的重大问题,推进"互联网+政务服务"等工作。

省编办负责加快推进"最多跑一次"改革日常工作,研究制订工作方案,督促各地、各部门抓好工作落实,并牵头做好权力清单、公共服务事项目录梳理和行政服务中心"一窗受理、一次办结"改革试点等工作。

省信访局负责统一政务咨询投诉举报平台的建设和完善,进一步整合热线电话、网络等受理平台,加强平台受理和部门监管执法的衔接,提升运行效能。

省发展改革委(省审改办)负责牵头行政审批(含企业投资项目审批事项)和流程再造等工作,在项目投资审批方面重点突破。优化并全面应用浙江政务服务网投资项目在线审批监管平台,依托行政权力事项库,组织维护更新企业投资项目"最多跑一次"事项、全面落实投资项目统一代码制和审批监管事项平台受理制,推进投资项目办件同步共享,做好深化行政审批制度改革、推进企业投资项目承诺制和行政审批标准化(办理的材料、条件和流程等)、开展相对集中行政许可权改革试点等工作。

省公安厅负责户口办理、出入境有关证照办理、车辆和驾驶人员证照办理以及相关资格资质证明、身份认定等便民服务事项方面的工作。

省财政厅负责政府非税收入接入浙江政务服务网统一公共支付平台推进方案,构建线上线下一体化收缴体系,建立完善促进各地各部门加快推进平台实施和平稳运行的长效机制;会同省地税局推进行政征收等工作。

省人力社保厅负责牵头推进职业资格改革,全面梳理职业资格资质事项,清理我省自行设置的职业资格,建立我省职业资格正面清单制度,向社会公开职业资格实施情况,建立职业资格规范实施的长效机制,在职业资格认定、医保社保办理等方面取得重点突破。

省工商局负责牵头推进商事制度改革,全面梳理工商登记以及前置、后置审批事项,推进企业"五证合一、一照一码"登记制度改革,探索推行电子营业执照，推进证照联办等工作。

省国土资源厅会同省建设厅推进不动产登记等工作。省质监局负责推进"最多跑一次"事项标准化等工作，制定群众和企业到政府办事"最多跑一次"地方标准。

省法制办负责牵头行政处罚、行政裁决等领域相关工作，负责提出行政许可事项、其他权力事项和公共服务事项适用"最多跑一次"改革的法律意见，加强改革合法性审查评估等工作。

省政府督查室负责加快推进"最多跑一次"改革督查工作。其他省级有关单位根据各自职责做好本单位加快推进"最多跑一次"改革相关工作，并加强对本系统的督促指导。各级政府负责本地区加快推进"最多跑一次"改革工作。

三、实施步骤

（一）梳理公布阶段。2017 年 2 月和 3 月，对加快推进"最多跑一次"改革工作进行全面部署，全面梳理并集中公布第一批、第二批群众和企业到政府办事"零上门"和"最多跑一次"事项。三季度前再公布若干批"最多跑一次"办事事项。

（二）全面督查阶段。2017 年 6 月，省政府办公厅牵头开展"最多跑一次"改革的专项督查，查找短板，进一步倒逼政府自身改革。

（三）巩固提升阶段。2017 年下半年，完善"最多跑一次"改革事项标准和办事指南，建章立制、总结评价，巩固深化改革成效。

四、配套措施

（一）加强便民服务平台建设。大幅提高各地行政服务中心办事事项即办件的比例，通过精简办事程序、减少办事环节、缩短办理时限，实现立等可取。推进各地行政服务中心"一窗受理、集成服务"改革，探索将部门分设的办事窗口整合为"投资项目""不动产登记""商事登记""社会事务"等综合窗口，实行前台综合受理、后台分类审批、统一窗口出件，避免群众在不同部门之间来回奔波。对涉及多个部门的复杂事项，建立部门联办机制，探索推行全程代办制。建立行政服务的监督机制，强化行政服务中心第三方监管职责，建立行政服务中心办理工作回访机制，强化监督，提高群众满意度。加强乡镇（街道）、功能区便民服务网点建设，完善服务体系，实现行政服务事项就近能办、同城通办、异地可办。

（二）加快推进更多服务事项网上办理。继续深化浙江政务服务网建设，全面推广"在线咨询、网上申请、快递送达"办理模式，除涉密或法律法规有特别规定外，基本实现服务事项网上办理全覆盖，大幅提高网上办事比例。加快各地、各有关部门行政权力运行系统功能升级、联通整合，完善网上实名身份认证体系，加强电子证照、电子印章应用，做好电子文件归档工作，建立"最多跑一次"网上评价、电子监察体系，不断扩大全流程网上办事事项范围。加快"浙江政务服务"移动客户端建设，深化浙江政务服务网统一公共支付平台应用，推动更多审批事项和便民服务通过移动互联网办理。加快推进公共数据整合和共享利用，建设公共数据平台和统一共享交换体系，完善全省人口、法人综合数据库和公共信用信息库，以数据共享促进流程优化、业务协同。

（三）深化统一政务咨询投诉举报平台建设。加大非紧急类热线整合力度，加强"12345"政务服务热线电话与110报警服务台对接工作，完善运行机制。建立健全公共服务事项数据库，发挥统一政务咨询投诉举报平台在解答群众和企业办事咨询中的作用，凡是群众和企业到政府办理的公共服务事项，都可通过"12345"政务服务热线电话或网上咨询，详细了解办事流程、所需材料和其他相关事项。

（四）推进"最多跑一次"事项办理标准化。对于行政审批、公共服务等依相对人申请由政府部门作出决定的事项，推进"最多跑一次"事项办理标准化，制定发布我省群众和企业到政府办事"最多跑一次"地方标准，形成《办理指南参考目录》，明确办理条件、办理材料、办理流程，取消没有法律法规依据的证明和盖章环节，以标准化促进规范化便捷化，保障改革真正落地。对于行政检查、行政处罚等政府部门依职权作出决定的事项，规范裁量标准，杜绝多头执法、重复检查，形成部门联合、随机抽查、按标执法、一次到位机制。

（五）持续推进行政审批制度改革。继续精减行政许可事项，推进政府核准投资项目目录“瘦身”，对关系国家安全、涉及全国重大生产力布局、战略性资源开发和重大公共利益以外的企业投资项目，一律不再核准审批，均实行备案管理。优化并全面应用企业投资项目在线审批监管平台，探索推行企业投资项目承诺制，建立模拟审批、容缺预审、联合办理机制，推进行政审批标准化、中介服务规范化，开展相对行政集中许可权改革试点。深化商事制度改革，降低市场准入门槛、完善企业登记制度、推进工商登记全过程电子化试点、推行证照联办。

（六）全面加强和创新政府监管。推进综合行政执法体制改革，建立健全行政执法协调指挥机制，推行“双随机、一公开”监管，探索智慧监管、审慎监管，形成事前管标准、事中管达标、事后管信用的监管制度，以更强的监管促进更好的放权和服务。

（七）深化基层治理“四个平台”建设。全面推进基层治理“四个平台”建设，进一步提高乡镇（街道）响应群众诉求和为民服务的能力。不断完善县级部门设置在乡镇（街道）的服务窗口，优化行政资源配置，更好地承接和落实“放管服”各项改革，为群众和企业生产生活、创业创新营造良好环境。深化经济发达镇行政管理体制改革，构建符合基层政权定位、适应城镇化发展需求的新型行政管理体制，进一步激发经济发达镇发展内生动力，推进基层治理体系和治理能力现代化，提高新型城镇化质量水平，加快实现城乡统筹发展。

（八）加快建设社会信用体系。发挥社会信用体系在简政放权、推进“最多跑一次”改革中的基础性作用，健全信用联合奖惩机制，推进诚信典型红名单和严重失信主体黑名单制度建设。完善企业信用信息公示工作，加强市场主体信用信息归集、存储和应用，并与政府部门许可、处罚和监管工作有效衔接。

五、保障措施

（一）统一思想认识，加强组织领导。加快推进“最多跑一次”改革,是贯彻落实中央对我省发展新使命新要求的深入实践,是省委、省政府的重大决策,是"四张清单一张网"改革的再深化再推进。各地、各部门要着眼于满足老百姓的需求、顺应群众和企业的呼声、推动供给侧结构性改革、优化发展环境、提供优良服务、推进党风廉政建设和深化政府自身改革,充分认识加快推进"最多跑一次"改革的重大意义,树立强烈的使命感、责任感,统一思想、提高认识。各级政府和省级有关部门主要领导作为第一责任人,要切实加强组织领导,做到改革工作亲自部署、重要方案亲自把关、关键环节亲自协调、落实情况亲自督察,加快推动改革落地。

(二)建立工作机制,强化协同配合。省政府深化"四张清单一张网"改革推进职能转变协调小组更名为省政府推进"最多跑一次"深化"四单一网"改革协调小组,增设"最多跑一次"改革专题组,由省政府办公厅、省编办、省发展改革委、省法制办等单位组成,办公室设在省编办。"最多跑一次"改革专题组办公室要会同省法制办明确"最多跑一次"的内涵,并会同省质监局进行标准化,推动各地、各部门按照标准落实"最多跑一次"改革要求。省级有关部门要加强对本系统有关工作的督促指导和业务培训,明确工作目标、工作要求、工作标准和工作进度。各地、各部门要加强协作配合,形成工作合力。

(三)强化考核监督,加大推进力度。"最多跑一次"改革列入省级有关部门目标责任制考核。建立"最多跑一次"改革的专项督查制度,对于不认真履行职责、工作明显滞后的地区和部门,要启动追责机制。各地、各部门也要建立相应的考核督查机制,强化制度刚性,确保改革顺利推进。

(四)加强宣传引导,形成良好氛围。各地、各部门要充分利用报纸、电视、互联网和新媒体广泛宣传"最多跑一次"改革,及时准确发布改革信息和政策法规解读,正确引导社会预期,积极回应社会关切,创新社会参与机制,拓宽公众参与渠道,凝聚各方共识,营造良好氛围。

河南省人民政府办公厅关于 2016 年推进简政放权放管结合优化服务改革重点工作职责分工的通知

豫政办〔2016〕172 号

各市、县人民政府，省人民政府各部门：

为深入贯彻落实《国务院关于印发 2016 年推进简政放权放管结合优化服务改革工作要点的通知》（国发〔2016〕30 号）精神，进一步深入推进我省简政放权、放管结合、优化服务改革工作，持续在重要领域和关键环节取得突破，促进全省经济社会平稳健康发展，经省政府同意，现将 2016 年重点工作职责分工通知如下：

一、持续简政放权，进一步激发市场活力和社会创造力

（一）继续深化行政审批改革。及时衔接落实国务院取消和下放的行政审批事项，持续精简省本级行政许可事项。对确需下放给基层的审批事项，要在人才、经费、技术、装备等方面予以保障，确保基层接得住、管得好。对相同、相近或相关联的审批事项，要一并取消或下放，提高放权的协同性、联动性。对确需保留的行政审批事项，要统一审批标准，简化审批手续，规范审批流程。所有行政审批事项都要严格按法定时限做到"零超时"。（省编办牵头，省有关部门按职责分工负责）

（二）深入推进投资审批改革。进一步扩大企业自主权，修订省政府核准的投资项目目录。出台整合规范投资建设项目报建审批事项实施方案。保留的投资项目审批事项要全部纳入全省投资项目在线审批监管平台，实行"一站式"网上审批，大幅缩短审批流程和审批时间，推进投资审批提速。（省发展改革委牵头，省国土资源厅、环保厅、住房城乡建设厅、交通运输厅、水利厅、省政府法制办等相关部门按职责分工负责）

（三）扎实做好职业资格改革。继续做好国务院取消职业资格许可和认定事项的衔接工作。全面清理名目繁多的各种行业准入证、上岗证等，不合理的坚决取消或整合。按照国家部署，落实职业资格目录清单管理制度，清单之外一律不得开展职业资格许可和认定工作，清单之内除准入类职业资格外一律不得与就业创业挂钩。严肃查处职业资格"挂证""助考"等行为，严格落实考培分离。（省人力资源社会保障厅牵头，省工业和信息化委、通信管理局、住房城乡建设厅、交通运输厅、省政府国资委、省质监局、河南出入境检验检疫局、安全监管局、食品药品监管局等相关部门按职责分工负责）

（四）持续推进商事制度改革。在全面实施企业"三证合一"基础上，再整合社会保险登记证和统计登记证，实现"五证合一、一照一码"，降低创业准入的制度成本。扩大"三证合一"覆盖面，推进整合个体工商户营业执照和税务登记证，实现只需填写"一张表"、向"一个窗口"提交"一套材料"，即可办理工商及税务登记。加快推进工商登记全程电子化、名称登记、放宽住所条件、简易注销登记等改革试点。加快推行电子营业执照。抓好"证照分离"改革试点，切实减少各种不必要的证，解决企业"准入不准营"的问题，尽快总结形成可复制、可推广的经验。（省工商局、编办牵头，省人力资源社会保障厅、国税局、地税局、省政府法制办、省统计局等相关部门按职责分工负责）

（五）积极开展收费清理改革和监督检查。严格落实已出台的各项收费清理政策，防止反弹或变相收费。全面清理和整合规范各类认证、评估、检查、检测等中介服务，有效解决评审评估事项多、耗时长、费用高等问题。重点整治各种涉企乱收费，完善涉企收费监督检查制度，强化举报、查处和问责机制。组织对涉企收费专项监督检查，切实减轻企业负担。（省财政厅、发展改革委、工业和信息化委、通信管理局牵头，省民政厅、质监局、河南出入境检验检疫局等相关部门按职责分工负责）

（六）扩大高校和科研院所自主权。凡是束缚教学科研人员积极性创造性发挥的不合理规定，都要取消或修改；凡是高校和科研院所能够自主管理的事项，相关权限都要下放，特别是要扩大高校和科研院所在经费使用、成果处置、职称评审、选人用人、薪酬分配、设备采购、学科专业设置等方面的自主权。落实完善支持教学科研人员创业创新的股权期权激励等相关政策，促进科技成果转化。为教学科研人员从事兼职创业积极创造宽松条件。（省教育厅、科技厅牵头，省编办、财政厅、人力资源社会保障厅、郑州海关、省工商局、国税局、地税局、知识产权局、科学院、社科院等相关部门、单位按职责分工负责）

（七）以政务公开推动简政放权。以更大力度推进政务公开，让人民群众和企业了解放权情况、监督放权进程、评价放权效果，做到权力公开透明、群众明白办事。在部分地区试点市场准入负面清单制度，进一步压缩负面清单；加快编制行政事业性收费、政府定价或指导价经营服务性收费、政府性基金、国家职业资格、基本公共服务事项等各方面清单，并及时主动向社会公开。坚持"公开为常态，不公开为例外"，全面推进决策、执行、管理、服务、结果公开和重点领域信息公开。落实行政许可、行政处罚等信息自作出行政决定之日起7个工作日内上网公开的要求。加大政府信息数据开放力度，除涉及国家安全、商业秘密、个人隐私的外，都应向社会开放。及时公开突发敏感事件处置信息，回应社会关切。（省政府办公厅牵头，省发展改革委、教育厅、公安厅、民政厅、财政厅、人力资源社会保障厅、住房城乡建设厅、商务厅、卫生计生委、工商局、统计局等相关部门按职责分工负责）

二、加强监管创新，促进社会公平正义

（一）实施公正监管。推进政府监管体制改革，加快构建事中事后监管体系。全面推开"双随机、一公开"监管，抓紧建立随机抽查事项清单、检查对象名录库和执法检查人员名录库，制定随机抽查工作细则，今年县级以上政府部门都要拿出"一单、两库、一细则"。随机抽查事项，要达到本部门市场监管执法事项的70%以上、其他行政执法事项的50%以上，力争2017年实现全覆盖，充分体现监管的公平性、规范性和简约性，并与信用监管、智能监管联动，加强社会信用体系建设，充分发挥全国信用信息共享平台作用，推进实施守信联合激励和失信联合惩戒工作，加大对失信行为的曝光力度。推进企业信用信息归集公示工作。积极运用大数据、云计算、物联网等信息技术，建立健全市场主体诚信档案、行业黑名单制度和市场退出机制。（省发展改革委、人行郑州中心支行、省工商局牵头，郑州海关、省国税局、地税局、质监局、河南出入境检验检疫局、省食品药品监管局等相关部门按职责分工负责）

（二）推进综合监管。按照权责一致原则，继续推进市、县两级市场监管领域综合行政执法改革，强化基层监管力量，落实相关领域综合执法机构监管责任。完善行政执法制度，明确不同层级行政执法管辖权限，避免重复交叉执法。建立健全跨部门、跨区域执法联动响应和协作机制，实现违法线索互联、监管标准互通、处理结果互认，建立通报制度，消除监管盲点，降低执法成本。加强行业自律，鼓励社会公众参与市场监管，发挥媒体监督作用，充分发挥社会力量在强化市场监管中的作用。（省编办、省政府法制办牵头，省发展改革委、工业和信息化委、通信管理局、民政厅、交通运输厅、文化厅、郑州海关、省工商局、质监局、河南出入境检验检疫局、省新闻出版广电局、食品药品监管局等相关部门按职责分工负责）

（三）探索审慎监管。对新技术、新产业、新业态、新模式的发展，要区分不同情况，积极探索和创新适合其特点的监管方式，既要有利于营造公平竞争环境，激发创新创造活力，大力支持新经济快速成长，又要进行审慎有效监管，防范可能引发的风险，促进新经济健康发展。对看得准的基于"互联网＋"和分享经济的新业态，要量身定制监管模式；对一时看不准的，可先监测分析、包容发展，不能一下子管得过严过死；对潜在风险大的，要严格加强监管；对以创新之名行非法经营之实的，要坚决予以打击、加强监管。（省发展改革委、工业和信息化委、通信管理局、民政厅、交通运输厅、文化厅、人行郑州中心支行、郑州海关、省工商局、质监局、河南出入境检验检疫局、省新闻出版广电局、食品药品监管局、河南银监局、证监局、保监局等相关部门按职责分工

负责）

（四）促进市场主体公平竞争。要在同规则、同待遇、降门槛上下功夫，做到凡是法律法规未明确禁止的，一律允许市场主体进入；凡是已向外资开放或承诺开放的领域，一律向民间资本开放；凡是影响民间资本公平进入和竞争的各种障碍，一律予以清除。研究制订促进民间投资的配套政策和相关方案，在试点基础上，抓紧建立行业准入负面清单制度，破除民间投资进入电力、电信、交通、石油、天然气、市政公用、养老、医药、教育等领域的不合理限制和隐性壁垒，坚决取消对民间资本单独设置的附加条件和歧视性条款。加快建设统一开放、竞争有序的市场体系，打破地方保护。组织实施公平竞争审查制度。依法严厉打击侵犯知识产权、制售假冒伪劣商品等行为，完善知识产权保护措施，防止劣币驱逐良币，营造诚实守信、公平竞争的市场环境。（省发展改革委、工商局牵头，省教育厅、科技厅、工业和信息化委、通信管理局、公安厅、民政厅、住房城乡建设厅、交通运输厅、商务厅、文化厅、卫生计生委、郑州海关、省质监局、河南出入境检验检疫局、省体育局、食品药品监管局、省政府法制办、省知识产权局等相关部门按职责分工负责）

三、优化政府服务，提高办事效率

（一）提高"双创"服务效率。因势利导，主动服务、跟踪服务，打造"双创"综合服务平台，为企业开办和成长"点对点"提供政策、信息、法律、人才、场地等全方位服务，砍掉束缚"双创"的繁文缛节，为扩大就业、培育新动能、壮大新经济拓展更大发展空间。建立新生市场主体统计调查、监测分析制度，密切跟踪新生市场主体特别是小微企业的经营发展情况，促进新生市场主体增势不减、活跃度提升。（省发展改革委、工商局牵头，省教育厅、科技厅、司法厅、人力资源社会保障厅、统计局等相关部门按职责分工负责）

（二）提高公共服务供给效率。坚持普惠性、保基本、均等化、可持续的方向，加快完善基本公共服务体系。创新机制，推广政府和社会资本合作模式，调动社会各方面积极性，增加基本公共服务。大幅放开服务业市场，促进民办教育、医疗、养老、健身等服务业和文化体育等产业健康发展，多渠道提高公共服务共建能力和共享水平，满足群众多层次、多样化公共服务需求。（省财政厅、发展改革委牵头，省教育厅、民政厅、文化厅、卫生计生委、工商局、体育局等相关部门按职责分工负责）

（三）提高政务服务效率。大力推行"互联网＋政务服务"，推进实体政务大厅向网上办事大厅延伸，打造政务服务"一张网"，简化服务流程，创新服务方式，对企业和群众办事实行"一口受理"，全程服务。抓紧制订政府部门间数据信息共享实施方案，明确共享平台、标准、目录、管理、责任等要求，打破"信息孤岛"和数据壁垒，实现数据信息互联互通和充分共享，建设高效运行的服务型政府。坚决取消各种不必要的证明和手续，让企业和群众办事更方便、更快捷、更有效率。（省政府办公厅、省发展改革委牵头，省编办、工业和信息化委、通信管理局、公安厅、民政厅、人力资源社会保障厅、住房城乡建设厅、工商局、质监局、河南出入境检验检疫局、统计局等相关部门按职责分工负责）

（四）加快推动形成更有吸引力的国际化、法治化、便利化营商环境。围绕企业申请开办时间压缩了多少、投资项目审批提速了多少、群众办事方便了多少等，提出明确的量化指标，制订具体方案并组织实施。以硬性指标约束倒逼减环节、优流程、压时限、提效率，激发改革动力，增强改革实效。（省政府办公厅、省发展改革委、统计局、编办牵头，省政府各有关部门按职责分工负责）

各地、各部门要把深化简政放权、放管结合、优化服务改革摆在突出位置，切实加强组织领导，根据本通知确定的改革工作要点，抓紧研究制订具体实施方案，并将简政放权、放管结合、优化服务改革任务落实情况纳入绩效考评体系，确保各项改革举措落到实处、取得实效。对已出台措施和改革任务，要加强针对落实情况的督查工作。对改革涉及的地方性法规、政府规章立改废问题，责任部门要主动与法制部门加强衔接、同步推进。要切实做好改革经验总结推广和宣传引导工作，及时回应社会关切，营造良好改革氛围。要充分发挥各级政府推进职能转变协调机构的作用，加强统筹协调和指导督促。改革中的重要情况要及时向省政府报告。

河南省人民政府办公厅

2016 年 9 月 23 日

安徽省人民政府办公厅关于深入推进
简政放权放管结合优化服务改革工作的通知

各市、县人民政府，省政府各部门、各直属机构：

为深入贯彻党的十八大和十八届二中、三中、四中、五中全会精神，认真落实《国务院关于印发 2016 年推进简政放权放管结合优化服务改革工作要点的通知》（国发〔2016〕30 号），深入推进简政放权、放管结合、优化服务改革，经省政府同意，现就有关工作通知如下：

一、深入推进清单制度建设，提升政府治理能力

（一）推进公共服务清单建设。全面梳理政府部门、国有企事业单位等提供的公共服务事项，逐项编制办事指南，优化服务流程，方便群众办事创业，构建全方位公共服务清单，并实行动态管理。突出需求导向、梳理服务事项，坚持"政府端菜"和"群众点菜"双向发力，更好满足企业和群众的个性需求。突出便民导向、绘出流程"捷径"，最大限度精简办理程序，创新服务方式。突出公开导向、倒逼服务规范，确保清单制定、运行流程公开，全面提升公共服务水平。（省编办牵头，省政府有关部门按职责分工负责）

（二）推进中介服务清单建设。按照"取消一批、转换一批、规范一批"的思路，坚持能放则放、能转则转、打破垄断，全面清理规范行政权力相关的中介服务事项，构建全口径中介服务清单，进一步打破市场垄断、切断利益关联、规范中介收费，降低制度性交易成本，引导中介服务市场健康发展。（省编办牵头，省政府有关部门按职责分工负责）

（三）规范优化权责清单。开展权责清单统一规范工作，实现省、市、县权力名称、类别和依据规范统一，打造权责清单"升级版"。依据法律法规规章"立改废释"，衔接上级政府调整的权力事项，开展权责清单动态调整，确保清单依法合规、及时有效、符合实际。（省编办牵头，省政府有关部门按职责分工负责）

（四）强化政府权力运行监管。认真落实政府权力运行监督管理办法，针对保留、取消、下放、转移的权力事项以及工商登记前置改后置行政审批事项，制定政府权力运行监管细则，明确行政处罚裁量权基准，加强事中事后监管，建立规范高效的政府权力运行监管机制。推进政府权力运行电子监察管理，明确监察职责和监察方式，对政府权力运行情况进行实时监督、预警纠错、投诉处理和追究问责。（省编办、省监察厅牵头，省政府有关部门按职责分工负责）

二、持续推进简政放权，激发市场活力和社会创造力

（一）继续深化行政审批改革。及时做好国务院取消和调整行政审批事项的衔接落实，继续加大放权力度。对确需下放给基层的审批事项，在人才、经费、技术、装备等方面予以保障。对相同、相近或相关联的审批事项，一并取消或下放，提高放权的协同性、联动性。对确需保留的行政审批事项，统一审批标准，简化审批手续，规范审批流程，严格按法定时限做到"零超时"。加强对取消下放事项的督促检查、跟踪问效，及时纠正明放暗留、变相审批等行为。（省编办牵头，省政府有关部门按职责分工负责）

（二）深入推进投资审批改革。做好国家取消下放投资审批权的衔接，适时修订政府核准的投资项目目录和企业投资项目核准备案管理办法，目录范围之外的企业投资项目，一律实行备案制。简化投资项目报建手续，压缩前置审批环节，实行"一站式"网上审批，推进投资审批提速。加快推进投资项目在线审批监管平台建设，加强与中央平台的对接。建立透明、规范、高效的投资项目纵横联动协同监管机制。（省发展改革委牵头，省国土资源厅、省环保厅、省住房城乡建设厅、省交通运输厅、省水利厅、省法制办等相关部门按职责分工负责）

（三）扎实做好职业资格改革。贯彻国家职业资格管理有关规定，深入开展职业资格清理规范工作，健全职业资格管理制度，降低就业创业门槛。落实国家职业资格目录清单管理制度，清单之外一律不得开展职业资格许可和认定工作，清单之内除准入类职业资格外一律不得与就业创业挂钩。严肃查处职业资格"挂证""助考"等行为，严格落实考培分离。定期开展职业技能鉴定质量检查工作，完善职业技能鉴定质量保证体系。（省人力资源社会保障厅牵头，省经济和信息化委、省住房城乡建设厅、省交通运输厅、省国资委、省质监局、省安全监管局、省食品药品监管局等相关部门按职责分工负责）

（四）积极开展收费清理改革。完善省、市、县三级涉企收费清单制度，动态调整清单内容，公布商业银行涉企收费清单和工程建设项目收费清单，加强涉企收费监管平台建设，打造收费清单"升级版"。动态公布省级行政事业性收费和政府性基金目录、行政审批前置服务项目收费目录、省级实行政府定价的经营服务性收费目录，及时公开行政事业性收费和政府性基金政策。清理和整合规范认证、评估、检查、检测等中介服务，解决评审评估事项多、耗时长、费用高等问题。严格落实已出台的各项收费清理政策，防止反弹或变相收费。组织开展涉企收费专项检查，强化举报、查处和问责机制，重点整治涉企乱收费行为，切实减轻企业负担。（省财政厅、省物价局、省发展改革委、省经济和信息化委牵头，省民政厅、省质监局等相关部门按职责分工负责）

（五）持续推进商事制度改革。进一步放宽市场准入，继续深化"先照后证"改革，削减工商登记前置审批事项，压缩后置审批。在全面实施企业"三证合一"基础上，积极整合社会保险登记证和统计登记证，实现"五证合一、一照一码"。加快推进工商登记全程电子化、名称登记、放宽住所条件、简易注销登记等改革试点，加快推行电子营业执照。完善小微企业名录，建立健全小微企业发展跟踪联络机制和成长辅导机制。推进建立有关信息共享、失信惩戒和行政执法等方面的联动响应机制。（省工商局、省编办牵头，省人力资源社会保障厅、省地税局、省法制办、省统计局、省国税局等相关部门按职责分工负责）

（六）继续深化教育领域改革。推进考试招生制度改革，促进考试招生制度更加公平公正、科学高效。深化职业院校分类招生考试制度改革，扩大分类考试录取比例。下放高校能够自主管理的事项，特别要扩大高校在经费使用、成果处置、职称评审、选人用人、薪酬分配、设备采购、学科专业设置等方面的自主权。落实完善支持教学科研人员创业创新的股权期权激励等相关政策。委托第三方评价机构，开展高校重点实验室、人文社科重点研究基地等科研平台和人才培养基地建设绩效考核评估。（省教育厅牵头，省编办、省科技厅、省财政厅、省人力资源社会保障厅、省工商局、省地税局、省社科院、合肥海关等相关单位按职责分工负责）

（七）继续深化科技领域改革。深入推进科技计划和科技项目管理改革，开展科技报告制度建设。扩大科研院所自主权，尤其是在经费使用、成果处置、职称评审、选人用人、薪酬分配、设备采购等方面的自主权，为科研人员从事兼职创业创造宽松条件，促进科技成果转化。（省科技厅牵头，省编办、省财政厅、省人力资源社会保障厅、省工商局、省地税局、省社科院、省国税局、合肥海关等相关单位按职责分工负责）

（八）继续深化文化领域改革。加快构建现代公共文化服务体系，推进管理服务创新，完善公共文化设施网络。在前期试点工作基础上，逐步扩大基层综合性文化服务中心建设，推行基本公共文化服务标准化。继续推进政府购买公共文化服务改革。推动落实重点新闻网站采编人员纳入新闻记者证制度管理。（省文化厅、省新闻出版广电局牵头，省政府有关部门按职责分工负责）

（九）继续深化卫生计生领域改革。积极推进省农合异地就医联网结报，建立省级结算中心，逐步实现新农合费用异地结算。建立基于基本医保信息的贫困人口身份识别系统，实现贫困人口综合医保"一站式"系统交换和即时结算服务。积极推进"安徽省医疗便民服务平台"应用，加快覆盖全省三级医院和具备条件的二级医院，不断拓展平台功能，支持双向转诊、分级诊疗等多元化便民服务。（省卫生计生委牵头，省政府有关部门按职责分工负责）

（十）继续深化体育领域改革。创新公共体育服务，丰富全民健身和青少年体育活动平台。深入推进体育社团职能转变改革，积极培育体育社团组织。推进以购买公共服务方式开展省级全民健身赛事活动，以及全民健身工程和器材的评估、管理、维护等工作。制定安徽省足球改革发展中长期规划。（省体育局牵头，省政府有关部门按职责分工负责）

（十一）以政务公开推动简政放权。以更大力度推进政务公开，让人民群众和企业了解放权情况、监督放权进程、评价放权效果。及时公布动态调整的权力清单、责任清单、涉企收费清单，推进公共服务、中介服务等清单公开。全面推进决策、执行、管理、服务、结果公开和重点领域信息公开。加大政府信息数据开放力度，除涉及国家安全、商业秘密、个人隐私的外，都应向社会开放。及时公开突发敏感事件处置信息，回应社会关切。（省政府办公厅牵头，省编办、省发展改革委、省教育厅、省公安厅、省民政厅、省财政厅、省人力资源社会保障厅、省住房城乡建设厅、省商务厅、省卫生计生委、省工商局、省统计局、省物价局等相关部门按职责分工负责）

三、推进监管方式创新，促进社会公平正义

（一）实施公正监管。推进政府监管体制改革，加快构建事中事后监管体系。全面推开"双随机、一公开"监管，抓紧建立随机抽查事项清单、检查对象名录库和执法检查人员名录库，制定随机抽查工作细则，今年县级以上政府部门都要拿出"一单、两库、一细则"。随机抽查事项达到本部门市场监管执法事项的70%以上、其他行政执法事项的50%以上，力争2017年实现全覆盖。加强与信用监管、智能监管联动，加强

社会信用体系建设，充分体现监管的公平性、规范性和简约性，并充分发挥信用信息共享平台作用，推进实施守信联合激励和失信联合惩戒工作，加大对失信行为的曝光力度。推进企业信用信息归集公示工作。积极运用大数据、云计算、物联网等信息技术，建立健全市场主体诚信档案、行业黑名单制度和市场退出机制。（省发展改革委、省工商局、人行合肥中心支行牵头，省编办、省地税局、省质监局、省食品药品监管局、省物价局、省国税局、合肥海关等相关部门按职责分工负责）

（二）推进综合监管。按照权责一致原则，继续推进市县两级市场监管领域综合行政执法改革，强化基层监管力量，落实相关领域综合执法机构监管责任。建立健全跨部门、跨区域执法联动响应和协作机制，实现违法线索互联、监管标准互通、处理结果互认，消除监管盲点，降低执法成本。加强行业自律，鼓励社会公众参与市场监管，发挥媒体监督作用，充分发挥社会力量在强化市场监管中的作用。（省编办、省法制办牵头，省发展改革委、省经济和信息化委、省民政厅、省交通运输厅、省文化厅、省工商局、省质监局、省新闻出版广电局、省食品药品监管局、合肥海关等相关部门按职责分工负责）

（三）探索审慎监管。对新技术、新产业、新业态、新模式的发展，区分不同情况，积极探索和创新适合其特点的监管方式，防范可能引发的风险，促进新经济健康发展。对看得准的基于"互联网＋"和分享经济的新业态，量身定制监管模式；对一时看不准的，先监测分析、包容发展；对潜在风险大的，严格加强监管；对以创新之名行非法经营之实的，坚决予以打击、加强监管。（省发展改革委、省经济和信息化委、省民政厅、省交通运输厅、省文化厅、省工商局、省质监局、省新闻出版广电局、省食品药品监管局、人行合肥中心支行、合肥海关、安徽银监局、安徽证监局、安徽保监局等相关部门按职责分工负责）

（四）促进各类市场主体公平竞争。在同规则、同待遇、降门槛上下功夫，做到凡是法律法规未明确禁止的，一律允许各类市场主体进入；凡是已向外资开放或承诺开放的领域，一律向民间资本开放；凡是影响民间资本公平进入和竞争的各种障碍，一律予以清除。贯彻实施促进民间投资的各项政策，全面落实民间投资平等市场主体待遇，探索建立行业准入负面清单制度，破除民间投资进入电力、电信、交通、石油、天然气、市政公用、养老、医药、教育等领域的不合理限制和隐性壁垒，坚决取消对民间资本单独设置的附加条件和歧视性条款。加快建设统一开放、竞争有序的市场体系，打破地方保护。组织实施公平竞争审查制度。依法严厉打击侵犯知识产权、制售假冒伪劣商品等行为，严格知识产权保护执法，营造诚实守信、公平竞争的市场环境。（省发展改革委、省工商局牵头，省教育厅、省科技厅、省经济和信息化委、省公安厅、省民政厅、省住房城乡建设厅、省交通运输厅、省商务厅、省文化厅、省卫生计生委、省质监局、省体育局、省食品药品监管局、省法制办、省能源局、省物价局、合肥海关等相关部门按职责分工负责）

四、提高工作效能，优化政府服务

（一）提高"双创"服务效率。因势利导，主动服务、跟踪服务，打造"双创"综合服务平台，为企业开办和成长"点对点"提供政策、信息、法律、人才、场地等全方位服务，砍掉束缚"双创"的繁文缛节，为扩大就业、培育新动能、壮大新经济拓展更大发展空间。建立新生市场主体统计调查、监测分析制度，密切跟踪新生市场主体特别是小微企业的经营发展情况。（省发展改革委、省工商局牵头，省教育厅、省科技厅、省司法厅、省人力资源社会保障厅、省统计局、国家统计局安徽调查总队等相关部门按职责分工负责）

（二）提高公共服务供给效率。坚持普惠性、保基本、均等化、可持续的方向，加快完善基本公共服务体系。推广政府和社会资本合作模式，调动社会各方面积极性，增加基本公共服务。大幅放开服务业市场，探索推进公办民营、民办公助等模式，促进民办教育、医疗、养老、健身等服务业和文化体育等产业健康发展，多渠道提高公共服务共建能力和共享水平。（省财政厅、省发展改革委牵头，省教育厅、省民政厅、省文化厅、省卫生计生委、省工商局、省体育局等相关部门按职责分工负责）

（三）提高政务服务效率。大力推行"互联网＋政务服务"，推进实体政务大厅向网上办事大厅延伸，打造政务服务"一张网"，对企业和群众办事实行"一口受理"、全程服务。以省级权力清单运行平台为依托，加快整合相关信息管理平台，落实政府部门间数据信息共享实施方案，实现数据信息互联互通和充分共享。深化政务服务标准化建设，规范政务服务行为，提高政务服务水平。坚决取消各种不必要的证明和手续，让企业和群众办事更方便、更快捷、更有效率。（省发展改革委、省政府办公厅牵头，省编办、省经济和信息化委、省公安厅、省民政厅、省人力资源社会保障厅、省住房城乡建设厅、省工商局、省质监局、省统计局等相关部门按职责分工负责）

（四）推动形成更有吸引力的营商环境。围绕企业申请开办时间压缩了多少、投资项目审批提速了多少、群众办事方便了多少等，提出明确的量化指标，制订具体方案并组织实施。以硬性指标约束倒逼减环节、优流程、压时限、提效率，激发改革动力，增强改革实效。（省发展改革委、省统计局、省编办牵头，省政府有关部门按职责分工负责）各地、各部门要把深化简政放权、放管结合、优化服务改革放在突出位置，主要领导要亲自抓，结合实际提出贯彻措施，细化分解任务，明确时限要求，落实工作责任。要加强对已出台措施和改革任务落实情况的督查，建立健全督办、巡查、考核评价、责任追究等机制，对主动作为的要激励，对落实不力的要问责。要做好改革经验总结推广和宣传引导工作，营造良好改革氛围。改革中的重要情况要及时向省政府报告。

安徽省人民政府办公厅

2016 年 9 月 13 日

省人民政府办公厅关于印发湖北省推进"互联网＋放管服"改革实施方案的通知

各市、州、县人民政府，省政府各部门：

《湖北省推进"互联网＋放管服"改革实施方案》已经省人民政府同意，现印发给你们，请结合实际，认真组织实施。

2017 年 5 月 18 日

湖北省推进"互联网＋放管服"改革实施方案

运用"互联网＋"思维，深化"放管服"改革（以下简称"互联网＋放管服"改革）被确定为省全面深化改革领导小组 2017 年度重大改革项目之一。为加快推进"互联网＋放管服"改革项目实施，特制订如下方案。

一、工作目标

全面贯彻党的十八大和十八届三中、四中、五中、六中全会精神，深入落实省领导领衔推进重大改革项目的有关要求，以"互联网＋"思维引领"放管服"改革，按照网上集中办理、服务便民利企、数据开放共享的总体思路，加快建立"一网覆盖、一次办好"的"互联网＋放管服"改革体系，确保 2017 年底省、市、县三级政务服务"一张网"基本建成，省级部门及试点地方的行政许可和公共服务事项网上办理基本实现，真正让企业和群众少跑腿、好办事。

——搭建"一网覆盖、线上运行"的平台架构，逐步建立覆盖全省行政审批服务、"双随机、一公开"监管和中介服务管理等业务的"放管服"改革运行网。

——完善"一套标准、一窗受理"的工作机制，深入推进行政审批标准化和信息化建设，全面梳理规范行政许可和公共服务事项，优化业务办理流程，逐步实现行政许可和公共服务事项一口受理、网上办理。

——建立"一体流转、一库共享"的技术保障，构建统一身份认证平台、电子证照库和数据共享交换平台，推进网上办事系统互联互通和业务协同，促进各层级、各部门的政务信息资源深度融合、开放共享。

二、主要措施

（一）制定"一张网"建设的总体架构。按照《国务院办公厅关于印发"互联网 + 政务服务"技术体系建设指南的通知》（国办函〔2016〕108 号）要求，统一全省"一张网"建设的组织架构、建设方式和技术标准。依托楚天云、国家电子政务外网省级节点平台和省政务数据共享交换平台，建立集面向公众的政务服务平台和面向政府内部业务办理的行政权力运行系统于一体的政务服务网，逐步形成实体政务大厅、网上办事大厅、移动客户端、自助终端等线上线下相结合、相统一的政务服务新模式。（牵头单位：省编办、省政府办公厅、省发展改革委、省经信委；责任单位：各市、州、县人民政府，省政府有关部门）

（二）建设"双随机、一公开"监管平台。全面推进"双随机、一公开"监管，开发建设全省统一的"双随机、一公开"监管平台，推进"一单两库一表一细则"在线应用。加强与省信用信息公共服务平台和国家企业信用信息公示系统（湖北）对接，促进信用信息的归集、披露、应用及信用主体权益保护等，为加强事中事后监管提供平台支撑。（牵头单位：省编办、省发展改革委、省工商局；责任单位：各市、州、县人民政府，省政府有关部门）

（三）推广应用中介服务管理平台。积极完善行政审批中介服务管理平台的功能，建立市（州）、县（市、区）中介服务事项通用清单，推进中介服务事项在线应用，加强全过程监督管理，打造服务全省项目业主和中介机构的"网上超市"，规范中介服务行为，降低交易成本。（牵头单位：省编办；责任单位：各市、州、县人民政府，省政府有关

部门）

（四）统一编制事项标准。按照全国《行政许可标准化指引（2016版）》的要求，推进行政审批标准化建设，推动各地各部门全面梳理行政许可和公共服务事项，按事项逐项编制完善服务指南和审查细则。结合减证便民专项行动，全面清理精简各类证照，简化优化网上办理流程。（牵头单位：省编办、省政府办公厅、省质监局；责任单位：各市、州、县人民政府，省政府有关部门）

（五）推动事项网上办理。加快行政许可和公共服务事项标准的线上线下融合运用，逐步实现在线申请、在线受理、在线审批。探索网上办事移动客户端、微信公众号的"掌上办事"服务功能，将业务办理端口前移，提高一次办好率。（牵头单位：省编办、省政府办公厅、省质监局；责任单位：各市、州、县人民政府，省政府有关部门）

（六）探索设置综合服务窗口。稳步有序推进实体办事大厅转型升级，支持条件成熟的地方探索将部门分设的办事窗口整合为综合窗口。综合服务窗口实行"一次告知、一口受理、一次发证"，真正做到一个窗口办事、一站式办结，变"群众来回跑"为"部门协同办"。（牵头单位：省政府办公厅、省编办；责任单位：各市、州、县人民政府，省政府有关部门）

（七）推进政务服务平台互联互通。依托各级政府门户网站作为统一的服务入口，拓展建设互联网政务服务门户，将网上办事的前端和出口全部整合到互联网政务服务门户，逐步变多网受理为一网受理。已建有政务服务平台的市（州）、县（市、区），应按照全省统一标准对现有平台进行改造完善，实现与省级平台的互联互通和业务协同，并逐步推动向统一平台整合迁移；尚未建设政务服务平台或现有平台改造难度较大的市（州）、县（市、区），不再新建，统一使用省级平台。（牵头单位：省政府办公厅、省编办、省发展改革委；责任单位：各市、州、县人民政府，省政府有关部门）

（八）推进业务办理系统融会贯通。按照"前台综合受理、后台分类审批、统一窗口出件"的审批服务模式，依托省行政权力运行系统，加强各级互联网政务服务门户与政府部门电子政务外网以及专网的融合对接，加快建立后台分类流转应用体系，将入口的申办事项通过数据共享交换平台实时交换到各部门业务办理系统，并将办理过程及结果同步发送至互联网政务服务门户。（牵头单位：省编办、省政府办公厅、省发展改革委、省经信委；责任单位：各市、州、县人民政府，省政府有关部门）

（九）建立一网覆盖的技术支撑系统。以公民身份证号码、统一社会信用代码分别作为自然人和法人办事的唯一标识，构建网上办事统一身份认证体系，实现公民、企事业单位和社会组织办事一次认证、无缝切换、多点服务。加快各地各部门的证照、档案电子化进程，在全省人口、法人等基础信息资源库基础上，梳理、编制自然人和法人证照目录，建设全省统一的电子证照、电子档案库。通过公民身份证号码、统一社会信用代码进行关联，推动部门业务办理与电子证照系统对接，实现办事相关证明材料一次采集、统一存储、共享共用、便于核查。（牵头单位：省发展改革委、省公安厅、省工商局、省民政厅、省编办、省保密局、省档案局；责任单位：省政府有关部门）

（十）加快数据共享交换体系建设。研究制定政务信息资源目录编制指南，健全政务信息交换、使用、管理机制，建立健全相关规章制度，推进电子证照、电子档案、电子签章应用，完善部门间互通互认机制。建立政务数据共享交换平台，整合、打通互联网政务服务门户与各部门审批系统、电子证照系统、统一身份认证平台、行政权力运行系统、"双随机、一公开"监管平台、中介服务管理平台、政府法制监督平台等数据对接，实现各系统、各层级、各部门政务服务数据互联互通。积极探索政务信息资源数据与互联网社会化服务平台合作，提升政府信息资源的社会化利用深度和广度。（牵头单位：省发展改革委、省政府办公厅、省编办、省经信委、省政府法制办、省保密局、省档案局、省通信管理局、省网信办；责任单位：各市、州、县人民政府，省政府有关部门）

三、实施步骤

（一）动员准备阶段（2017 年 3 月至 4 月）。成立省推进职能转变协调小组深化"互联网＋放管服"改革专题组，明确牵头单位和责任单位，细化任务分工。召开动员部署会议，启动"互联网＋放管服"改革项目推进工作。

（二）分步实施阶段（2017 年 5 月至 9 月）。印发全面推进行政审批标准化建设的通知，指导督促各地各部门完成服务指南和审查细则的编写工作。推进省级部门和武汉、襄阳、宜昌、十堰、荆门等试点地方规范梳理行政许可和公共服务事项，优化业务流程和网上办理。制定全省"一张网"建设的组织架构、建设方式和技术标准，拓展建设互联网政务服务门户并上线运行。启动全省统一身份认证平台、电子证照库和数据共享交换平台建设。加快推进省行政权力运行系统、"双随机、一公开"监管平台、中介服务管理平台、政府法制监督平台在省政府部门和试点地方应用。

（三）全面推广阶段（2017 年 10 月至 11 月）。召开"互联网＋放管服"改革项目推进会，全面部署市（州）、县（市、区）"互联网＋放管服"改革工作。加快推进省行政权力运行系统、"双随机、一公开"监管平台、中介服务管理平台、政府法制监督平台在市（州）、县（市、区）全面应用。基本建成覆盖省、市、县三级的互联网政务服务门户，基本实现省级部门和试点地方行政许可和公共服务事项网上办理。

（四）总结评估阶段（2017 年 12 月）。加强"互联网＋放管服"改革项目督查，将"一网覆盖、一次办好"作为省级部门和试点地方考核内容，纳入年度目标考核。全面完成 2017 年"互联网＋放管服"改革各项目标任务，各牵头单位报送专项工作总结。深化"互联网＋放管服"改革专题组及时汇总总体情况和工作成果报送省委、省政府。

四、组织保障

（一）加强领导，统筹谋划。各地各部门要切实加强对"互联网＋放管服"改革工作的组织领导，将其列入重要改革日程，主要负责同志亲自抓，制定具体落实方案，明确工作路线图、时间表，确保改革措施落实到位。

（二）明确分工，协调推进。按照"全省一盘棋"的要求，由深化"互联网＋放管服"改革专题组统筹协调，各牵头单位要会同责任单位制定具体实施办法，落实责任分工，保障改革任务顺利推进。省编办负责专题组日常工作，会同其他成员单位组织实施，协调推进各项任务。

（三）严格督办，确保落实。将"互联网＋放管服"改革纳入省政府重点督查事项，按照时间节点和量化考核标准，对工作进展和落实情况进行检查督办，对工作落实不到位的进行问责，推动各地各部门按时保质完成任务。

内蒙古自治区党委办公厅自治区人民政府办公厅印发《关于深化"放管服"改革推进审批服务便民化的实施意见》的通知

各盟市委，盟行政公署、市人民政府，自治区各部、委、办、厅、局和各人民团体：

《关于深化"放管服"改革推进审批服务便民化的实施意见》已经自治区党委、政府同意，现印发给你们，请结合实际认真贯彻落实。

中共内蒙古自治区委员会办公厅内蒙古自治区人民政府办公厅

2018 年 8 月 26 日

为贯彻落实《中共中央办公厅、国务院办公厅印发〈关于深入推进审批服务便民化的指导意见〉的通知》（厅字〔2018〕22 号）精神，进一步转变政府职能，推进简政放权、放管结合、优化服务改革（以下简称"放管服"改革），提升审批服务便民化水平，结合自治区实际，提出如下实施意见。

一、总体要求

全面贯彻党的十九大和十九届二中、三中全会精神，以习近平新时代中国特色社会主义思想为指导，深入贯彻习近平总书记考察内蒙古重要讲话和参加十三届全国人大一次会议内蒙古代表团审议时的重要讲话精神，紧紧围绕统筹推进"五位一体"总体布局和协调推进"四个全面"战略布局，牢固树立以人民为中心的发展思想，深入推进"放管服"改革，坚持改革与法治辩证统一，坚持放管并重、放管结合，着力解决阻碍创新发展的"堵点"、影响干事创业的"痛点"和市场监管的"盲点"，不断优化办事创业和营商环境，切实增强政府治理能力和公信力，建设人民满意的服务型政府。

二、持续深化简政放权

（一）深化行政审批制度改革。依法规范政府权力运行，进一步精简行政权力事项，凡涉及行政权力事项的相关改革，必须与权责清单保持一致。持续推进行政审批制度改革基础清单标准化体系建设，编制全区通用权责清单，实现自治区、盟市、旗县（市、区）同级相同行政权力事项同名称、同类型、同编码、同流程、同依据。全面推行审批服务"马上办、网上办、就近办、一次办"，2018年10月底前，自治区政府统一制定并公布各层级政府"马上办、网上办、就近办、一次办"审批服务事项目录清单。推进审批服务标准化，规范行政审批事项的申请条件、申请材料、办理时限、办理流程、收费标准等内容，公布办事指南，编写业务手册，制作示范文本。对不动产登记、市场准入、企业投资、建设工程、民生事务等办理量大、企业和群众关注的重点领域重点事项，大力推进减环节、减材料、减时限、减费用，让更多政务服务事项"最多跑一次"。整合涉及多部门事项的共性材料，推广多业务申请表信息复用，通过"一表申请"将企业和个人基本信息材料一次收齐、后续反复使用，减少重复填写和重复提交。对上一个审批服务环节已经收取的申报材料，不得要求企业和群众再次提交。消除审批服务中的模糊条款，对属于兜底性质的"其他材料""有关材料"等，应逐一加以明确，不能明确且不会危害国家安全和公共安全的，不得要求申请人提供。进一步规范行政审批中介服务，全面清理规范涉及行政审批的技术审查、论证、评估、评价、检验、检测、鉴证、鉴定、证明、咨询、试验等中介服务事项，无法定依据的一律取消，对保留的要明确办理时限、工作流程、申报条件、收费标准并对外公开。深入开展"红顶中介"专项整治，加快推进主管部门与中介服务机构脱钩。放宽中介服务市场准入，鼓励支持各类资本进入中介服务行业和领域，坚决破除中介服务垄断，除法律法规有特别规定外，各部门设定的区域性、行业性和部门间中介服务机构执业限制一律取消。严禁限额管理中介服务机构数量，逐步形成公平开放的中介服务市场。建立和规范网上"中介服务超市"，实现网上展示、网上竞价、网上中标、网上评价。企业自主选择中介服务机构，政府部门不得强制指定或变相指定。政府部门在审批服务过程中委托开展的技术性服务，必须通过竞争方式选择服务机构，服务费用一律由部门支付并纳入部门预算。颁证机关要加强中介服务监管，建立中介服务机构监管评价机制，实行中介服务机构评价结果公开制度，完善准入和退出机制，促进优胜劣汰。理顺不动产登记管理体制，2018年10月底前理顺国土资源部门不动产登记管理和住房城乡建设（房管）部门房产交易职能职责，实现不动产登记"一窗式""一站式"服务模式。（自治区审改办牵头，各盟市政府和自治区各有关部门按职责分工负责）

（二）深入推进投资审批改革。落实国务院《清理规范投资项目报建审批事项实施方案》，进一步精简整合投资项目报建审批事项，严禁擅自增加审批事项和审批环节，防止权力复归、边减边增。建立投资项目在线审批监管平台应用监督和考评机制，2018年底前涉及投资项目审批的部门全部实现网上并联办理。优化各级公共资源交易平台功能，严格执行公共资源交易目录清单，进一步提高交易全流程电子化水平。开展企业投资项目承诺制改革试点，对不新增用地"零用地"技改项目推行承诺备案制。在工程建设领域实行"并联审批""多规合一""多评合一""联合踏勘""联合测绘""多图联审""联合验收"等审批模式。推广容缺后补、绿色通道、首席服务官和数字化审图、告知承诺、快递送达等便利措施。对国家鼓励类企业投资项目探索不再审批。在开发区、工业园区等推行由政府统一组织对一定区域内土地勘测、矿产压覆、地质灾害、水土保持、文物保护、洪水影响、地震安全性、气候可行性、社会稳定风险等事项实行区域评估，切实减轻企业负担。推行投资建设项目"全程代办"制度，为投资者提供咨询、指导、协调、代办等全程帮办服务。对重点区域重点项目探索实行个性化定制服务，促进投资项目尽早落地。力争 2023 年底前将工程建设项目从立项到竣工验收全流程审批时间压减一半。（自治区发展改革委牵头，自治区审改办、国土资源厅、环境保护厅、住房城乡建设厅等相关部门按职责分工负责）

（三）深入推进职业资格改革。进一步减少职业资格许可和认定事项，动态调整职业资格目录清单，依法向社会公布。严格落实国家职业资格目录，对国家已经明确取消的职业资格许可和认定事项开展"回头看"，清单之外不得开展职业资格许可和认定。建立健全职业资格和证书管理制度，不断优化职业资格证办理和年检流程。严格执行国家职业标准和评价规范，逐步形成统一规划、规范设置、分类管理、有序实施、严格监管的职业资格管理机制。建立职业资格监管长效机制，明确监管主体、监管对象、监管措施、监管途径及相应惩戒措施。严格落实考培分离，依法查处职业资格"挂证""助考"等行为。（自治区人力资源社会保障厅牵头，各盟市政府和自治区各有关部门按职责分工负责）

（四）深入推进商事制度改革。进一步放宽市场准入，全面实施市场准入负面清单制度，清理废除妨碍统一市场和公平竞争的各种规定和做法，对未纳入负面清单的行业领域，各类市场主体皆可依法平等进入。严格执行工商登记前置审批事项目录，同步减少后置审批事项。全面实施"多证合一、一照一码"改革，按期完成全国统一的"多证合一"任务。以市场主体办理登记"零见面"、电子营业执照"无介质"为目标，全面推行企业登记全程电子化和电子营业执照，优化线上服务。建立

"最多跑一次"办事项目清单，推行工商登记向"一个窗口"提交"一套材料"的受理模式。简化企业开办流程，减少审批环节，压缩审批时限，推行简易注销登记，力争2023年底前企业开办时间压缩至5个工作日。扎实开展"证照分离"改革，探索推进"照后减证"，破解"准入不准营"难题。（自治区工商行政管理局、发展改革委、商务厅、审改办牵头，人力资源社会保障厅、质量技术监督局、政府法制办、税务局等相关部门按职责分工负责）

（五）深入推进收费清理改革。严格执行涉企收费目录清单，清理规范和降低涉企收费。继续清理规范政府收费性基金和行政事业性收费、经营服务性收费，重点清理行政审批前置中介服务收费以及行业协会商会收费，降低各环节费用。完善自治区行政事业性收费目录清单和涉企收费目录清单，及时修订行政事业性收费标准管理办法。强化涉企收费监管，完善举报、查处和问责机制。全面清理规范涉企保证金项目，法律法规规定可以保留的，要列出清单并向社会公布。（自治区财政厅、发展改革委、经济和信息化委牵头，各盟市政府和自治区各有关部门按职责分工负责）

三、加强监管创新

（一）坚持公正监管。全面推行"双随机、一公开"监管，健全完善"一单两库一细则"制度，实现对市场主体的各项检查事项全覆盖，确保监管公平公正。加快推进政府监管信息共享，积极推进检查处罚信息公开。完善跨部门联合抽查工作机制，提高随机抽查覆盖率，增加高风险企业抽查概率和频次，加强对涉及人民群众生命财产安全领域的监管。积极运用大数据、云计算、物联网等信息技术手段，推进事中事后监管信息与政务服务深度融合，整合市场监管相关数据资源，加强对市场环境的大数据监测分析和预测预警，推进线上线下一体化监管。加强执法人员教育管理，提升执法水平，杜绝执法犯法、执法扰民、选择性执法等行为，确保公正公开公平执法。力争2023年底前建立健全以"双随机、一公开"监管为基本手段，以重点监管为补充，以信用监管为基

础的新型监管机制。（自治区工商行政管理局牵头，各盟市政府和自治区各有关部门按职责分工负责）

（二）加强信用监管。加快推进自治区社会信用信息平台建设，加大各领域信用信息归集、共享和应用力度，推动全区信用信息共享平台向各级政府监管部门开放数据，并与政府审批服务、监管处罚等工作有效衔接，实现"一个平台管信用"。建立完善各行业"红黑名单"制度，推行守信联合激励和失信联合惩戒机制，建立信用承诺、异议处理和信用修复制度，营造诚实自律、守信互信的社会环境，维护公民和法人合法权益。（自治区发展改革委、工商行政管理局牵头，各盟市政府和自治区各有关部门按职责分工负责）

（三）推进综合监管。按照权责一致原则，深入推进盟市、旗县（市、区）市场监管、城市管理、交通运输、农牧业、生态环境保护、文化旅游等重点领域综合行政执法改革，进一步推动力量下沉、重心下移。建立健全跨部门、跨区域执法联动响应和协作机制，实现违法线索互联、监管标准互通、处理结果互认。整合优化基层治理网格，实现"多网合一、一员多能"，提升基层监管执法能力。总结推广各地典型经验，不断扩大改革试点范围。（自治区审改办牵头，各盟市政府和自治区各有关部门按职责分工负责）

（四）探索审慎监管。对新产业、新业态、新模式，积极探索实施包容审慎监管。加强对电力、电信、油气、城市供水以及供热、供气、铁路等垄断行业监管，依法严厉查处垄断性企业事业单位为市场主体提供服务过程中的"三指定"（即指定设计单位、指定施工单位、指定设备材料）行为。梳理行政处罚、行政强制、行政征收、行政检查等执法类职权事项，规范执法程序、执法行为和自由裁量权。全面推行行政执法公示、执法全过程记录、重大执法决定法制审核制度，监督行政机关依法履行职责，促进行政执法公开透明、合法合规。（各盟市政府和自治区政府各有关部门按职责分工负责）

（五）加强市场行为监管。严肃查处垄断行为和不正当竞争行为。

针对供水、供电、供气、供暖、广播电视、通信、金融、医疗、教育等行业企业存在的限制竞争、不正当竞争、滥用市场支配地位等损害竞争秩序和侵犯消费者合法权益的行为开展集中整治专项行动，着重整治限制交易、滥收费用、搭售、附加不合理交易条件等违法行为，促进市场主体公平竞争。（各盟市政府和自治区政府各有关部门按职责分工负责）

四、优化政府服务

（一）加快推进政务服务"一网通办"。深化"互联网+政务服务"，构建一体化网上政务服务平台，实现自治区、盟市、旗县（市、区）政务服务平台融合对接，推进实体政务大厅与网上服务平台一体化服务，将网上便民服务延伸到苏木乡镇（街道）、嘎查村（社区），推动更多政务服务事项网上办理。按时完成与国家数据共享交换平台的对接工作。拓展网上办事广度和深度，延长网上办事链条，推行网上咨询、网上预约、网上申报、网上受理、网上办理、网上反馈等，凡与企业生产经营、群众生产生活密切相关的审批服务事项"应上尽上、全程在线"，切实提高政务服务事项网上办理比例。2019年底前，按照公布的权责清单，自治区本级90%以上政务服务事项实现网上办理，盟市政务服务事项网上办理不低于70%，努力实现一般事项"不见面"。各级政府部门按照"谁建设系统、谁负责对接"的原则，加快改造自有的跨层级垂直业务信息系统，并与各级政务服务平台对接，实现跨层级、跨地域、跨系统、跨部门、跨业务数据互联互通，避免数据和业务"两张皮"。除有特殊保密要求外，各业务部门原则上不再单独建设审批服务业务平台系统。以公民身份证号码、统一社会信用代码为唯一标识码，建立覆盖全区、格式规范的电子证照库。推动电子证照、电子文件、电子签章等在政务服务领域的应用，实现电子证照"一次采集、一库管理、多方使用、即调即用、互认共享"。加快建立政府部门间信息资源共享标准和业务协同标准，推进政务信息系统整合共享。建立完善政务信息资源数据采集体系、资源目录体系、数据交换体系、共享规范体系和安全认证体系，形成流程清晰、责任明确的政务信息采集、维护、共享工作机制。加快推进自治区公共资源交易信息整合共享，实现"一地注册、全区通用"。利用网上服务平台、自助终端、移动终端、微信公众号和热线电话等便民服务平台，鼓励开展第三方便民服务应用，加强政务新媒体监管，有条件的地区探索开展市民个人网页和企业专属网页建设。加大非紧急类政务服务热线整合力度并与网上政务服务平台联通，打造统一规范、内容丰富、实用性强的综合热线服务平台。（自治区政府办公厅牵头，自治区经济和信息化委、大数据发展管理局配合，各盟市政府和自治区各有关部门按职责分工负责）

（二）努力提高"双创"服务质量。建立小微企业信息互联共享机制，推进小微企业信用信息共享，集中公开各类扶持政策及企业享受扶持政策的信息，增强创业型企业信息透明度，为企业设立和经营提供政策、信息、法律服务。（自治区发展改革委牵头，各盟市政府和自治区各有关部门按职责分工负责）

（三）积极推进相对集中行政许可权改革。扩大相对集中行政许可权改革试点范围，优化审批服务职责，实行"一枚印章管审批"，实现"只进一扇门、办成一揽子事"。健全盟市、旗县（市、区）和开发区行政审批服务局与同级监管部门及上下级部门间的工作协调配合机制。依法设立的行政审批服务局办理的行政许可等事项具有法律效力，原主管部门不得要求企业和群众再加盖本部门印章，杜绝重复盖章。按照"谁审批谁监管、谁主管谁监管"的原则，厘清审批和监督权责边界，强化和落实监管责任，健全审管衔接机制，开展工作会商、联合核验，推动业务协同、信息互通。按照"应进必进、授权到位"的原则，推动各层级行政审批事项向政务服务中心集中，将垂直管理部门在本行政区域办理的政务服务事项纳入综合性政务服务大厅集中办理，实现"三集中、三到位"。（自治区审改办牵头，各盟市政府和自治区各有关部门按职责分工负责）

（四）持续开展"减证便民"行动。按照"凡没有法律法规依据的一律取消、能通过个人现有证照来证明的一律取消、能采取申请人书面承诺方式解决的一律取消、能被其他材料涵盖或替代的一律取消、能通过网络核验的一律取消、开具单位无法调查核实的证明一律取消"的要求，全面清理"奇葩"证明、循环证明、重复证明等各类无谓证明，减少盖章、审核、备案、确认、告知等各种烦琐环节和手续。实行标准化管理，对确需保留的证明事项，要列明设定依据、索要单位、开具单位、办理指南等，实行清单化管理。目前不具备取消条件且工作确实需要的，要逐项制定取消措施、明确取消时限。对保留的证明，要加强互认共享，减少不必要的重复举证。（自治区政府法制办牵头，各盟市政府和自治区各有关部门按职责分工负责）

（五）创新便企利民服务方式。推行便民服务措施，实行预约办理、跨层联办、智能导办、一对一专办等方式，2023年底前全面实现全城通办、就近能办、异地可办，切实解决"排队长""来回跑"等问题，不断提升企业和群众办事便利化水平。打通查询互认通道，满足对自然人和企业身份核验、纳税证明、不动产登记、学位学历证明、资格资质、社会保险等数据查询需求。有条件的地区探索实行居民身份证、驾驶证、出入境证件、医保社保、住房公积金等事项异地办理。对量大面广的个人事项利用银行、邮政等网点办理，实现服务端口前移，针对居住分散、交通不便等农村牧区实际，开展代缴代办代理等便民服务。（自治区审改办牵头，各盟市政府和自治区各有关部门按职责分工负责）

（六）加强政务服务能力建设。加快实体政务服务大厅功能升级，加强软硬件设施配备，优化窗口设置和力量配置，强化人员、设施、经费保障。推行"前台综合受理、后台分类审批、综合窗口出件"的工作模式，将"一事跑多窗"变为"一窗办多事"，实现"一窗通办"。除因安全保密等特殊原因外，原则上不再保留各级政府部门单独设立的服务大厅。实行首问负责制、限时办结制和责任追究制，严格执行一次性告知制度。推行政务服务标准化建设，改进工作作风，着力革除"管卡压""推绕拖"等行为。实行预约、轮休、"5＋X"工作日等办法，为企业和群众办事提供错时、延时服务和节假日受理办理通道。规范审批服务行为，推行审批服务过程和结果公示公开，制定审批服务运行考核评价机制，部门切实加强对窗口行政审批和公共服务行为的评价监督。建立健全部门行政审批监督管理制度，完善激励约束制度，加强工作人员管理，狠抓党风廉政建设，制定风险防控措施，提高服务效率和质量。（各盟市政府和自治区各有关部门按职责分工负责）

五、保障措施

（一）加强组织领导。各地区各部门要把深化"放管服"改革推进审批服务便民化摆在突出位置，纳入重要议事日程，细化分解任务，逐级压实责任。党政一把手要切实履行领导责任，做到改革工作亲自部署、重要方案亲自把关、关键环节亲自协调、落实情况亲自督查。鼓励各地结合实际积极探索、勇于创新，推出更多改革举措。盟市、旗县（市、区）要制定具体实施方案，明确施工图、时间表、责任链。

（二）加强协作配合。各地区各部门要密切配合、上下联动、整体推进。牵头部门要敢于担当、勇于负责，积极发挥牵头作用，配合部门要主动作为、积极履职，认真完成改革任务。对改革涉及的地方性法规、政府规章和政策规定的立改废问题，牵头部门要主动对接人大、政府法制机构，及时进行清理、修订、完善，确保改革于法有据、依法推进。

（三）加强督查考核。将深化"放管服"改革推进行政审批服务便民化工作纳入盟市厅局领导班子年度绩效考核，推动改革落地见效。制定专项工作台账，定期调度、通报改革进展情况，推动工作落实。建立完善容错机制，宽容改革探索中的失败失误，积极营造鼓励干事、敢闯敢试的工作环境。建立惩戒问责机制，对没有按时完成改革任务、工作推进不力的进行批评、公开通报；对不作为、慢作为、乱作为，损害企业和群众合法权益的依纪依法严肃问责。建立健全投诉举报机制，拓宽群众投诉举报渠道，对收到的投诉举报事项，相关部门要积极回应、及时解决。自治区政府适时对各盟市开展营商环境评价，检验改革成果。

（四）加强宣传引导。坚持开门搞改革，建立健全企业和群众满意度评价机制，广泛听取社会各界的意见和建议。充分利用报纸杂志、广播电视、互联网和新媒体等进行宣传推广，及时准确发布改革信息，做好法规政策宣传解读，正确引导社会预期，积极回应社会关切，广泛凝聚共识，营造良好改革氛围。

甘肃省人民政府办公厅关于印发《甘肃省深化"放管服"改革转变政府职能重点任务分工方案》的通知

政办发〔2018〕185号

各市、自治州人民政府，兰州新区管委会，省政府各部门，中央在甘有关单位：

《甘肃省深化"放管服"改革转变政府职能重点任务分工方案》已经省政府同意，现印发给你们，请结合实际，认真贯彻落实。

甘肃省人民政府办公厅

2018年9月25日

甘肃省深化"放管服"改革转变政府职能重点任务分工方案

为贯彻落实《国务院办公厅关于印发全国深化"放管服"改革转变政府职能电视电话会议重点任务分工方案的通知》（国办发〔2018〕79号）精神，深入推进我省"放管服"改革，加快政府职能转变，进一步激发市场活力，结合我省实际，制定本方案。

一、任务分工

（一）以简政放权放出活力和动力

1. 按照国务院统一部署要求，承接落实国务院取消下放和调整的行政许可等事项。2018年同步启动变相审批和许可自查整改工作，坚决防止以备案、登记、行政确认、征求意见等为名行审批和许可之实，消除审批和许可的"灰色地带"。（省审改办牵头，各市州政府、兰州新区管委会、省政府有关部门、中央在甘有关单位负责）

2. 落实《关于进一步压缩企业开办时间的实施方案》（甘政办发〔2018〕138号）要求，减并工商、税务、刻章、社保等流程，将银行开户核准改为备案，2018年10月底前，全省各地全面实现企业开办时间统一压缩至8.5个工作日以内，5年内压缩到5个工作日以内。（省工商局牵头，省公安厅、省人社厅、人行兰州中心支行、省税务局等部门和各市州政府、兰州新区管委会按职责分工负责）

3. 严格落实《甘肃省推进"证照分离"改革试点方案》（甘政办发〔2018〕32号）要求，2018年底前，对涉企行政审批事项按照直接取消审批、审批改为备案、实行告知承诺制、优化准入服务4种方式在全省推开实施"证照分离"改革。（省工商局、省审改办、省政府法制办牵头，省政府有关部门、各市州政府、兰州新区管委会按职责分工负责）

4. 按照国家统一部署，同步推行市场主体简易注销改革。（省工商局牵头，省人社厅、省税务局等部门按职责分工负责）

5. 深化工业产品生产许可证制度改革。2018年将实行工业产品生产许可证管理的产品取证时间从平均22个工作日压缩至平均7个工作日。（省质监局负责）

6. 贯彻落实国家商标注册便利化改革要求，5年内将商标注册审查时间压缩到4个月以内。（省工商局负责）

7. 贯彻落实国家专利申请等便利化改革工作要求，发明专利审查周期压减三分之一，其中高价值专利审查周期压减一半。（省知识产权局负责）

8. 组织开展投资审批事项清单化、标准化工作，规范审批实施方式。大力推行联合评审和企业投资项目承诺制。推进投资项目在线审批监管平台一体化，加快项目审批服务管理"一网通办"。（省发展改革委牵头，省政府有关部门按职责分工负责）

9. 开展工程建设项目审批制度改革，大力推广并联审批，推行联合勘验、联合测绘、联合审图、联合验收以及区域评估。压缩项目报建审批时间。除特殊工程和交通、水利、能源等领域的重大工程外，2019年上半年将工程建设项目审批时间压减至120个工作日；5年内工程建设项目从立项到竣工验收全流程审批时间压减一半以上。（省建设厅牵头，各市州政府、兰州新区管委会、省政府有关部门按职责分工负责）

10. 在政府采购领域政策制定中严格落实公平竞争审查评估规定，维护公平竞争市场环境。（省财政厅负责）

11. 落实好已出台的扩大享受减半征收所得税优惠政策的小微企业范围等减税降费政策。（省财政厅、省税务局负责）

12. 全面加强税收征管，坚决查处偷逃税违法案件，严厉打击虚开增值税发票和骗取出口退税违法犯罪行为，对大案要案要一抓到底、公开曝光。（省税务局、省公安厅、兰州海关、人行兰州中心支行负责）

13. 落实好挥发性有机物排污费、首次申领居民身份证工本费、证券期货行业机构监管费等停征、免征工作。（省财政厅、省发展改革委负责）

14. 开展涉企收费专项检查，进一步加大对乱收费的查处和整治力度，2018年对国土、环保等重点部门进行集中检查，对社会反响强烈、企业反映突出的住建、交通运输、银行等重点部门和行业进行检查，公开曝光部分涉企违规收费典型案例。（省发展改革委负责）

15. 依法整治与行政机关暗中挂钩、靠山吃山的"红顶中介"，治理各种中介服务乱收费，督促取消、降低相关单位中介服务收费和行业协会商会收费，重点查处将本应由政府部门承担的费用转嫁给企业承担等行政审批中介服务违规收费行为。对串通操纵服务价格甚至欺诈勒索的各类"灰中介""黑中介"，要依法整治和打击，对发现的腐败行为和线索，及时移送纪检监察机关。（省发展改革委、省工商局牵头，各市州政府、兰州新区管委会、省政府有关部门按职责分工负责）

16. 督促金融机构落实好深化小微企业金融服务政策措施，确保

2018 年小微企业贷款规模有所上升，融资成本有所下降。（人行兰州中心支行、甘肃银监局负责）

（二）以创新监管出公平和秩序

17. 加快实现市场监管领域"双随机、一公开"监管全覆盖。2018年底前完成"双随机、一公开"监管各项制度统一；2019 年底前市场监管部门实现"双随机、一公开"监管全流程整合，市场监管领域主要部门"双随机、一公开"监管常态化；"十三五"末实现市场监管领域相关部门日常监管"双随机、一公开"全覆盖；争取 5 年内健全以"双随机、一公开"监管为基本手段、以重点监管为补充、以信用监管为基础的新型监管机制。（省工商局牵头，省政府有关部门按职责分工负责）

18. 2018 年对投诉举报涉及的检验检测机构进行专项检查，逐步形成规范的检查程序，对重大突发事件涉及的检验检测机构进行排查。（省工商局、省质监局牵头，省政府有关部门按职责分工负责）

19. 健全投诉举报和查处机制，分析全省生态环境举报信息，对群众反映突出的生态环境问题开展预警，定期发布预警信息。（省环保厅、省国土资源厅、省林业厅负责）

20. 启动我省政务服务平台"互联网＋监管"子系统建设，通过分类梳理省政府部门和市州现有监管信息平台，联通汇聚重要监管平台数据，推动监管信息全程可追溯和"一网通享"，为强化事中事后监管提供技术平台支撑。（省政府办公厅、省发展改革委、省工商局牵头，各市州政府、兰州新区管委会、省政府有关部门按职责分工负责）

21. 在全省范围内查处一批中国强制性产品认证（CCC）无证违法产品。（省质监局负责）

22. 在全省范围对电商平台销售的 CCC 目录内产品进行在线核查。（省工商局负责）

23. 健全完善国家企业信用信息公示系统（甘肃）功能，加快实现企业信用信息有效归集公示，强化企业公示责任，完善经营异常目录及严重违法失信企业名单制度。（省工商局负责）

24. 坚决纠正一些地方政府不守信用承诺、新官不理旧账等现象。（省发展改革委、省司法厅牵头，各市州政府、兰州新区管委会负责）

25. 坚持对新兴产业实施包容审慎监管。对符合发展方向但出现一些问题的，要及时引导或纠正，使之有合理发展空间；对潜在风险很大，特别是涉及安全和有可能造成严重不良社会后果的，要及早发现问题，果断采取措施，坚守安全质量底线；对以创新之名行侵权欺诈之实的，要予以严惩。（各市州政府、兰州新区管委会、省政府各部门按职责分工负责）

（三）以优化服务服出便利和品质

26. 督促各地各部门按照省政府办公厅下发的《关于做好各级办事大厅存在问题整改工作的通知》《关于对国务院研究室"放管服"改革专题调研报告反映问题进行核查整改的通知》《关于做好暗访督查发现问题整改工作的通知》要求，推动发现问题加快整改，持续提升服务质量和效率。（省政府办公厅牵头，各市州政府、兰州新区管委会、省政府有关部门按职责分工负责）

27. 2018 年完成群众办事百项堵点疏解行动，解决企业和群众关注的 100 项堵点难点问题。（省政府办公厅牵头，各市州政府、兰州新区管委会、省政府有关部门按职责分工负责）

28. 2018 年 10 月底前，清理无法律法规依据的证明事项；年底前全面清理我省自行设定的各类证明事项。对确需保留的证明事项公布清单，逐项列明设定依据、开具单位、办理指南等。清单之外，政府部门、公用事业单位和服务机构不得索要证明。（省政府法制办牵头，各市州政府、兰州新区管委会、省政府有关部门按职责分工负责）

29. 落实《甘肃省不动产统一登记便民利民改革工作实施方案》（甘政办发〔2018〕138 号）要求，2018 年 10 月底前所有市县实现不动产登记 5 个工作日内办结。（省国土资源厅牵头，省建设厅、省税务局等部门、各市州政府、兰州新区管委会按职责分工负责）

30. 大力发展"互联网＋政务服务"。2018 年底前，省、市、县三级政务服务事项网上可办率不低于 80%；2019 年底前，省、市、县三级政务服务事项网上可办率不低于 90%。除法律法规另有规定或涉密外，要按照应上尽上的原则，5 年内政务服务事项基本上网办理。（省政府办公厅牵头，各市州政府、兰州新区管委会、省政府有关部门按职责分工负责）

31. 推进线上线下融合，优化整合提升各级政务服务大厅"一站式"功能，实现"一个窗口""一次办成"。2018 年底前，实现市县级政务服务事项进驻综合性实体政务大厅比例不低于 70%，50% 以上政务服务事项实现"一窗"分类受理；2019 年底前，政务服务事项进驻综合性实体政务大厅实现"应进必进"，70% 以上政务服务事项实现"一窗"分类受理；5 年内全面实现全程通办、就近能办、异地可办。（省政府办公厅牵头，各市州政府、兰州新区管委会、省政府有关部门按职责分工负责）

32. 2019 年实现养老保险关系转移接续业务网上办理和顺畅衔接。（省人社厅负责）

33. 2018 年底前，确保每个县区至少有 1 家跨省定点医疗机构，实现县级行政区全覆盖，加快实现外出农民工、外来就业创业人员跨省异地就医直接结算全覆盖。（省人社厅负责）

34. 推动众创空间向专业化方向发展，鼓励龙头骨干企业、高校、科研院所建设专业化众创空间。（省科技厅负责）

35. 进一步优化对创业创新型企业的服务，在商事登记、专利申请等方面给予更多便利，积极落实有关税收优惠政策，坚持包容审慎监管，支持其健康发展。（省发展改革委、省科技厅、省工商局、省税务局、省知识产权局负责）

36. 积极推进"互联网＋医疗健康"，进一步完善省、市、县、乡、村五级远程医疗服务网络，2020 年底前推动远程医疗服务覆盖所有医联体和县级医院。（省卫生计生委负责）

37. 大力推进"互联网＋教育"，开展数字资源服务普及行动、网络

学习空间覆盖行动等，探索利用宽带卫星实现边远地区学校互联网接入，运用信息化手段扩大优质教育覆盖面。（省教育厅负责）

38. 2018 年底前，全面推行"最多跑一次"改革，实现公证机构与政府相关部门信息系统对接，提高公证服务效率。（省司法厅负责）

39. 2018 年供电企业办理电力用户用电业务平均时间压减到 50 个工作日以内，2019 年底前压缩到 45 个工作日以内，5 年内压缩三分之二以上、压减到 40 个工作日以内。（省发展改革委负责）

40. 大幅压缩办水办气时间，尽快取消申请费、手续费等收费。（省建设厅负责）

41. 指导督促银行简化手续、优化服务，组织开展银行业金融机构消费权益保护工作考核评价。（甘肃银监局负责）

42. 加快网上政务服务平台标准化建设和互联互通，2020 年底前与国家政务服务平台实现连接。不断提升各级政务平台数据安全保障能力和水平。除法律法规另有规定或涉及国家秘密等外，政务服务事项全部纳入平台办理，全面实现"一网通办"。（省政府办公厅牵头，各市州政府、兰州新区管委会、省政府各部门按职责分工负责）

43. 督促各地各部门切实做好国务院部门共享数据的申请、使用工作，加快制定发布省政府部门数据共享责任清单，3 年内实现省政府部门数据共享，满足各地各部门普遍性政务需求。（省政府办公厅、省发展改革委牵头，各市州政府、兰州新区管委会、省政府各部门按职责分工负责）

44. 强化政务网络和数据共享安全管理，保护好商业秘密和个人隐私。（省政府办公厅、省发展改革委、省公安厅牵头，各市州政府、兰州新区管委会、省政府各部门按职责分工负责）

二、工作要求

（一）主动作为，大胆探索

各地各部门要围绕党中央、国务院和省委、省政府确定的目标任务，自觉担负起改革重任，结合实际细化分阶段重点工作，在重点领域制定可量化、可考核、有时限的目标任务。要从自身实际出发，锐意探索创新，创造更多管用可行的"一招鲜"。要主动对标先进，相互学习借鉴，形成竞相推进改革的生动局面。

（二）狠抓落实，强化问责

省政府办公厅和省政府各部门要把落实"放管服"改革各项举措、优化营商环境情况作为督查重点，对成效明显的要加大表扬和政策激励力度，对不作为乱作为的要抓住典型严肃问责。各地区要加强督查，对执行已有明确规定不力的、对落实改革举措"推拖绕"的、对该废除的门槛不废除的，要坚决严肃问责。

（三）突出重点，加强宣传

各地各部门要围绕"放管服"改革的政策、业务、技术等重点内容，加大对各级公务人员特别是一线工作人员的培训力度，力争做到全覆盖。要通过报纸、电视电台、政府门户网站、新媒体以及召开新闻发布会等媒介，广泛宣传我省"放管服"改革取得的成效，增强群众和企业的获得感，汇聚改革力量，不断将我省"放管服"改革向纵深推进。

各地各部门要将贯彻落实情况于 2018 年 12 月 15 日前上报省政府。工作中取得的重大进展、存在的突出问题要及时报告。省政府办公厅将会同相关部门适时开展专项督查。

陕西省人民政府关于深化"放管服"改革全面优化提升营商环境的意见

各设区市人民政府，省人民政府各工作部门、各直属机构：

根据全国深化简政放权放管结合优化服务改革电视电话会议精神，为进一步加快政府职能转变，着力打造稳定公平透明、可预期的法治化、国际化、便利化营商环境，助力全省追赶超越，现就深化"放管服"改革、全面优化提升营商环境提出如下意见：

一、总体要求

以陕西自贸试验区建设为契机，对标国际一流营商环境，着力打造廉洁高效的政务环境、诚信规范的市场环境、互利共赢的开放环境、完备优质的要素环境、功能完善的设施环境、温馨包容的社会环境、公平公正的法治环境，加快对外开放步伐、降低市场运行成本，建设内陆改革开放新高地，力争通过3年左右的努力，全省营商环境和竞争力指标达到或超过国内经济发达地区水平。

二、基本原则

1. 加快职能转变，激发市场活力。坚持营商环境就是生产力、竞争力，将政府职能转变与优化营商环境有机结合，深化"放管服"改革，有效激发市场活力，提高各类市场主体对我省营商环境的满意度，构建国际化的企业生态环境，增强区域发展竞争力。

2. 遵循市场规律，加强法治建设。充分发挥市场在资源配置中的决定性作用，积极对接先进理念和通行规则，建立与国际接轨的营商规则体系，创造适应市场经济要求的法治环境，保障公民和市场主体的合法权益，促进规则公平、机会公平、权利公平。

3. 围绕关键环节，解决突出问题。以营商环境排名前列的国家和地区为标杆，坚持全面推进与重点突破相结合，着力在企业开办设立、项目投资建设、企业融资信贷等重点领域和关键环节实现突破，形成示范效应。

三、主要任务

对标世界银行《全球营商环境报告》核心评价指标，以压缩办理时间、降低收费标准为硬性指标，帮助企业降低各类交易成本特别是制度性交易成本，破除制约企业和群众办事创业的体制机制障碍，为促进就业创业降门槛，为各类市场主体减负担，为激发有效投资拓空间，为公平营商创条件，为群众办事生活增便利。

（一）为促进就业创业降门槛

1. 放宽市场准入。试行市场准入负面清单制度，组织实施公平竞争审查，拓宽民间投资领域和范围。凡是法律法规和国家有关政策未明确禁止的，一律允许各类市场主体进入；凡是已向外资开放或承诺开放的领域，一律向民间资本开放；凡是影响民间资本公平进入和竞争的各种障碍，一律予以清除。制定社会资本进入垄断行业和特许经营领域管理办法，引导和鼓励民营资本、各类产业投资基金投资战略性新兴产业、基础设施、民生工程、新型城镇化等领域。全省各级政府要带头遵守市场规则，维护公平、诚信、有序的市场环境，按照"非禁即入"要求，确保各类营商主体公平竞争。（省发展改革委、省工商局、省住房城乡建设厅、省工业和信息化厅、省财政厅、省质监局等部门，各市、县、区政府按分工负责）

2. 简化企业开办和注销程序。深化商事制度改革，积极推进"多证合一、一照一码"改革，动态调整工商登记前置、后置审批事项目录。全面履行"双告知"职责，实施企业登记全程电子化，进一步放宽企业名称登记条件，全面开放省市县三级企业名称库。进一步完善市场主体退出机制，着力解决"入市容易退市难"问题。大力培育发展中小企业，建立健全服务机制，强化创业就业政策扶持，落实小微企业创业创新空间、科技成果转化等方面的财税政策，设立创业投资引导基金；以"双创"示范基地为平台，构建"互联网＋"创业网络体系，建设一批小微企业创业基地，建立一批"创业大街""创业园区"。（省工商局、省国资委、省工业和信息化厅、省发展改革委、省财政厅、省国税局、省地税局、省中小企业局等部门，各市、县、区政府按分工负责）

3. 优化投资建设管理流程。出台《陕西省企业投资项目核准和备案管理办法》，规范企业投资项目核准和备案行为。充分发挥投资项目在线审批监管平台作用，提升审批效率，强化协同监管。对所有行政审批和服务事项，按项目立项、规划许可、施工许可、竣工验收四个阶段，实行"一口受理、并联审批、限时办结"，大幅缩减审批时间。建立重大项目审批全程代办制度，各相关行政审批职能部门明确专职代办员，实行"一站受理、全程代办、服务到底"。（省发展改革委、省国土资源

厅、省住房城乡建设厅、省环境保护厅、省安全监管局、省政府政务公开办等部门，各市、县、区政府按分工负责）

（二）为各类市场主体减负担

4. 规范建设项目收费。严格建设项目报建规费征收管理，实行"一费制"。建筑业企业除缴纳依法依规设立的投标保证金、履约保证金、工程质量保证金、农民工工资保证金（由建设单位交纳）外，其他保证金一律取消。（省财政厅、省物价局、省住房城乡建设厅、省国土资源厅、省环境保护厅等部门，各市、县、区政府按分工负责）

5. 加大金融支持实体经济力度。严格落实金融机构支持实体经济发展的各项政策措施，对产品有市场、有效益的企业积极给予信贷支持，对暂时经营困难但有市场竞争力的骨干企业不抽贷、不压贷、不断贷。继续加大对小微企业的支持力度，为经营稳定、前景良好的借款人发放小额信用贷款。建立激励与约束并重的考核评价机制，调动金融机构加快信贷投放的积极性。全面清理企业贷款审批过程中的各类附加收费和强制返存贷款、搭售理财产品、设置企业开户最低资本金、最低存款额等违规行为。充分发挥省金融资产管理公司功能，处置民营企业不良贷款，提高资金配置效率。建设、应用好知识产权运营平台，积极开展知识产权质押融资。（省金融办、陕西银监局、省知识产权局、人民银行西安分行等部门，各市、县、区政府按分工负责）

6. 改进和优化纳税服务。进一步简化税务登记程序，推进国税、地税信息共享和财税库银横向联网，升级改造电子税务局和12366纳税服务热线系统，大力推行 POS 机、网上银行、手机银行缴税，不断扩大网上办税服务覆盖面。及时落实各项税收优惠政策，对小微企业所得税优惠实行"以报代备"制度。整合国税、地税税务稽查资源，推行联合进户稽查，避免多头重复检查。（省国税局、省地税局等部门按分工负责）

7. 规范涉企收费管理。进一步完善涉企收费清单管理制度，没有法律法规依据的收费项目坚决清理取缔。省级以上重点经济园区实行省级行政事业"零收费"政策，其他收费不高于同类城市水平。凡收费标准有上下限设置的，原则上按下限标准收取。严禁供电、供热、供气、供水等垄断企业向市场主体收取接入费、碰口费等。强化举报、查处和问责机制，在推动"降成本"方面取得更多实效。（省财政厅、省物价局、省工业和信息化厅、省民政厅等部门，各市、县、区政府按分工负责）

8. 提高生产要素保障能力。重大项目用地实行"点供"政策，由各级政府统一调控、统筹解决。配套搞好经济园区基础设施、生活设施建设，加强项目建设和企业生产经营所需的供水、供电、供气等要素保障。将符合条件的企业员工纳入公租房保障范围应保尽保。严肃查处采取不正当手段阻碍企业注册地迁移、影响要素流动等破坏市场规则的行为。（省发展改革委、省国土资源厅、省住房城乡建设厅等部门，各市、县、区政府按分工负责）

9. 健全政策性融资担保体系。积极推进省市县政策性融资担保业务全覆盖，增加注资，扩大担保规模。支持陕西融资担保集团发展，积极争取国家专项建设基金注资，为专项建设基金项目和小微企业提供政策性融资担保。鼓励引导金融机构和担保机构提高信用良好企业的抵押物折扣率。规范融资担保收费标准，政府出资的政策性担保公司担保费率不得高于1.5%，各类政府性投融资平台"过桥费"不得高于1%。（省金融办、省财政厅、陕西银监局、省金控集团等，各市、县、区政府按分工负责）

10. 规范涉企中介服务。全面清理和公布行政审批过程中的中介行为，破除中介服务垄断，规范中介服务收费。依法依规对中介服务及收费清单实行动态管理，凡未纳入清单的中介服务事项，一律不得作为行政审批的受理条件。各行业主管部门要制定完善中介服务规范和标准，指导监督中介服务机构规范执业行为，提高服务质量。建立惩戒和淘汰机制，严肃查处违规收费、出具虚假证明或报告、谋取不正当利益、扰乱市场秩序等违法违规行为。完善中介服务机构信用体系和考核评价机制，相关信用状况和考评结果定期向社会公示。（省审改办、省财政厅、省物价局、省信用办等部门，各市、县、区政府按分工负责）

11. 提高口岸通关效率。加快推进海关、检验检疫等口岸管理部门监管数据联网，全面推行直通放行、集中审单、电子监管、绿色通道等通关模式。加快地方电子口岸和国际贸易"单一窗口"建设，推进口岸"三互"大通关建设，实现信息互换、监管互认、执法互助。（省口岸办、省质监局、西安海关、陕西出入境检验检疫局等部门按分工负责）

（三）为激发有效投资拓空间

12. 精简行政许可项目。继续推进行政许可目录化管理，编制省市县三级行政许可通用目录，做到目录之外无审批。加强对权责清单和公共服务事项清单的动态管理，切实做到"法无授权不可为、法定职责必须为"。按照能放则放原则，依法依规向市县级人民政府、自贸试验区、开发区等下放行政许可权限，减少行政审批层级，实现管理重心下移。（省审改办、省政府法制办、省商务厅等部门，各市、县、区政府，杨凌示范区、西咸新区管委会按分工负责）

13. 营造良好投资建设环境。按照属地管理原则，及时排查化解项目建设中的矛盾纠纷，依法严厉打击借征地、拆迁、补偿向投资者索要钱物、强揽工程、强行供料、强买强卖、阻挠项目进场建设等妨碍企业正常经营、侵害企业正当权益等违法犯罪行为，为项目建设营造良好环境。（省公安厅、省住房城乡建设厅、省国土资源厅等部门，各市、县、区政府按分工负责）

14. 加快推进陕西自贸试验区建设。充分发挥陕西自贸试验区"先行先试"优势，坚持"大胆闯、大胆试、自主改"，推动政府管理由注重事前审批转为注重事中事后监管，探索建立与国际高标准投资和贸易规则体系相适应的行政管理体系。积极推进省市管理事项下放承接工作，全面推行和完善自贸试验区权力清单、责任清单和负面清单，进一步划定政府与市场、企业、社会的权责边界，用更高水平的改革开放释放经济发展潜力。继续深化商事制度改革，全面推进"证照分离"改革。加快跨区域、跨部门自贸试验区政务服务平台建设，构建审批更简、监管更强、服务更优、线上线下、互动衔接的政务服务"一张网"。积极推动自贸试验区与"一带一路"共建国家开展海关、检验检疫、认证认可、标准计量等方面的合作与交流，探索开展贸易供应链安全与便利合作。（省自贸办、省政府政务公开办、省发展改革委等部门，西安市政府、西咸新区管委会、杨凌示范区管委会等按分工负责）

15. 加快推进西咸一体化建设。充分发挥西咸新区作为国家级新区的创新引领作用，围绕"五新"战略任务和"大西安"发展目标，创新体制机制。全面推行"行政效能革命"，围绕"最多跑一次"建设阳光服务型政府，当好服务企业和人民群众的"店小二"。探索建立综合行政执法体系，构建大市场监管格局，实现"一个平台管信用""一份表格管检查""一个部门管市场""一支队伍管执法"的事中事后监管方式，努力建立与市场经济规律和国际惯例相符合、与城市定位和"大西安"建设相适应的监管环境。（省发展改革委，西安市、咸阳市政府，西咸新区管委会等按分工负责）

（四）为公平营商创条件

16. 深化行政执法体制改革。清理整合行政执法队伍，规范市场监管执法主体、执法证件、执法程序等。推进跨部门、跨行业综合执法，从源头上解决多头执法、重复执法、执法缺位等问题。加强对市县两级行政执法的统一领导和协调，减少执法层次，下移执法重心。严格落实执法责任追究、行政执法评议考核和重大执法决定合法性审查、行政执法全过程记录等制度。加快形成完备的行政执法监督体系，坚决纠正执法违法行为，确保严格规范公正文明执法。（省编办、省政府法制办、省工商局、省质监局、省食品药品监管局等部门，各市、县、区政府按分工负责）

17. 规范涉企执法检查行为。全面推行"双随机、一公开"监管工作，将随机抽查结果纳入市场主体信用信息体系，依法推进事中事后监管规范化。对行政执法机关依照法律法规和职责对企业开展的例行检查、日常巡查等日常检查活动，均须编制行政执法检查计划并建立登记制度。不同行政机关对企业实施的多项监督检查可一并完成的，由县级以上政府组织有关行政机关实施合并或联合检查；同一行政机关对同一企业实施多项监督检查的，应合并进行，减少检查次数。对法律法规规定的环境保护、食品药品安全、安全生产、公共安全等直接涉及人民生命财产安全等重点领域的监管执法检查活动，以及省市县政府临时部署的监管执法检查活动，行政执法机关要严格依照法定程序和权限进行。（省工商局、省审改办、省政府法制办、省质监局、省食品药品监管局、省信用办等部门，各市、县、区政府按分工负责）

18. 强化企业经营司法保障。严厉打击黑恶势力和欺行霸市、强买强卖等违法犯罪，深化商业贿赂专项整治，保障项目建设和企业经营。完善纠纷多元、快速化解机制，依法做到快立、快审、快执，降低诉讼成本。依法平等保护各方当事人的合法权益，维护企业的正常生产经营。健全商事纠纷非诉讼解决机制，支持企业通过仲裁、调解等便捷方式解决商事纠纷。（省公安厅、省司法厅、省政府法制办、省工商局等部门按分工负责）

19. 联合惩戒失信企业。加快推进《陕西省优化市场环境条例》立法进程，为优化提升营商环境提供法律遵循。坚持依法行政和政务公开，强化行政责任制和问责制，对已出台的政策加大落实力度，向群众和市场主体承诺的事项坚决兑现，进一步提升政府公信力。依托"信用陕西"网站和国家企业信用信息公示系统（陕西），加快推进部门间信息实时传递与对接。及时将对企业的行政处罚信息向社会公示，为社会各界广泛参与信用监督和失信惩戒提供服务支撑。建立健全失信企业联合惩戒机制，全面推行行业"黑名单"管理制度，让失信企业"一处失信，处处受制"。（省政府法制办、省发展改革委、省工商局、省政府政务公开办、省信用办等部门，各市、县、区政府按分工负责）

（五）为群众办事生活增便利

20. 持续开展"减证便民"专项行动。全面清理涉及企业和群众办事创业的各类"奇葩证明、循环证明、扯皮证明、无谓证明"，汇总形成全省保留和取消的证明事项和盖章环节清单并实行动态管理，凡未纳入清单范围的，一律不得要求申请人提供，从根本上解决困扰企业和群众"办证多、办事难"等问题。（省审改办、省政府法制办等部门，各市、县、区政府按分工负责）

21. 规范行政审批程序。按照"互联网＋政务服务"要求，规范和统一行政许可审批流程、审批条件、申请材料、办理时限、裁量标准等，规范模糊条款和兜底申报材料。推进政务服务中心与网上服务平台深度融合、一体化管理，推动政务服务数据共享、受审分离，逐步实现政务服务事项统一申报、统一受理、统一反馈、一网通办和全流程监督。推行行政许可标准化，制定陕西省行政许可和政务服务地方标准。积极探索相对集中行政许可权改革试点，实现"一枚印章管审批"。（省政府政务公开办、省审改办、省政府法制办、省质监局、省发展改革委等部门，各市、县、区政府按分工负责）

四、保障措施

（一）强化主体责任。要充分认识深化"放管服"改革、全面优化提升营商环境的重要性，建立健全政府统一领导、各方齐抓共管的工作格局。要切实强化主体意识，各地、各单位主要负责同志要履行好本地、本行业改善营商环境工作"第一责任人"的职责，亲自研究部署，亲自组织推动，确保任务落实到位。省级相关部门、市县两级人民政府要按照任务分工，研究制订实施方案并在本《意见》发布1个月内印发实施。

（二）强化工作落实。省级相关部门要按照各自职责，从世界银行《全球营商环境报告》中开办企业、办理施工许可、获得电力、登记财产、获得信贷、纳税、跨境贸易7个核心评价指标入手，围绕减环节、优流程、压时限、提效率，牵头制订具体工作方案，于8月底前报省推进职能转变协调小组研究审定后组织实施。省统计局会同省行政学院尽快研究制订我省县域营商环境监测评价指标，强化综合衡量和定期排名，努力提升全省县域营商环境和市场竞争力。

（三）强化督导检查。全省各级政府要将改善营商环境工作纳入重点督查范围，制订专项督查方案，定期对国务院和省政府作出的决策部署、出台的改革措施落实情况进行专项督查,对重点区域、主要部门和窗口单位开展日常督查,确保改革任务有效落实。

(四)强化宣传推介。要构建全社会共同缔造营商环境的工作机制,深入发动群众参与战略谋划、项目建设、效果评价,实现共谋共建、共管共享。要拓宽企业和社会意见反映渠道,通过在新闻媒体开辟宣传专栏、举办专家访谈等形式,及时宣传营商环境建设的先进典型和工作成效,形成全社会共同优化营商环境的浓厚氛围。

附件:陕西省对标《全球营商环境报告》优化提升营商环境任务
 分工

陕西省人民政府

2017 年 7 月 21 日

附件

陕西省对标《全球营商环境报告》优化提升营商环境任务分工

世界银行《全球营商环境报告》		我省对标《全球营商环境报告》核心评价指标制订工作方案分工		
核心评价指标	我国在全球 190 个经济体中的排名	我省评价指标	牵头单位	参与单位
开办企业	127	简化企业开办和注销程序	省工商局	省级相关部门,各市、县(市、区)政府,杨凌示范区、西咸新区管委会
办理施工许可	177	简化施工许可证办理程序	省住房城乡建设厅	省发展改革委、省国土资源厅、省环境保护厅、省安全监管局等省级相关部门,各市、县(市、区)政府,杨凌示范区、西咸新区管委会
获得电力	97	方便企业获得水电气暖	省发展改革委、省住房城乡建设厅、省水利厅	各市、县(市、区)政府,杨凌示范区、西咸新区管委会有关供水、供电、供气、供暖单位

续表

核心评价指标	我国在全球190个经济体中的排名	我省评价指标	牵头单位	参与单位
登记财产	42	方便企业办理不动产登记	省国土资源厅、省住房城乡建设厅	省级相关部门，各市、县（市、区）政府、杨凌示范区、西咸新区管委会
获得信贷	62	降低企业获得信贷难度和成本	省金融办	陕西银监局、人民银行西安分行，各市、县（市、区）政府、杨凌示范区、西咸新区管委会
纳税	131	优化企业纳税服务	省国税局、省地税局	省级相关部门，各市、县（市、区）政府，杨凌示范区、西咸新区管委会
跨境贸易	96	提升企业跨境贸易和投资便利化	省商务厅	省级相关部门，各市、县（市、区）政府，杨凌示范区、西咸新区管委会

附录二 “放管服”改革实施的访谈提纲

1. 您所在的地区是从什么时候开始实施“放管服”改革？

2. 有没有专门的机构或者部门牵头“放管服”改革？

3. 有没有专门召开过“放管服”改革工作会议？

4. 有没有制订区级层面的改革计划、方案或规划？

5. 您所知道的区级层面推行“放管服”改革具体推行了哪些改革？取得了哪些成效？

6. 您认为您所在的区域“放管服”改革最大的亮点是什么？这几年的“放管服”改革您所在的区域侧重点有变化吗？

7. 您认为“放管服”改革前后对于部门最大的变化是什么？

8. 您所在的部门在“放管服”改革中承担怎样的角色？具体落实了哪些改革？

9. 针对这部分工作职能，您所在的部门具体做了什么？

10. 您所在的地区“放管服”改革是否有专门的区领导牵头负总责？他是如何了解改革工作进度的？

11. 您所在的部门领导重视“放管服”改革吗？他是如何强调或者说是传递“放管服”改革的重要性？

12. 遇到改革过程中的棘手问题，领导又是如何处理？

13. 您所在的部门同事或是工作团队是否重视“放管服”改革？

14. 您周围同事对改革成效总体评价是怎样的？

15. 改革前后，您认为对您本身的工作强度、业务要求等是否有变化？具体怎么表现？

16. 您认为企业和群众对“放管服”改革所取得的成效是否满意？

能否举一两个例子？

17. 截至目前，觉得"放管服"改革成效是否显著？在哪些方面还存在问题？

18. 您觉得接下来"放管服"改革的方向是什么？

附录三 苏州市"放管服"改革绩效及其影响因素的调查问卷

敬启者：

为深入贯彻落实"放管服"改革的实施，进一步了解"放管服"改革的实施现状，拟对本市的"放管服"改革实施绩效及其影响因素等情况进行问卷调查。您的回答将完全保密，仅用于本人的课题研究和研究生毕业论文。完成整个问卷大约会花费您5~10分钟，请给出最符合贵单位情况的判断，并在最能代表您的意见一栏中画"√"。非常感谢您在百忙之中抽出时间进行填写。

第一部分　基 本 信 息

一、单位基本信息

1. 贵单位所在的区域属于：

□国家级开发区　　　　　　□传统行政区域

2. 贵单位位于：

□地区 A（工业园区）　　　□地区 B（吴中区）

□地区 C（相城区）　　　　□地区 D（高新区）

3. 贵单位的首要职能是：

□经济运行调节与规范　　　□市场监管

□社会治理　　　　　　　　□公共服务

□城市运行管理与环境保护

4. 贵单位在编人员数量是：

□ 20 人以下 　　　　　　□ 20～60 人

□ 61～100 人 　　　　　　□ 100 人以上

二、受访者基本信息

1. 性别：

□男 　　　　　　　　　　□女

2. 年龄：

□ 20～30 岁 　　　　　　□ 31～40 岁

□ 41～50 岁 　　　　　　□ 51 岁以上

3. 您的学历是：

□大专及以下 　　　　　　□本科

□硕士研究生 　　　　　　□博士研究生及以上

4. 您在贵单位任职时间为：

□ 2 年及以下 　　　　　　□ 3～10 年

□ 10～20 年 　　　　　　□ 20 年以上

5. 您在贵单位担任：

□副科级以下 　　　　　　□副科级及以上

第二部分　苏州市"放管服"改革的绩效及影响因素

1. 本部门在事项取消下放承接工作中比较彻底

□完全不同意 　　　　　　□不同意

□不确定 　　　　　　　　□同意

□完全同意

2. 本部门办理行政审批时间成本和经济成本降低

□完全不同意 　　　　　　□不同意

□不确定 　　　　　　　　□同意

□完全同意

3. 本部门办理业务流程和手续得到简化

☐完全不同意　　　　　　　☐不同意

☐不确定　　　　　　　　　☐同意

☐完全同意

4. 推出"放管服"改革举措均符合法律法规规章制度

☐完全不同意　　　　　　　☐不同意

☐不确定　　　　　　　　　☐同意

☐完全同意

5. 本部门工作人员能够运用法治思维开展改革工作

☐完全不同意　　　　　　　☐不同意

☐不确定　　　　　　　　　☐同意

☐完全同意

6. 本部门工作人员行政行为依法合规

☐完全不同意　　　　　　　☐不同意

☐不确定　　　　　　　　　☐同意

☐完全同意

7. 本部门工作人员业务熟练

☐完全不同意　　　　　　　☐不同意

☐不确定　　　　　　　　　☐同意

☐完全同意

8. 本部门工作人员服务行为规范

☐完全不同意　　　　　　　☐不同意

☐不确定　　　　　　　　　☐同意

☐完全同意

9. 本部门工作人员服务态度不断提高

☐完全不同意　　　　　　　☐不同意

☐不确定　　　　　　　　　☐同意

☐完全同意

10. 政府对开办企业手续压缩流程和时限

□完全不同意　　　　　　　□不同意

□不确定　　　　　　　　　□同意

□完全同意

11. 政府对施工许可手续压缩流程和时限

□完全不同意　　　　　　　□不同意

□不确定　　　　　　　　　□同意

□完全同意

12. 政府对获得电力手续压缩流程和时限

□完全不同意　　　　　　　□不同意

□不确定　　　　　　　　　□同意

□完全同意

13. 政府为精简企业（办事群众）办事的材料而努力

□完全不同意　　　　　　　□不同意

□不确定　　　　　　　　　□同意

□完全同意

14. 政府为提升企业（办事群众）办理行政审批满意度而努力

□完全不同意　　　　　　　□不同意

□不确定　　　　　　　　　□同意

□完全同意

15. 政府提供多渠道保障公众参与"放管服"改革政策制定和执行

□完全不同意　　　　　　　□不同意

□不确定　　　　　　　　　□同意

□完全同意

16. 政府通过多渠道保障公众对"放管服"改革的知情权

□完全不同意　　　　　　　□不同意

□不确定　　　　　　　　　□同意

□完全同意

17. 本地区政府高度重视"放管服"改革工作的推进情况

□完全不同意　　　　　　　□不同意

□不确定　　　　　　　　　□同意

□完全同意

18. 领导在推进"放管服"改革工作任务中善于协调各方面的利益诉求

□完全不同意　　　　　　　□不同意

□不确定　　　　　　　　　□同意

□完全同意

19. 领导善于发挥下属的特长

□完全不同意　　　　　　　□不同意

□不确定　　　　　　　　　□同意

□完全同意

20. 领导重视向下属阐述"放管服"改革工作的意义

□完全不同意　　　　　　　□不同意

□不确定　　　　　　　　　□同意

□完全同意

21. 领导能不计较个人得失，具有较强的奉献精神

□完全不同意　　　　　　　□不同意

□不确定　　　　　　　　　□同意

□完全同意

22. 本地区"放管服"改革是否有明确的目标

□完全不同意　　　　　　　□不同意

□不确定　　　　　　　　　□同意

□完全同意

23. 本地区制定了一系列政策文件保障"放管服"改革目标的实现

□完全不同意　　　　　　　□不同意

□不确定　　　　　　　　　□同意

□完全同意

24. 本部门制定科学具体的规划推进"放管服"改革

□完全不同意　　　　　　　　□不同意

□不确定　　　　　　　　　　□同意

□完全同意

25. 本部门"放管服"改革规划反映了办事企业和群众的现实需求

□完全不同意　　　　　　　　□不同意

□不确定　　　　　　　　　　□同意

□完全同意

26. 本部门推进"放管服"改革的举措能结合实际情况的变化不断
调整

□完全不同意　　　　　　　　□不同意

□不确定　　　　　　　　　　□同意

□完全同意

27. "放管服"改革的推进与对政府内部工作人员的科学管理有关

□完全不同意　　　　　　　　□不同意

□不确定　　　　　　　　　　□同意

□完全同意

28. 本部门工作人员服务态度不断改善

□完全不同意　　　　　　　　□不同意

□不确定　　　　　　　　　　□同意

□完全同意

29. 本部门工作人员工作效率不断提高

□完全不同意　　　　　　　　□不同意

□不确定　　　　　　　　　　□同意

□完全同意

30. 本部门慵懒散漫现象不断减少

□完全不同意　　　　　　　　□不同意

☐不确定 ☐同意

☐完全同意

31. 基层公务员对"放管服"改革的参与权建议权增加

☐完全不同意 ☐不同意

☐不确定 ☐同意

☐完全同意

非常感谢您的合作!

附录四 “放管服”改革影响科技中小企业创新绩效的访谈提纲

第一部分 科技中小企业创新绩效现状

1. 贵企业创新整体状况如何？

2. 贵企业产品（服务）相关新技术应用情况如何？贵企业推出新产品（服务）情况是怎样的？

3. 相较于同行，贵企业的利润增长率如何？贵企业产品（服务）占据市场份额的情况如何？

4. 贵企业非研发创新（管理创新、营销创新等）的情况如何？

5. 您认为，影响贵企业技术创新绩效的因素（政策支持、税收优惠、基础设施提供、科技服务平台等）有哪些？

6. 您认为，影响贵企业非研发创新的因素有哪些？

第二部分 “放管服”改革对企业创新绩效的影响

简政放权

1. 贵企业在政府机构办理业务过程中手续、流程复杂程度如何？

2. 贵企业享有生产经营和投资自主权（法律法规框架内，企业根据市场需求自主生产、自主决定提供的商品和服务）的情况如何？

3. 您认为，政府简化行政审批流程及赋予企业自主经营权两类措施的设施对贵企业创新产生了怎样的影响？

政府监管

4. 贵企业所在行政区知识产权等法律法规的执行状况如何？

5. 贵企业所在行政区的政府对贵企业提出的专利、版权、商标注册等申请的批复情况如何？

6. 贵企业所在行政区政府对贵企业社会责任监管（产品服务标准规定、企业生产工作环境规定、就业指标要求等）的情况如何？

7. 您认为，政府对贵企业的监管对贵企业创新产生了怎样的影响？

公共服务

8. 贵企业享受到的基础性公共服务（市政工程服务、社会保障服务、公共安全服务等）的情况如何？

9. 贵企业享受到的科技创新平台服务（技术服务平台、仪器设备服务平台、科技人才交流服务平台等）的情况如何？

10. 您认为，政府提供的各类公共服务对贵企业创新产生了怎样的影响？

创新环境

11. 贵企业创新享有的各类基础公共设施（水电、道路、交通等）的情况如何？

12. 行政区为贵企业创新营造的文化创新氛围、金融环境、人才环境等的情况如何？

13. 您认为。"放管服"改革的实施对您所在企业创新环境产生了怎样的影响？

14. 您认为，您所在企业创新环境对贵企业创新产生了怎样的影响？

附录五 "放管服"改革对科技中小企业创新绩效影响的调查问卷

敬启者：

为深入贯彻落实"放管服"改革的重要举措，进一步完善本区促进企业创新的政策体系和提高公共服务质量，拟组织对本区企业创新和政府服务情况进行问卷调查，着力解决企业创新过程中的制度障碍等问题。您的回答将完全保密，仅用于政府的决策参考，为企业营造更好的创新环境。完成整个问卷大约会花费您 10～15 分钟，请给出最符合贵企业情况的判断，并在最能代表您意见的一栏中画"√"。如果您对此次调查研究的结果有兴趣，请在一个月后给我们发电子邮件（2019203400@foxmail.com），以便我们将研究发现反馈给您。

非常感谢您在百忙之中抽出时间进行填写！

第一部分 基本信息

一、企业基本信息

1. 贵企业所属的行业是：_____

A. 支柱产业类：a1 电子信息　a2 化工　a3 汽车　a4 其他（请注明）：_____

B. 装备产业类：b1 机械工业　b2 仪器仪表　b3 发电与输变电设备 b4 其他（请注明）：_____

C. 新兴产业类：c1 生物技术　c2 制药　c3 新材料　c4 光电子 c5 其他（请注明）：_____

D. 都市产业类：d1 印刷包装　d2 纺织　d3 轻工　d4 食品和农产品精加　d5 其他（请注明）：＿＿＿＿＿＿＿＿

2. 贵企业的从业人员数量：＿＿＿＿＿＿＿＿

A. 20 人以下　　　　　　　B. 20～300 人

C. 300～1 000 人　　　　　D. 1 000 人以上

3. 贵企业成立年份：＿＿＿＿＿＿＿＿

4. 贵企业是否被国家认定为高新技术企业＿＿＿＿＿＿＿＿

A. 是　　　　　　　　　　B. 否

5. 贵企业 2018 年的销售收入：＿＿＿＿＿＿＿＿

A. 300 万元以下　　　　　B. 300 万～2 000 万元

C. 2 000 万～4 亿元　　　　D. 4 亿元以上

6. 贵企业中研发人员（大专及以上学历技术员工）占总员工人数的比例：＿＿＿＿＿＿＿＿

A. 10% 以下　　　　　　　B. 11%～15%

C. 16%～20%　　　　　　D. 21%～25%

E. 26%～30%　　　　　　F. 30% 以上

7. 贵企业 2018 年研发投入占销售总收入的比例：＿＿＿＿＿＿＿＿

A. 1% 以下　　　　　　　B. 1%～5%

C. 5%～10%　　　　　　D. 10% 以上

二、受访者基本信息

1. 性别：＿＿＿＿＿＿＿＿

A. 男　　　　　　　　　　B. 女

2. 年龄＿＿＿＿＿＿＿＿

A. 20～30 岁　　　　　　B. 31～40 岁

C. 41～50 岁　　　　　　D. 51 岁以上

3. 您的学历是：＿＿＿＿＿＿＿＿

A. 初中及以下　　　　　　B. 高中或中专

C. 大专　　　　　　　　　D. 本科

E. 研究生及以上

4. 您在贵公司的_____部门，担任_____职务

5. 任现职时间_____年

6. 您公司位于_____市

第二部分 "放管服"改革对科技中小企业创新绩效的影响

请您结合贵企业的实际情况，在相应的位置"√"。	完全同意	同意	不确定	不同意	完全不同意
本企业在政府机构办理业务过程中手续、流程等比较简化					
本企业的市场准入条件拓宽了					
本企业的生产经营活动权力扩大了					
本企业遭遇的多头执法和重复执法现象减少了					
本企业所在行政区的知识产权保护方面的法律法规得到了很好执行					
本企业提出的专利申请可以得到相关政府部门的及时批复					
政府对本企业生产的产品/提供的服务有明确的规定标准（质量、安全等）					
政府定期监测和评价企业生产和经营活动对环境的影响					
本企业享受到的各项市政工程服务（道路、交通、水电等）令人满意					
本企业享受到的各项社会保障服务（培训、住房、再就业等）令人满意					
本企业享受到各种技术服务平台（如共性技术研发、技术转移服务等）					
本企业享受到各类科技人才交流服务平台					
与同行相比，本企业的利润增长率较高					
与同行相比，本企业占据的市场份额较大					

续表

请您结合贵企业的实际情况，在相应的位置"√"。	完全同意	同意	不确定	不同意	完全不同意
与同行相比，本企业的产品改进与创新有非常好的市场反应					
与同行相比，本企业常常在行业内率先推出新产品/新服务					
与同行相比，本企业的管理制度一直在不断优化、改进					
政府为本区域企业进行创新相关活动提供良好制度环境					
政府为本区域企业进行创新相关活动提供良好文化环境					
政府为本区域企业进行创新相关活动提供良好人力资源环境					
政府为本区域企业进行创新相关活动提供良好金融环境					
政府为本区域企业创新提供良好基础性公共设施（水电、道路等）					

附录六 "放管服"改革影响企业持续创新的调查问卷

为深入贯彻落实"放管服"改革的重要举措,进一步完善本市促进企业持续创新的政策体系和提高公共服务质量,本研究团队拟组织对本市企业持续创新情况进行问卷调查,着力解决企业持续创新过程中的制度障碍等问题。您的回答将完全保密,仅用于学术研究,为企业营造更好的创新环境。完成整个问卷大约会花费您15~20分钟,请给出最符合贵企业情况的判断,并选中最能代表您意见的选项。非常感谢您在百忙之中抽出时间进行填写!

第一部分 基 本 信 息

一、企业基本信息

1. 贵企业所属的行业是:

○支柱产业类_____ *

○装备产业类_____ *

○新兴产业类_____ *

○都市产业类_____ *

2. 贵企业的从业人员数量:

○20 人以下   ○20~300 人

○300~1 000 人   ○1 000 人以上

3. 贵企业成立年份:

_____

4. 贵企业是否被国家认定为高新技术企业［单选题］*

○是 ○否

5. 贵企业 2022 年的销售收入：

○300 万元以下 ○300 万~2 000 万元

○2 000 万~4 亿元 ○4 亿元以上

6. 贵企业中研发人员（大专及以上学历技术员工）占总员工人数的比例：

○10% 以下 ○11% ~15%

○16% ~20% ○21% ~25%

○26% ~30% ○30% 以上

7. 贵企业 2022 年研发投入占销售总收入的比例：

○1% 以下 ○1% ~5%

○5% ~10% ○10% 以上

二、受访者基本信息

8. 性别：

○男 ○女

9. 年龄

○20 ~30 岁 ○31 ~40 岁

○41 ~50 岁 ○51 岁以上

10. 您的学历是：

○初中及以下 ○高中或中专

○大专 ○本科

○研究生及以上

11. 您在贵公司的_____部门，担任_____职务

_____

12. 任现职时间：_____年

_____

13. 您公司位于_____市

_____

第二部分 "放管服"改革

请您结合贵企业的实际情况，选出最能代表您意见的选项。其中 1 =
"完全不同意" 2 = "不同意" 3 = "不确定" 4 = "同意" 5 = "完
全同意"

14. 本企业在政府机构办理业务过程中手续、流程等比较简化

15. 本企业的市场准入条件拓宽了

16. 本企业的生产经营活动权力扩大了

17. 本企业遭遇的多头执法和重复执法现象减少了

18. 本企业所在行政区的知识产权保护方面的法律法规得到了很好
执行

19. 本企业提出的专利申请可以得到相关政府部门的及时批复

20. 政府对本企业生产的产品/提供的服务有明确的规定标准（质
量、安全等）

21. 政府会定期监测和评价企业生产和经营活动对环境的影响

22. 本企业享受到的各项市政工程服务（道路、交通、水电等）令
人满意

23. 本企业享受到的各项社会保障服务（培训、住房、再就业等）
令人满意

24. 本企业享受到了各种技术服务平台（如共性技术研发、技术转
移服务等）

25. 本企业享受到了各类科技人才交流服务平台

第三部分 资 源 拼 凑

请您结合贵企业的实际情况，选出最能代表您意见的选项。其中 1 =

"完全不同意" 2 = "不同意" 3 = "不确定" 4 = "同意" 5 = "完全同意"

26. 本企业有信心通过利用现有资源找出可行的解决方案

27. 本企业能够利用现有的资源应对更多的挑战

28. 本企业善于利用现有的资源来应对发展中的新问题或新机会

29. 本企业有信心能够通过对现有资源的创造性整合获得可行的解决方案去面对新的挑战

30. 本企业通常会采取行动并假设能够找到可行的解决方案

31. 本企业能够通过改变资源的用途以及开发新的资源来应对发展过程中的新挑战

第四部分　企业持续创新

请您结合贵企业的实际情况，选出最能代表您意见的选项。其中 1 = "完全不同意" 2 = "不同意" 3 = "不确定" 4 = "同意" 5 = "完全同意"

32. 本企业的产品或服务与上一年相比进行了创新

33. 本企业的工艺流程与上一年相比进行了改进

34. 本企业应用的技术与上一年相比进行了创新

35. 本企业的管理制度与上一年相比进行了优化

36. 本企业今年的实用专利数量与上一年相比增加了

37. 本企业今年的产品销售收入与上一年相比增加了

38. 本企业今年的利润增长率与上一年相比提高了

39. 本企业今年的市场占有率与上一年相比增加了

第五部分　开放性问题

40. 您是否了解"放管服"改革（简政放权、放管结合、优化服务)?

  ○完全了解   ○了解

  ○不了解   ○完全不了解

41. 您认为"放""管""服"改革中哪一项举措最重要? 为什么?

_____

42. 您认为在党的二十大召开之后，政府在"放管服"改革实施中需要突出强调哪些方面?

_____

参 考 文 献

[1] 包国宪，王学军. 以公共价值为基础的政府绩效治理——源起、架构与研究问题 [J]. 公共管理学报，2012 (2)：89 – 97，126 – 127.

[2] 毕瑞峰，段龙飞. "放管服"改革背景下的地方政府事权承接研究——基于广东省中山市镇区的调查分析 [J]. 中国行政管理，2018 (8)：30 – 34.

[3] 蔡地，万迪昉. 制度环境影响企业的研发投入吗？[J]. 科学学与科学技术管理，2012，33 (4)：121 – 128.

[4] 蔡秀玲. 试析政府在营造企业集群区域创新环境中的职能定位 [J]. 当代经济研究，2004 (6)：42 – 45.

[5] 陈国权，皇甫鑫. 在线协作、数据共享与整体性政府——基于浙江省"最多跑一次改革"的分析 [J]. 国家行政学院学报，2018 (3)：62 – 67，154.

[6] 陈朋. 行政审批制度改革亟待突破的重点问题 [J]. 行政管理改革，2018 (7)：46 – 50.

[7] 陈伟伟，张琦. 系统优化我国区域营商环境的逻辑框架和思路 [J]. 改革，2019 (5)：70 – 79.

[8] 陈彦仓. "互联网＋政务服务"提升政府服务能力研究 [J]. 前沿，2017 (11)：71 – 76.

[9] 崔运武，李玫. 论我国地方政府"放管服"改革的挑战与应对——基于政策有效执行和整体性治理的分析 [J]. 湘潭大学学报（哲学社会科学版），2019 (43)：13 – 20.

[10] 邓悦，郑汉林，郅若平."放管服"改革对企业经营绩效的影响——来自中国企业－劳动力匹配调查（CEES）的经验证据 [J]. 改革，2019（8）：28－139.

[11] 丁邡，逄金辉，乔靖媛. 我国"放管服"改革成效评估与展望 [J]. 宏观经济管理，2019（6）：25－29.

[12] 方振邦，冉景亮. 英国高级公务员绩效管理实践及其对我国干部队伍建设的启示 [J]. 探索，2015（6）：98－103.

[13] "放管服"改革成效 [EB/OL]. 人民网，http：//politics. people. com. cn/n1/2019/0116/c1001－30544068. html，2019－01－16.

[14] 福建省人民政府发展研究中心课题组，黄端，陈俊艺，郑林岚，等. 大力推广并联模式　推动政府服务再上新台阶 [J]. 发展研究，2017（2）：16－21.

[15] 高建，汪剑飞，魏平. 企业技术创新绩效指标：现状、问题和新概念模型 [J]. 科研管理，2004（S1）：14－22.

[16] 高小平，陈新明. 政府绩效管理视角下深化"放管服"改革研究 [J]. 理论与改革，2019（2）：51－60.

[17] 高学栋，李坤轩. 推进"互联网＋政务服务"对策研究——基于山东省部分政府部门"放管服"改革第三方评估 [J]. 华东经济管理，2016，30（12）：178－184.

[18] 葛玉御. 税收"放管服"改善营商环境的路径研究 [J]. 税务研究，2017（11）：32－36.

[19] 何代欣. 对税收服务"放管服"与改善营商环境的思考 [J]. 税务研究，2018（4）：10－14.

[20] 何文盛，王焱，尚虎平. 政府绩效管理：通向可持续性发展的创新路径——"第二届政府绩效管理与绩效领导国际学术研讨会"综述 [J]. 中国行政管理，2012（4）：126－128.

[21] 黄振胜，张嘉祺."放管服"背景下 N 高校科研经费管理改革研究 [J]. 会计之友，2017（24）：110－113.

［22］姜晓萍．政府流程再造的基础理论与现实意义［J］．中国行政管理，2006（5）：37-41.

［23］金竹青．公共服务流程再造：中国政府流程再造的新趋势［J］．国家行政学院学报，2008（5）：28-31.

［24］李成顺．充分发挥政府在优化营商环境中的重要作用［J］．技术经济，2020，39（4）：132-136.

［25］李丹，刘春红，李康．区域环境对时尚创意产业集群创新绩效的影响研究——创新网络的中介作用［J］．华东经济管理，2019，33（3）：72-78.

［26］李军鹏．基于"互联网+"的放管服改革研究——以江苏省"不见面审批（服务）"与江苏政务服务网建设为例［J］．电子政务，2018（6）：74-80.

［27］李军鹏．十九大后深化"放管服"改革的目标、任务与对策［J］．行政论坛，2018，25（2）：11-16.

［28］李克强．在全国深化"放管服"改革 转变政府职能电视电话会议上的讲话［J］．中国行政管理，2018（8）：6-12.

［29］李坤轩．新时代深化"放管服"改革的问题与对策［J］．行政管理改革，2019（6）：75-82.

［30］李玲，陶厚永．包容性创新环境对区域创新绩效的影响［J］．科技进步与对策，2018，35（19）：31-37.

［31］李明征．推进"放管服"提质增效的着力点［J］．理论视野，2017（2）：46-49.

［32］李荣华，卓盛邦．欧洲通用评估框架导入我国政府公共服务体系的价值和难点分析——基于深圳市龙岗区政府导入 CAF 的实践及延展式思考［J］．行政论坛，2011（18）：89-94.

［33］李水金，欧阳蕾．十八大以来我国"放管服"改革的动因、成效、困境及推进策略［J］．天津行政学院学报，2020，22（2）：11-21.

［34］李水金，赵新峰．"放管服"改革的演进逻辑及未来趋势

[J]. 中国行政管理，2019（4）：15 – 17.

［35］李晓燕，杨夕冉．新时代下行政服务中心职能转变再探［J］．行政论坛，2018，25（6）：72 – 76.

［36］李瑛，杜逢明．通用评估框架的价值理念——基于组织学角度的分析［J］．兰州学刊，2010（1）：94 – 96.

［37］廖福崇．"放管服"改革过程中畅通政企沟通渠道的实证研究［J］．中南大学学报（社会科学版），2021，27（3）：183 – 191.

［38］廖福崇．"放管服"改革、行政审批与营商环境——来自企业调查的经验证据［J］．公共管理与政策评论，2019，8（6）：80 – 96.

［39］廖福崇．"放管服"改革优化了营商环境吗？——基于6144家民营企业数据的统计分析［J］．当代经济管理，2020，42（7）：74 – 82.

［40］廖福崇．审批制度改革优化了城市营商环境吗？——基于民营企业家"忙里又忙外"的实证分析［J］．公共管理学报，2020，17（1）：47 – 58，170.

［41］林民望．西方繁文缛节研究前沿挈领——基于SSCI代表性文献的研究［J］．公共行政评论，2015，8（5）：154 – 172，190.

［42］林闽钢，王锴．"放管服"改革背景下养老服务业的政府规制研究［J］．中国行政管理，2019（12）：16 – 21.

［43］刘旭涛，纵向东．欧盟国家公共部门通用评估框架评介［J］．国家行政学院学报，2005（6）：77 – 80.

［44］刘遥，吴建南．简政放权、科技公共服务还是双管齐下［J］．中国科技论坛，2018（12）：1 – 8.

［45］刘永林，周海涛．深化高等教育"放管服"改革的思考［J］．复旦教育论坛，2017，15（5）：5 – 8，16.

［46］卢梅花．从政府目标管理走向绩效战略——以美国战略规划与绩效评价体系为例［J］．行政论坛，2013（20）：67 – 70.

［47］罗伯特·B. 丹哈特，珍妮特·V. 丹哈特，刘俊生．新公共服务：服务而非掌舵［J］．中国行政管理，2002（10）：38 – 44.

［48］罗伯特·K. 殷 . 案例研究：设计与方法（第 5 版）［M］. 重庆：重庆大学出版社，2017.

［49］马宝成，吕洪业，王君琦，等 . 党的十八大以来政府职能转变的重要进展与未来展望［J］. 行政管理改革，2017（10）：28 - 34.

［50］马宝成 . 推进放管服协调发展更好发挥政府作用［J］. 行政管理改革，2015（7）：86 - 90.

［51］马建堂 . 打造简政放权升级版　开拓经济发展新局面［EB/OL］. 新华网，http：//www. xinhuanet. com/fortune/2018 - 09/26/c_137493314. htm，2018 - 09 - 26.

［52］毛寿龙，刘茜 . 政府"放管服"改革及其"获得感"的秩序维度［J］. 江苏行政学院学报，2018（1）：99 - 107.

［53］明海，张丹丹，苏志文 . 我国区域创新环境评价的实证研究——基于省级面板数据［J］. 山东财经大学学报，2018，30（1）：74 - 84.

［54］倪鹏飞 . 中国城市竞争力报告［M］. 北京：社会科学文献出版社，2019.

［55］逄旭东，颜彦 . 我国地方政府间纵向竞争问题分析［J］. 商业经济研究，2013（4）：98 - 99.

［56］秦长江 . "放管服"改革中存在的问题及其对策——基于河南的调研与思考［J］. 中州学刊，2019（3）：1 - 7.

［57］沈荣华 . 十八大以来我国"放管服"改革的成效、特点与走向［J］. 行政管理改革，2017（9）：10 - 14.

［58］沈荣华 . 推进"放管服"改革：内涵、作用和走向［J］. 中国行政管理，2019（7）：15 - 18.

［59］石亚军 . 以简政放权放出活力和动力：重在应当放什么和怎样放［J］. 中国行政管理，2018（12）：15 - 21.

［60］史红梅 . 营造一流营商环境要打好知识产权保卫战［J］. 人民论坛，2019（28）：84 - 85.

[61] 宋林霖, 赵宏伟. 论"放管服"改革背景下地方政务服务中心的发展新趋势 [J]. 中国行政管理, 2017 (5): 148 - 151.

[62] 苏敬勤, 刘静. 多元化战略影响因素的三棱锥模型——基于制造企业的多案例研究 [J]. 科学学与科学技术管理, 2012, 33 (1): 148 - 155.

[63] 谭新雨, 刘帮成. 基层公务员创新何以提升"放管服"改革成效? ——基于组织学视角的逻辑解释 [J]. 中国行政管理, 2020 (3): 83 - 91.

[64] 汤志伟, 郭雨晖. 我国开放政府数据的利用: 基于 CNKI 的系统性文献综述 [J]. 情报杂志, 2018, 37 (7): 176 - 181, 65.

[65] 陶爱萍, 刘志迎. 国外政府规制理论研究综述 [J]. 经济纵横, 2003 (6): 60 - 63.

[66] 王琛伟. 我国"放管服"改革成效评估体系的构建 [J]. 改革, 2019 (4): 48 - 59.

[67] 王春萍, 郑烨. 21 世纪以来中国产业扶贫研究脉络与主题谱系 [J]. 中国人口·资源与环境, 2017, 27 (6): 145 - 154.

[68] 王丛虎, 门钰璐. "放管服"视角下的行政审批制度改革 [J]. 理论探索, 2019 (1): 91 - 96.

[69] 王金凤, 岳俊举, 冯立杰. 政府支持与后发企业创新绩效——创新意愿的中介作用 [J]. 技术经济与管理研究, 2019 (4): 122 - 128.

[70] 王露. 统筹推进"放管服"改革 建设人民满意的服务型政府 [EB/OL]. 中国共产党新闻网, http://dangjian.people.com.cn/n1/2017/1114/c413386 - 29645918.html, 2017 - 11 - 14.

[71] 王湘军. 国家治理现代化视域下"放管服"改革研究——基于 5 省区 6 地的实地调研 [J]. 行政法学研究, 2018 (4): 106 - 115.

[72] 王莹莹. "放管服"重点领域判别: 一个直辖市例证 [J]. 改革, 2017 (9): 66 - 75.

[73] 王永进, 冯笑. 行政审批制度改革与企业创新 [J]. 中国工业

经济，2018（2）：24 – 42.

　　[74] 吴建南，刘焕，阎波. 创新型省份建设的多案例分析 [J]. 中国科技论坛，2015（9）：87 – 90.

　　[75] 武建春. 把握改革实质　推进"放管服"——深化"放管服"改革的思考与实践 [J]. 中国经贸导刊，2016（27）：41 – 42.

　　[76] 夏后学，谭清美. 简政放权与政府补贴如何影响技术创新 [J]. 财贸经济，2017，38（5）：129 – 146.

　　[77] 解安，杨峰. "放、管、服"改革的经验启示及路径优化 [J]. 中国行政管理，2018（5）：158 – 159.

　　[78] 徐彪，李心丹，张珣. 区域环境对企业创新绩效的影响机制研究 [J]. 科研管理，2011，32（9）：147 – 156.

　　[79] 许光建，丁悦玮. 深入推进价格改革　着力提升"放管服"水平——十八大以来价格改革的回顾与展望 [J]. 价格理论与实践，2017（5）：5 – 10.

　　[80] 杨震宁，李东红. 政府监管，鲶鱼效应与知识产权管理：企业创新绩效的提升 [J]. 中国管理科学，2010，18（6）：177 – 184.

　　[81] 杨震宁，吕萍，王以华. 科技园的创新环境对园内企业绩效的影响 [J]. 科学学与科学技术管理，2008（7）：102 – 107.

　　[82] 姚玫玫. 安徽省推进"放管服"与政府职能转变的实践探索 [J]. 湖北经济学院学报（人文社会科学版），2016，13（6）：83 – 85，97.

　　[83] 应小丽，蒋国勇. "放管服"改革的浙江实践与地方治理创新 [J]. 中国行政管理，2018（3）：155 – 156.

　　[84] 优化政府职责体系（深入学习贯彻党的十九届四中全会精神）[EB/OL]. 人民网，http：//paper. people. com. cn/rmrb/html/2019 – 11/27/nw. D110000renmrb_20191127_1 – 06. htm，2019 – 11 – 27.

　　[85] 郁建兴，高翔. 浙江省"最多跑一次"改革的基本经验与未来 [J]. 浙江社会科学，2018（4）：76 – 85，158.

[86] 张定安. 关于深化"放管服"改革工作的几点思考 [J]. 行政管理改革, 2016 (7): 33 - 38.

[87] 张红春, 卓越. 基于政民互动视角的政府透明度治理与评估 [J]. 天津行政学院学报, 2018 (4): 3 - 11.

[88] 张建顺, 匡浩宇. "放管服"改革与纳税人满意度: 施策重点与优化路径——基于机器学习方法 [J]. 公共管理学报, 2021 (2).

[89] 张立荣. 当代中国服务型政府及公共服务体系建设状况问卷调查数据统计与展示 [M]. 北京: 科学出版社, 2010.

[90] 张三保, 曹锐. 中国城市营商环境的动态演进、空间差异与优化策略 [J]. 经济学家, 2019 (12): 78 - 88.

[91] 赵光勇, 辛斯童, 罗梁波. "放管服"改革: 政府承诺与技术倒逼——浙江"最多跑一次"改革的考察 [J]. 甘肃行政学院学报, 2018 (3): 35 - 46, 127.

[92] 郑宝华, 王志华, 刘晓秋. 农业科技园区创新环境对创新绩效影响的实证研究 [J]. 农业技术经济, 2014 (12): 103 - 109.

[93] 郑飞鸿, 田淑英. 论政府与市场关系理论的历史演变 [J]. 云南社会科学, 2018 (4): 81 - 87.

[94] 郑刚, 刘仿, 徐峰, 等. 非研发创新: 被忽视的中小企业创新另一面 [J]. 科学学与科学技术管理, 2014, 35 (1): 140 - 146.

[95] 郑烨, 姜蕴珊. 多维视域下"放管服"改革研究的演进、主题与展望 [J]. 华南理工大学学报 (社会科学版), 2021, 23 (4): 87 - 98.

[96] 郑烨, 王春萍, 段永彪. "放管服"改革、政府透明度与区域营商环境——基于国内城市面板数据的实证研究 [J]. 软科学, 2020, 34 (9): 9 - 15.

[97] 郑烨, 王焕. 政府支持中小企业创新: 理论基础、政策表征与作用路径 [J]. 现代经济探讨, 2017 (10): 126 - 132.

[98] 郑烨, 吴建南, 张攀. 简政放权、企业活力与企业创新绩效

[J]. 科学研究，2017，35（11）：1737 - 1749.

[99] 郑烨，吴建南，张攀. 简政放权、企业活力与企业创新绩效 [J]. 科学研究，2017（6）：1737 - 1749.

[100] 郑烨，徐萌萌，贾金晓. 地方政府改革实践对中央精神的贯彻与创新——基于某市试点改革的个案考察 [J]. 上海行政学院学报，2017（5）：38 - 47.

[101] 郑烨，杨若愚，姬晴晴. 企业创新绩效国内外研究文献的十五年述评与展望 [J]. 中国科技论坛，2017（3）：73 - 80.

[102] 郑烨，杨若愚，张顺翔. 公共服务供给、资源获取与中小企业创新绩效的关系研究 [J]. 研究与发展管理，2018，30（4）：105 - 117.

[103] 郑政捷，陈兴明，郑文力. 我国高校权力主体关系的嬗变与重构——基于“放管服”改革视角 [J]. 中国高教研究，2018（1）：43 - 47.

[104] 中国科技发展战略研究小组. 中国区域创新能力评价报告 2016 [R]. 北京：科学技术文献出版社，2016.

[105] 中国行政管理学会课题组，沈荣华与孙迎春. 部分发达国家行政审批改革的制度设计和工具选择 [J]. 中国行政管理，2015（1）：142 - 145.

[106] 钟晓敏. 加快教育“放管服”改革推进大学内部治理体系和治理能力现代化——基于大学权责清单制度的探索 [J]. 中国高教研究，2018（2）：25 - 28.

[107] 周雪光. 基层政府间的“共谋现象”——一个政府行为的制度逻辑 [J]. 社会学研究，2008（6）：1 - 21.

[108] 竺乾威. 从新公共管理到整体性治理 [J]. 中国行政管理，2008（10）：52 - 58.

[109] Alfred Ho, Paul Coates. Citizen - Initiated Performance Assessment: The Initial Iowa Experience [J]. Public Performance & Management

Review, 2004 (3).

[110] Andersson M, Karlsson C. Regional Innovation Systems in Small and Mediumsized Regions [A]. The Emerging Digital Economy [M]. Springer, 2006: 55 – 81.

[111] Aydalot P H. Milieu Innovateurs Ell Europe [M]. Paris: Gremt, 1986.

[112] Berry F S and Berry W D. Innovation and Diffusion Models in Policy Research, in P. A. Sabatier (ed.) Theories of Policy Process, Colorado: West view. 1999.

[113] Berry F S. Innovation in Public Management: The Adoption of Strategic Planning [J]. Public Administration Review, 1994, 54 (4): 322 – 340.

[114] Chris Changwha Chung and Paul W. Beamish. The Impact of Institutional Reforms on Characteristics and Survival of Foreign Subsidiaries in Emerging Economics [J]. Journal of Management Studies, 2005, 42 (1): 35 – 62.

[115] Cooke P. Regional Innovation Systems: Competitive Regulation in the New Europe [J]. Geoforum, Elsevier, 1992, 23 (3): 365 – 382.

[116] David N Ammons, Patrick M Madej. Citizen – Assisted Performance Measurement? Reassessing Its Viability and Impact [J]. The American Review of Public Administration, 2018 (7).

[117] Dewett T, Jones G R. The Role of Information Technology in the Organization: A Review, Model, and Assessment [J]. Journal of Management, Elsevier, 2001, 27 (3): 313 – 346.

[118] Drucker P F. Post – Capitalist Society [M]. Oxford: Butterworth Heinemann, 1993.

[119] Ernst D, Kim L. Global Production Networks, Knowledge Diffusion, and Local Capability Formation [J]. Research Policy, Elsevier, 2002, 31 (8 – 9): 1417 – 1429.

［120］ Gao Y, Gao S, Zhou Y. Picturing Firms' Institutional Capital-based Radical Innovation under China's Institutional Voids ［J］. Journal of Business Research, 2015, 68.

［121］ Ho A T. Exploring the Roles of Citizens in Performance Measurement ［J］. International Journal of Public Administration, 2007 (11): 1157 – 1177.

［122］ Jia F, Jiang Y. Sustainable Global Sourcing: A Systematic Literature Review and Bibliometric Analysis ［J］. Sustainability, 2018, 10 (3): 1 –26.

［123］ Jiao H, Chun K K, Cui Y. Legal Environment, Government Effectiveness and Firms' Innovation in China: Examining the Moderating Influence of Government Ownership ［J］. Technological Forecasting & Social Change, 2015, 96 (1): 15 – 24.

［124］ Jing Y J. Marching through the Deep-water Zone: Chinese Public Sector Reforms and Theway Forwards ［J］. Public Management Review, 2021, 23 (4): 475 – 482.

［125］ Koisova E, Habanik J, Virglerova Z. SMEs Financing As an Important Factor of Business Environment in Slovak Republic Regions ［J］. Montenegrin Journal of Economics, Economic Laboratory for Transition Research (ELIT), 2017, 13 (2): 129 – 140.

［126］ Kozubikova L, Kotaskova A. The Impact of Technological Factors on the Quality of the Business Environment ［J］. Transformations in Business & Economics, 2019, 18 (1).

［127］ Li H and L A Zhou. Political Turnover and Economic Performance: the Incentive Role of Personnel Control in China. Journal of Public Economics, 2005, 89 (9 – 10): 1743 – 1762.

［128］ Li J, Poppo L, Zhou K. Relational Mechanisms, Formal Contracts, and Local Knowledge Acquisition by International Subsidiaries ［J］. Southern Medical Journal, 2009, 31: 349 – 370.

[129] Luo Y, Zhao H. Doing Business in a Transitional Society: Economic Environment and Relational Political Strategy for Multinationals [J]. Business and Society, 2013, 52 (3): 515 – 549.

[130] Maillat D. Innovative Milieux and New Generations of Regional Policies [J]. Entrepreneurship & Regional Development, Taylor & Francis Ltd. , 1998, 10 (1): 1 – 16.

[131] Paul J Maggio and Walter W. Powell. The Iron Cage Revisited: Institutional Isomorphism and Collective Rationality in Organizational Fields [J]. American sociological Review, 1983, 48 (2): 147 – 160.

[132] Perri. Holistic Government [M]. London: Demos, 1997.

[133] Pettigrew A M, Woodman R W, Cameron K S. Studyingorganizational Change and Development: Challenges for Future Research [J]. Academy of Management Journal, 2001 (4): 697 – 713.

[134] Prajogo D, Ahmed P K. Relationship Between Innovation Stimulus, Innovation Capacity, and Innovation Performance [J]. R&D Management, 2006, 36 (5): 499 – 515.

[135] Reynolds C L, Rohlin S. Do Location-based Tax Incentives Improve Quality of Life and Quality of Business Environment? [J]. Journal of Regional Science, Wiley Online Library, 2014, 54 (1): 1 – 32.

[136] Samina Q, Abdul K K. Red Tape, Resigned Satisfaction, Public Service Motivation and Negative Employee Attitudes and Behaviors: Testing a Model of Moderated Mediation [J]. Review of Public Personnel Administration, 2015, 35 (4): 307 – 332.

[137] Schmidt T, Rammer C. Non-Technological and Technological Innovation: Strange Bedfellows? [J]. SSRN Electronic Journal, 2007.

[138] The World Bank Group. Doing Business 2019. https: //chinese. doingbusiness. org/zh/rankings.

[139] Van Ryzin G G. Service Quality, Administrative Process, and

Citizens' Evaluation of Local Government in the US [J]. Public Management Review, Taylor & Francis, 2015, 17 (3): 425 –442.

[140] Walker R M, C N Avellaneda and F S Berry. Exploring the Diffusion Of Innovation Among High And Low Innovative Localities. Public Management Review, 2011, 13 (1): 95 –125.

[141] Yang C – H, Motohashi K, Chen J – R. Are New Technology-based Firms Located on Science Parks Really More Innovative?: Evidence from Taiwan [J]. Research Policy, Elsevier, 2009, 38 (1): 77 –85.

[142] Zheng Y, Li C, Liu Y. Impact of Environmental Regulations on the Innovation of SMEs: Evidence from China [J]. Environmental Technology & Innovation, Elsevier, 2021, 22: 101515.

后　记

　　历经数载的探索与沉淀，本书终得以成稿。作为一项聚焦中国情境下"放管服"改革的阶段性研究，书中的思考或许尚显稚嫩，但字里行间凝结着研究团队对政府治理现代化命题的敬畏与求索。在此，谨以朴素的文字记录研究中的点滴体悟，并向所有指引、支持本研究的师长同仁致以由衷的敬意。

　　本书尝试从理论、案例与实证三个维度解析"放管服"改革的逻辑与效应。在理论研究部分，我们借助文献计量工具梳理中外政府改革的脉络，力求客观呈现"放管服"改革的理论坐标，但囿于学术视野的局限，对某些理论争议的辨析或未尽周全；案例研究部分虽立足九省份政策文本的比较分析，试图揭示省级政府改革的差异化路径，然而中国地域广袤、治理情境复杂，所选案例能否全面反映改革全貌，仍需更多实证检验；实证研究部分通过量化方法探讨改革对中小企业创新等变量的影响，但受数据可得性与方法适用性制约，部分结论或需更长期的追踪观测。这些不足，既是对当前研究的警示，亦为未来深化探索指明了方向。

　　研究过程中，我深切体会到学术探索的"知易行难"。初涉"放管服"议题时，曾以为凭借既有理论框架便可解析中国改革实践，却在田野调查中屡遭"理论失灵"的困境。例如，某地行政审批局工作人员提及："'一网通办'在技术层面早已实现，但部门数据壁垒的破除非一朝一夕之功。"此类实践洞察促使我们重新审视"简政放权"与"制度惯性"的张力，也让我意识到：扎根中国场景的治理研究，须以更谦卑的姿态倾听实践者的声音，在理论与现实的对话中寻找真问题。这一认知，成为贯穿本书的方法论自觉。

本书的完成绝非一人之功。衷心感谢博士后合作导师刘晨光教授，从研究设计到书稿修改建议，再到书稿文字校对等方面，刘老师始终以"大胆假设、小心求证"的治学精神鞭策我前行，其"问题导向、脚踏实地"的教诲令我受益终身。感谢团队伙伴的并肩协作，尤其在疫情期间的多期调研中，大家克服重重困难完成研究设计论证和数据收集，这份执着令人动容。还要感谢国家自然科学基金、教育部人文社科基金及陕西省社科基金的资助，为研究提供了坚实保障。特别感谢经济科学出版社刘莎编辑和出版团队的专业建议，几番修订之后使本书得以以更完善的面貌呈现。当然，文中存留的疏漏之处，概由本人负责。

掩卷回望，本书仅是"放管服"改革研究长河中的一朵浪花。随着数字政府建设的加速与治理场景的迭代，改革实践必将涌现新命题。例如，人工智能赋能监管是否会重构"放管结合"的边界？政务服务"跨省通办"如何影响区域营商环境和城市竞争力？这些未竟之问，既是本书的遗憾，亦激励着我们保持学术敏感，在持续学习中更新认知框架。作为青年学者，我深知自身学养有限，惟愿以本书为起点，在公共管理研究的沃土上深耕不辍，以更扎实的成果回报学界与社会。

"放管服"改革是当代中国推进政府治理现代化的缩影，其演进历程既折射出国家治理的深层逻辑，也承载着市场与社会对制度创新的期待。改革未有穷期，学术探索亦无止境。最后，愿以此书为起点，与同仁共勉，继续为中国治理实践的理论化与范式创新砥砺前行。同时，谨以此书致敬中国治理现代化征程中的'无声耕耘者'——那些在政务服务窗口前耐心解惑的基层公务员、在政策试点中敢于破冰的改革先锋、在数字转型中攻坚克难的技术团队。他们的实践智慧与担当，始终是制度创新的源头活水，也是学术研究最深厚的源泉。

郑　烨

2024 年深秋于西安